国际汉学经典译丛

历史上北京的俄国东正教使团

[俄] 阿夫拉阿米神父 辑
[中] 柳若梅 译

『十三五』国家重点图书出版规划项目

中原出版传媒集团
大地传媒
大象出版社
·郑州·

图书在版编目(CIP)数据

历史上北京的俄国东正教使团 /（俄）阿夫拉阿米神父辑；柳若梅译.— 郑州：大象出版社，2016.12
（国际汉学经典译丛）
ISBN 978-7-5347-8304-3

Ⅰ.①历… Ⅱ.①阿…②柳… Ⅲ.①俄罗斯正教会—史料 Ⅳ.①B976.2

中国版本图书馆 CIP 数据核字（2015）第 022108 号

历史上北京的俄国东正教使团

[俄] 阿夫拉阿米神父　辑
[中] 柳若梅　译

出 版 人	王刘纯
责任编辑	耿晓谕
责任校对	安德华　张迎娟　马　宁
封面设计	王莉娟

出版发行　大象出版社（郑州市开元路 16 号　邮政编码 450044）
　　　　　　发行科 0371-63863551　总编室 0371-65597936
网　　址　www.daxiang.cn
印　　刷　河南文华印务有限公司
经　　销　各地新华书店经销
开　　本　787mm×1092mm　1/16
印　　张　19
字　　数　310 千字
版　　次　2016 年 12 月第 1 版　2016 年 12 月第 1 次印刷
定　　价　48.00 元

若发现印、装质量问题，影响阅读，请与承印厂联系调换。
印厂地址　新乡市获嘉县亢村镇工业园
邮政编码　453800　　　电话　0373-5969992　5961789

目 录

米亚斯尼科夫院士为中译本所作序言 …………………………… 1
译者序 ……………………………………………………………… 12
前言 ………………………………………………………………… 32
引言 ………………………………………………………………… 34

第一部分 使团的第一时期（1685—1864）

一、雅克萨俄罗斯人的历史 …………………………………………… 3
二、雅克萨俄罗斯人在北京的状况，马克西姆神父 ………………… 5
三、第一届俄国东正教驻北京使团（1715—1728）………………… 8
四、中国东正教的主教地位 ………………………………………… 11
五、第二届俄国东正教驻北京使团（1729—1735）………………… 17
六、第三届俄国东正教驻北京使团（1736—1743）………………… 21
七、第四届俄国东正教驻北京使团（1744—1755）………………… 25
八、第五届俄国东正教驻北京使团（1755—1771）………………… 30
九、第六届俄国东正教驻北京使团（1771—1781）………………… 36
十、第七届俄国东正教驻北京使团（1781—1794）………………… 39
十一、第八届俄国东正教驻北京使团（1794—1807）……………… 42
十二、第九届俄国东正教驻北京使团（1807—1821）……………… 51
十三、修士大司祭亚金夫和他的使团 ……………………………… 54
十四、修士大司祭彼得和第十届俄国东正教驻北京
　　　使团（1821—1830） ……………………………………… 60
十五、第十一届俄国东正教驻北京使团（1830—1840）…………… 67
十六、第十二届俄国东正教驻北京使团（1840—1849）…………… 74
十七、第十三届俄国东正教驻北京使团（1850—1858）…………… 82
十八、第十四届俄国东正教驻北京使团（1858—1864）…………… 90

第二部分　使团的第二时期（1864—1902）

十九、独立于外交公使馆的东正教使团……………………………99
二十、第十五届俄国东正教驻北京使团（1864—1878）和
　　　帕拉季神父的学术著作……………………………………106
二十一、第十六届俄国东正教驻北京使团（1879—1883）
　　　　及其出版活动………………………………………………113
二十二、第十七届俄国东正教驻北京使团（1884—1896）……123
二十三、第十八届俄国东正教驻北京使团（1896—1902）……128

第三部分　其他

二十四、中国主教区……………………………………………………135
二十五、俄国东正教驻北京使团的堂口………………………………142
二十六、俄国东正教驻北京使团的会馆………………………………150
二十七、本书参考资料…………………………………………………154

附录一　俄国东正教驻华使团………………………………………158
附录二　俄国东正教驻北京使团成员名单…………………………181
附录三　给新一届北京东正教使团团长的工作守则………………187
附录四　俄罗斯东正教驻北京使团成员已出版论著目录…………198
附录五　使团成员的汉译东正教文献………………………………246
附录六　本书涉及的东正教词汇俄汉对照表………………………250

米亚斯尼科夫[①]院士为中译本所作序言

2013年俄罗斯东正教大牧首有史以来首次访问中国，这绝非偶然——这一年适值俄国东正教驻北京使团设立300周年。俄国的友邻——中国的国家主席习近平接见东正教大牧首基里尔，开启了两国精神领域交往的新的一页，因而具有重大意义。

显然，很多中国人想了解俄国东正教驻北京使团这个独一无二的机构，想了解这个有着300年历史的机构。俄国东正教驻北京使团的历史首次发表于126年前[②]——在俄国东正教驻北京使团正式设立200年之际，修士大司祭阿夫拉阿米（Авраамий）出版了一本简史[③]，这是唯一的一部关于俄国东正教驻北京使团历史的书，该书的翻译应当受到关注。

首先，为什么是修士大司祭阿夫拉阿米受委托整理这部纪念东正教驻北京使团设立200周年历史的书？其次，为什么阿夫拉阿米神父没在书的封面上署名为作者？

我们试着通过修士大司祭阿夫拉阿米的生平寻找这些问题的答案。修士大司祭阿夫拉阿米[世俗姓名为瓦西里·瓦西里耶维奇·恰索夫尼科夫（В. В. Часовников），1864—1918年]，顿河哥萨克人，大司祭之子。在诺沃切尔卡斯基神学学校毕业后进入莫斯科美术、雕塑和建筑学校学习。恰索夫尼科夫在该校学习期间，俄国著名画家萨夫拉索夫（А. К. Саврасов）和波列诺夫（В. Д. Поленов）都在此执教。1876年起，列维坦

[①] 弗拉基米尔·斯捷潘诺维奇·米亚斯尼科夫（Владимир Степанови Мясников，1931— ），俄罗斯科学院院士，俄罗斯科学院汉学家协会主席，北京外国语大学荣誉教授。研究方向为中俄关系史、俄国东正教驻北京使团史、国际关系、中俄比较文化。

[②] [Адоратский] Николай. Православная миссия в Китае за 200 лет ее существования. Казань. 1887 г. 应当注意，该书作者关于俄国东正教驻北京使团的历史不是起自其正式创建的康熙和彼得一世当政时期，而是起自1685年北京首次出现俄罗斯居民。Следует заметить, что данный автор начал отсчет истории Русской духовной миссии не со дня ее официального создания при императорах Канси и Петре Великом, а с момента появления первых русских жителей Пекина в 1685 г.

[③] Краткая история Русской православной миссии в Китае, составленная по случаю исполнившегося в 1913 году двухсотлетнего юбилея ее существования. Пекин. Типография Успенского монастыря. 1916. 228 с.

进入该校学习，成为恰索夫尼科夫的好友。莫斯科美术、雕塑和建筑学校创作气氛自由，其毕业生的资质不输彼得堡皇家艺术学院。恰索夫尼科夫希望在与基督教史相关的古典美术方面继续深造，遂前往彼得堡求学，并于1888年以优异成绩在彼得堡皇家艺术学院毕业。同时他还修完了彼得堡考古学院的学业。当时身为彼得堡神学院教会考古教研室荣誉在编教授的尼古拉·瓦西里耶维奇·波克罗夫斯基（Н. В. Покровский，1848—1917年）担任彼得堡考古学院的院长。恰索夫尼科夫在彼得堡完成学业的这一年，波克罗夫斯基发表了《亚罗斯拉夫考古学大会上的教会史》（Церковная старина на ярославском археологическом съезде）[1]一文，还撰写了关于君士坦丁堡和罗马地下陵墓古迹的系列文章[2]。

返回家乡顿河后，恰索夫尼科夫于1888—1896年在诺沃切尔卡斯基技术学校教授美术和制图。最终，他还是像父亲那样决定把自己奉献给基督教会。1896年他来到喀山神学院传教班学习，两年后在蒙古专业毕业[3]。1897年恰索夫尼科夫在喀山神学院发愿奉教，并于1898年获男修道院院长职位。1899年被派入第十八届俄国东正教驻北京使团前往中国。使团在"义和团运动"初期抵达中国首都北京。起义者给俄国东正教使团造成巨大损失，以致圣主教公会和彼得堡俄国政府一度准备中止俄国东正教使团的在华活动。但最后还是决定重建北京的东正教使团。

在北京，阿夫拉阿米编辑《中国福音报》（Китайский благовестник）多年，研究北京东正教使团历史，并晋升为修士大司祭。1911年，考虑到他的健康，圣主教公会决定让他离开使团。在1914年，他被派往莫斯科和彼得堡筹备北京东正教使团会馆。

修士大司祭阿夫拉阿米创建了莫斯科会馆并使之完善。此后，他重新回到中国。1916年整理了《俄国东正教驻北京使团简史，编于1913年使团设立二百周年之际》（Краткая история русской православной миссии в Китае, составленная по случаю исполнившегося в 1913 году двухсотлетнего

---

[1] Христианское чтение. 1888, Ч. I. С .36-69.

[2] Мир русской византинистики. Материалы архивов Санкт-Петербурга. Под ред. члена-корреспондента РАН И.П. Медведева. СПб, «Дм. Буланин». 2004. С.95.

[3] См: *Успенский* ВЛ. Казанская Духовная Академия-один из центров отечественного монголоведения// Православие на Дальнем Востоке. Вып. 2. Памяти Святителя Николая, Апостола Японии. 1836-1912. СПб, Изд-во СПб Университета. 1996 г. С.118-122.

юбилея ее существования）。修士大司祭阿夫拉阿米于1918年在北京去世①。其在生前的演讲中"多次提到研究中国和切实地在中国、在中国俄裔移民中传播东正教信仰的必要性，强调要为在中国人中展开工作专门培养传教士"②。

所以，我们可以这样为第一个问题给出答案。修士大司祭阿夫拉阿米，是第十八届东正教使团中最积极的成员之一，受过专门的艺术训练，具有文学天赋。他关于义和团起义期间使团大事的记述展现出他的文学天赋。同时，他对这次起义的原因有独到的见解③。他在日记中写道："近年来，中国老农中有些迹象，欧洲炮手在佩切利湾岸边驻扎，但没发生什么事，因为年成好，所以中国农民很难离开自己的土地。但今年特别，整个春天没下过一次雨，没有雨中国人就不能耕种。老人们不记得何时有过这样的年头、这样的春天。空气中的尘土像浓雾一样，太阳把植物的根都烤着了。可是，老天好像永远失去了给予一丝潮气的能力。人们开始明白，饥荒已不可避免。夏天，再加上没有透雨，在农村就无事可做，得去哪儿找点吃的。想着，风闻传来，说老天惩罚中国人，因为他们允许欧洲洋鬼子在自己的国家生活，只有洋鬼子的血才能让老天开眼，滋润土地更加肥沃。一些爱国的人聚在一起，招募农村那些濒临饿死的人，形成了'义和团'的人群。"④

另外，正是修士大司祭阿夫拉阿米整理完成了关于东正教驻北京使团历史的著作。早在1903年，他就在莫斯科发表了《中国东正教使团》⑤。

---

① Иванов М.П. Православные миссионерские станы в Китае в начале XX века.// История Российской духовной миссии в Китае. Сборник статей. М, Изд-во Свято-Владимирского братства. 1997. С. 260-261. См. так же: Пантелеев Д.П. Материалы по истории Российской духовной миссии в Китае.// Китайский благовестник. Вып. 12. 1938. С. 25-31. Вып. 9. 1911. С. 29.

② См. Православие в Китае. М., Отдел внешних связей Московского Патриархата. 2010. С.94-96. См. также: Архимандрит Августин (Никитин) Подворье Пекинской Духовной Миссии в Санкт-Петербурге // Православие на Дальнем Востоке. Вып.2. Памяти святителя Николая, Апостола Японии 1836-1912. Изд-во СПБ Университета. СПб. С. 123-147.

③ Авраамий иером. Пекинское сидение. // Христианское чтение. 1901. Январь. С.65-112. Об этом см. также: Кепинг К.Б. Храм всех святых мучеников в Бэй-гуане. // Православие на Дальнем Востоке. Вып.3. Отв. ред М.Н. Боголюбов. Изд-во СПб университета. 2001 г.С. 113-124. Спешнева К.Н. Погибшие за веру.// Православие на Дальнем Востоке. Вып. 4. Под. ред. ак. М.Н. Боголюбова. Изд-во СПб Университета. 2004 г. С.63-71. Андреева С.Г. Пекинская духовная миссия во время восстания ихэтуаней. (1898-1901) //XXXI Научная конференция «Общество и государство в Китае». М, 2001.

④ Авраамий иером. Пекинское сидение. // Христианское чтение. 1901. Январь. С.66.

⑤ Авраамий арх. Православная китайская миссия. М., 1903. 37 с.

第二个问题的答案可以从他的使团活动中找到。修士大司祭阿夫拉阿米编辑了使团报纸《中国福音报》。斯卡奇科夫（П. Е. Скачков）在《中国书目》（Библиографии Китая）中专门提到《俄国东正教驻北京使团简史》是以《中国福音报》上发表的文章为基础资料整理而成的①。现在可以清楚地看到，当有必要整理使团历史的周年纪念材料时，修士大司祭阿夫拉阿米便以当时的资料编纂了这本书。由于该书具有编纂的性质，所以他没有把自己署名为这本书的作者。

* * *

在17、18世纪之交，俄罗斯国家成为俄罗斯帝国，清代中国开始在俄国的对外政策中占有特殊的地位，并开始在俄国与外部世界的经济关系中发挥重要作用。

当然，也有东方各个民族的人将自己的文化带到彼得堡②，但中国在俄国政界认识东方方面，在东方对俄罗斯文化特别是政治文化的影响中，占有特殊的位置，多种因素可以解释这一点。

正如我们的汉学家所认为的："从民族和社会的相互影响来看，中国和俄国可以作为欧亚大陆上巨大的地缘政治整体的组成部分来考察。这些组成部分——两块最大的耕地，就像天平的两端，直接毗连长长的横梁——从喀尔巴阡山脉直到中国长城的无边无际的欧亚草原和沙漠腹地。正是由于处于这一巨大的地缘政治综合体之中，数百年间在两个国家形成内外政策的基本结构，形成田野和草原的斗争。"③

对此还可以补充的是，中国政治生活和精神生活的儒家模式在很多方面与俄罗斯现实中这些方面的东正教观点相接近。在蒙古统治时期，古罗斯和中国经历了相同的创伤。俄国与中国几乎是在同一历史时期摆脱了蒙古的桎梏④。并且，如果谈到东方对俄国的影响，则应当承认，在亚洲国

---

① Скачков П. Е. Библиография Китая. М., «Издательство восточной литературы». 1960. С.182, № 4977.

② Исмайлов Э. Э.. Персидские принцы из дома Каджаров в Российской империи. М., «Старая Басманная». 2009. 594 с.

③ Мартынов А. С. Россия и Китай: сходство наследия-общность судьбы. // «Звезда». 1995. № 10. С. 168.

④ 萨莫依洛夫得出的结论是正确的："经历了蒙古入侵，两个国家都不得不改变社会内部组织的性质，由此开始了专制的开端。由于这一点，俄罗斯和中国在很多方面都有可比性：国家对经济生活的积极影响、国家意识形态的性质和作用、国家处于社会之上的首要地位。"

（见Самойлов Н. А. Россия и Китай. // Россия и Восток. «Лексикон». СПб., 2002. С.503）

家中正是中国对俄国生活的各个方面的影响最大。那么,是哪些因素促成了这一点呢?

首先,是社会不同领域对中国文明史、对历经千年自我保存的中国艺术的兴趣,尽管中国不止一次经历侵略者的冲击。在中国,军事科学和国家政治管理的科学特别发达[1]。皇家科学院——翰林院(公元738年至1911年间一直存在)千百年间一直发展着关于人的科学即人文科学。年轻的俄罗斯文明得以从中国这口"龙井"中汲取养分。

其次,俄国社会的管理阶层追求近距离了解中国精神文化和物质文化产品,追求拥有这些产品。

再次,1728年,在北京正式确立了俄国东正教使团,俄国得到了认识中国的机会。在北京,东正教堂在1685年由俄俘建立。1728年中俄《恰克图条约》的第五条为北京东正教使团的活动正式奠定了条件。按照这一条约,俄国除向北京派神职人员外,还可以"派4名俄语和拉丁语较好的男孩(其中两名年龄稍大)"[2]到北京学习语言。关于使团的条款规定,东正教使团成员应在北京滞留10年。

在两百年的时间里,东正教使团都没有把使中国基督教化当作自己的任务,而只是在俄俘后裔中保持东正教信仰,但却对俄罗斯汉学学派的形成有着巨大的影响。

俄国东正教驻北京使团是一个独特的学术机构和汉满语实践教学中心。在1860年以前,东正教使团共有大学生、医生、画家六十多人,神职人员近百人[3]。语言学习的方法未曾改变过:主要知识从汉人或满人先生那儿获得。教材是手抄的汉拉词表(只在晚期才有汉俄和满俄词典)。"在市井坊肆与北京居民的经常接触对于学习口语很有帮助。"[4]教士的职责之一是在清政府于1725年开办的俄语学校(内阁俄罗斯文馆)教授俄语。

正是北京东正教使团培养了俄罗斯第一批汉学家。其中成就卓著者

---

[1] 《孙子兵法》于1950年由苏联汉学家康拉德(Н. И. Конрад)翻译出版;《商君书》由苏联汉学家佩列洛莫夫(Л. С. Переломов,即"嵇辽拉")于1968年翻译出版。

[2] Русско-китайские договорно-правовые акты (1689-1916). Под общ. ред. ак. В.С. Мясникова. М., Памятники исторической мысли. 2004, с. 44.

[3] Скачков П. Е. История изучения Китая в России в XVII и XVIII вв. (краткий очерк).- "Международные связи России в XVII- XVIII вв." М., 1966, с. 163.

[4] Там же.

在18世纪当属罗索欣（И. К. Россохин）和列昂季耶夫（А. Л. Леонтьев）。1740年从北京回国后，罗索欣被外交部派到科学院任职。罗索欣被列入科学院编制是在1741年3月22日，工作是"翻译和教授汉语和满语"。

起初罗索欣的工作是独立的，后来则是在米勒院士的领导之下。罗索欣完成了近三十种汉语材料的翻译，这些材料主要是一些历史典籍，其中包括三卷本的《平定朔漠方略》[①]《资治通鉴纲目》[②]等。罗索欣的名字也与科学院图书馆的中国收藏相关，其中百余种来自罗索欣的个人收藏[③]。

1757年，列昂季耶夫来到科学院和罗索欣一起工作。列昂季耶夫首次发表了"四书"中的《大学》和《中庸》[④]的首个俄译本以及其他俄译中国历史典籍。

罗索欣和列昂季耶夫共同翻译并于1784年在科学院资助下出版的巨著——16卷本的《八旗通志》（Обстоятельное описание происхождения и состояния маньчжурского народа и войска, в осьми знаменах состоящего）是他们共同完成的主要成果。这一翻译工作的选本不是偶然的，俄国学术界在研究满族人的历史时，试图回答一个普遍关注的问题：谁能了解中国最近的百年史，为什么满族这个小民族能够征服中国并在中国的基础上建立起一个庞大的帝国？

为了解释满族的起源问题，罗索欣在俄译本《八旗通志》的最后一卷注释中专门收入了他撰写的关于满族的种族构成的文章。书中还有大量的其他历史资料，再现了17—18世纪满族的社会分类[⑤]。其中涉及与汉族和满族相邻的其他民族的很有价值的信息，如第十六卷中第一次简要描述了藏族这个民族，介绍了其物质文化和精神文化。

尽管罗索欣和列昂季耶夫的译著的价值不容质疑，但并没有引起后代

---

① Н. П. Шастина. Перевод И.К.Россохина источника по истории монголов конца XVII века.- "Ученые записки Института востоковедения". М., 1953, т. VI, с. 200-211.
② ГИМ, ф. Уварова, д. 114 -118, 202-206, 1328-1332. Всего 2900 стр.
③ Л. Н. Меньшиков, Л. И. Чугуевский. Китаеведение. В кн: Азиатский музей-Ленинградское отделение Института востоковедения АН СССР. М., 1972, с. 81-82.
④ "Сышу геи", то есть четыре книги с толкованиями. Книга первая философа Конфуциуса. Перевел с китайского и маньчжурского на русский язык надворный советник Алексей Леонтьев. СПб, 1780. "Джун-юн", то есть закон непреложный. Из преданий китайского философа Кун Дзы. Перевел с китайского и маньчжурского на российский язык Коллегии иностранных дел канцелярии советник Алексей Леонтьев. СПб, 1784.
⑤ И. К. Россохин, А.Л.Леонтьев. Обстоятельное описание... Примечания на все маньчжурские и китайские слова... (Б.м., б.г.), 323 стр.

研究者应有的关注。

18世纪中期也是俄国汉语和满语教学的开端。第一个满语学校于1739年在莫斯科开办，学生从斯拉夫语-希腊语-拉丁语学院的学生中选拔而来，老师则是中国人周戈①。这所学校只存在了两年，其4名学生作为使团随行学生被派往北京，其中之一就是列昂季耶夫。

与此同时在彼得堡科学院开设了一所存在了10年（1741—1751）的汉语和满语学校，该校由罗索欣负责。1762年开始尝试调整汉语和满语教学：这一次是委托列昂季耶夫领导学校。

整个18世纪俄国发表关于中国问题的论著达120种②，体现了俄国社会对中国的巨大兴趣。以北京东正教使团大量翻译汉语和满语典籍为基础，俄国学者开始研究汉族人、满族人和清朝其他民族的历史、语言和精神文化。

就这样，在18世纪30年代科学院成立后，在开启了中俄关系新时期的《恰克图条约》签订后，俄国汉学作为学术领域开始形成。俄国汉学发展的新阶段开始于19世纪初叶。

1805年，俄国向中国派出了戈洛夫金（Ю. А. Головкин）率领的外交使团③，学术考察队随行，应科学院邀请来俄赴职的著名法国汉学家克拉普罗特（Г. Ю. Клапрот）是考察队成员④。众所周知，戈洛夫金使团只走到库伦，清政府只允许东正教换届使团进京。此次东正教使团的团长是尼基塔·亚科夫列维奇·比丘林（Никита Яковлевич Бичури）[亚金夫神父（Иакинф）]。正是由于比丘林的天赋和勤奋，俄国汉学崛起为世界汉学的最高水平。

比丘林的著作消除了自19世纪初欧洲和俄国根深蒂固的关于中国的观点，这种观点在曾到过中国水域的著名航海家克鲁森斯坦恩的旅行记中表

---

① П. Е. Скачков. Первый преподаватель китайского и маньчжурского языков в России. - "Проблемы востоковедения", 1960, N 3, c. 198-201.
② П. Е. Скачков. История изучения Китая в России в XVII и XVIII вв. (краткий очерк). - "Международные связи России в XVII-XVIII вв." . М., 1966, c. 173.
③ Русско-китайские отношения в XIX в. Документы и материалы. Т.I. М., 1995. 该书中译本即将在中国出版。
④ 克拉普罗特因从科学院档案馆偷窃中国地图而被判驱逐出彼得堡科学院，见За хищение карт Китая из академического архива Клапрот был осужден и изгнан из Петербургской Академии наук. См.: Постников А. В. Формирование южных рубежей России. М., 2007. С.

现得最为明显："关于中国的描述是这样多，以至现在很难再写出什么关于中国的新东西。"①

比丘林在北京的十四年，全身心投入关于中国的语言、历史、地理、风俗习惯的研究，这一时期他致力于撰写论著（后来在俄国出版），并尽可能多地为未来的论著准备资料。

比丘林认为其学术活动的主要目的是描绘一幅当时中国及其远东和中亚周边国家的精准全图。"我习惯于写一些细节，并以简单的语言坦率地表述。"比丘林在谈到自己的研究方法时这样说道②。比丘林的第一部著作便成为我国汉学史新时期的见证。苏联历史学家、汉学家尼基福罗夫（В. Н. Никифоров）公正地强调，比丘林在1828年出版的《蒙古札记》（Записки о Монголии）即使在现在看来也是一部学术专著。比丘林在书中提出的问题，如蒙古和中亚其他民族的起源、"鞑靼"一词的由来等，我们今天还在讨论，比丘林的声音在相关的讨论中仍清晰可感。比丘林的第一部著作便使之进入了世界大汉学家之列③。

科学院对比丘林的评价很高，在出版《蒙古札记》的这一年，比丘林被推举为科学院通讯院士④。1829年5月，作为对获颁证书的回应，比丘林致辞科学院秘书长福斯："我有幸得到科学院颁发的证书，成为科学院通讯院士。科学院关注到我在中国典籍方面所做的工作，显示了我的著作的价值。在这个意义上，在接受科学院对我的赞许和器重的同时，我将继续在这一领域钻研，证明自己无愧于科学院成员的称号。我请求您，仁慈的先生，将我在书中（当时出版的《北京志》）所附的以两种语言——俄语和法语标注的中国首都北京全图，交给科学院作为我誓言的担保。"⑤

---

① И.Ф.Крузенштерн. Путешествие вокруг света в 1803, 1804, 1805 и 1806 годах на кораблях "Надежда" и "Нева", СПб., 1810, ч. II, с. 338.
② "Москвитянин", 1848, N 9, с. 4.
③ В. Н. Никифоров. Советские историки о проблемах Китая. М., 1970, с. 6. 1828年比丘林早于《蒙古札记》还出版了译自中文并带有详细注释的《西藏志》，作为比丘林的第一部著作，其研究性质稍逊于《蒙古札记》。
④ 1759年在俄国的科学院中确定了"科学院通讯院士"这一学术等级，向一些促进科学院扩大馆藏资源的学者和旅行家颁发这一荣誉称号。
⑤ Архив АН СССР, ф. 1, оп. 2, п. 96, 1840.《北京志》译自1788年中国刊刻的《宸垣识略》，译本经与实际资料和比丘林绘制的北京城图校订。北京地图首次于1705年由耶稣会士依康熙敕令绘。2000年比丘林的这一著作出版的彩印本由本序言作者米亚斯尼科夫院士赠送给了北京市档案馆。

在接下来的25年间，比丘林诚实地履行着自己的诺言。他先是首次向俄国和欧洲社会介绍中国各民族以及与中国相邻的各民族和国家的历史，出版了《成吉思汗家族前四汗史》（История первых четырех ханов из дома Чингисова，1829年出版）、《厄鲁特人或卡尔梅克人历史评述》（Историческое обозрение ойратов или калмыков с XV столетия до настоящего времени，1834年出版）、《公元前2282年至公元1227年间西藏青海史》（История Тибета и Хухунора с 2282 г. до н.э. по 1227 г. н.э.，1833年出版）、《古代中亚各民族资料汇编》（Собрание сведений о народах, обитавших в Средней Азии с древнейших времен，1851年出版）。后来，比丘林又开始研究当时的中国的历史和现状，出版了《中国人的社会生活和个人生活》（Китай, его нравы, обычаи，1840年出版）、《中华帝国详志》（Статическое описание Китайской империи，1842年出版）。这些都是比丘林多年研究中国典籍的成果。除上述外，还有《中国农业》（Земледелие в Китае，1844年出版）、《中国的国民状况和道德状况》（Китай в гражданском и нравственном состоянии，1848年出版）等。比丘林的著作四次获得科学院最高奖之一的杰米多夫奖[①]。

比丘林是第一位成为国家社会生活重要人物的汉学家。比丘林与普希金交往甚笃，普希金称他为"披着教袍的自由者"，对他评价很高："他深邃的知识和扎实的著作，为我们与东方关系染上了一抹亮色"[②]。

比丘林的名字是俄国汉学史上一个时代的象征。但这个名字并没有使我们与那整整一辈杰出汉学家、比丘林同时代人及其后继者相隔离。加缅斯基（П. Каменский，1819年当选为科学院通讯院士）、利波夫措夫（С. В. Липовцев）、列昂季耶夫斯基（З. Ф. Леонтьевский）、罗佐夫（Г. М. Розов）[③]，在汉语和满语语文学、中国及周边国家历史等方面的研究中做出了实质性贡献。他们都是北京东正教使团的大汉学家。

19世纪中叶还有一些人在使团学习，他们进一步发扬光大比丘

---

① А. Н. Бернштам. Н.Я.Бичурин (Иакинф) и его труд "Собрание сведений о народах, обитавших в Средней Азии в древние времена". - В кн.: "Н.Я.Бичурин (Иакинф). Собрание сведений о народах, обитавших в Средней Азии в древние времена". М-Л, 1950, т. I, с.IX.

② А. С. Пушкин. История Пугачева. - Собр. соч., М., 1949, т. 8, с. 287.

③ См.: Мясников В.С. Русский маньчжуровед Г.М. Розов. В кн. Мясников В. С. Квадратура китайского круга. Избранные статьи. Кн. 1. М., 2006, с .129-137.

林著作为俄国汉学争得的荣誉，这就是切斯诺依（А.Честной）、戈尔斯基（В.В.Горский）、斯卡奇科夫（К.А.Скачков）、布列特什涅德（Э.В.Бретшнейдер）、卡法罗夫（П.Кафаров）、扎哈罗夫（И.И.Захаров）、瓦西里耶夫（В.П.Васильев）。世界上没有哪个民族的汉学学派像这样在同一时代在汉学研究的各个领域拥有如此多的出众的学者[①]，而苏联汉学家正是他们的后继者。

* * *

2009年10月13日，俄罗斯驻华东正教使团的历史引起了俄罗斯和中国舆论界的关注。在普京访问中国期间，在俄联邦驻中国大使馆内，大主教叶戈尔耶夫斯基·马克（Егорский Марк）为重修的圣母安息教堂举行了圣化仪式[②]。

在圣母圣女帡幪节前夕，普京在出席这个隆重的仪式的讲话中说：

"亲爱的同胞们、朋友们！

"今天与大家在一起为在俄联邦驻中国大使馆内重修的圣母安息教堂祈祷，我感到一种发自心底的精神愉悦。就是在这个位置上，过去生活着中国的第一批东正教徒——雅克萨哥萨克，后来则是俄罗斯东正教使团。

"俄罗斯在华东正教使团是俄中关系的源头。使团成员的论著奠定了中俄两个国家相互联系的深刻的精神基础，成为俄国汉学的肇始，为世界汉学做出了巨大贡献。

"幸运的是，中国方面对我们修复博物馆-教堂表示理解。我们希望发展双边宗教往来，希望理顺作为俄中人文交往重要部分的东正教系统教会间的互动。我认为，东正教堂是俄罗斯驻华东正教使团的纪念碑，应当不仅是北京的一处装饰，也是我们两国扩大多边联系的切实可见的证明。

[①] 关于俄罗斯汉学家在东方学交叉领域进行研究详见：М.П.Волкова. Маньчжуроведение; М.И.Воробьева-Десятовская и Л.С.Савицкий. Тибетоведение. - "Азиатский музей-Ленинградское отделение Института востоковедения АН СССР". М., 1972.

[②] 北京的圣母安息教堂于1901年建于义和团起义期间完全被捣毁的在华俄国东正教使团住地的废墟之上。1955—1956年，东正教使团活动停止后，此处被中国政府交给苏联方面用于建设苏联驻中华人民共和国大使馆建筑群。在华俄罗斯东正教使团除"红房子"外的几乎所有建筑又被拆除，本文中所谈的教堂建筑，位于现在使团车库的一侧。2004年3月，俄罗斯东正教会提议在俄罗斯驻中华人民共和国大使馆内部重建教堂，莫斯科宗主教辖区外联处联系相关事宜。俄联邦外交部将这一问题提交中国方面。在俄罗斯总统普京与中国国家主席胡锦涛就该话题进行讨论后，中国政府原则上同意重建教堂。2008年4月双方就这一问题交换照会，形成最终商定。修复圣母安息教堂的款项由俄联邦政府2007年12月29日下令拨发。

"现在，圣母安息教堂是在华人数不断增加的俄罗斯同胞和其他东正教国家公民精神支柱的核心。今天东正教国家外交机构的代表也来分享我们的节日喜悦。我希望，教堂内的博物馆能成为更好地了解俄罗斯、了解俄罗斯的精神历史和文化的地方。

"让我们为圣母帡幪祈祷。我希望，教堂里永远回荡着我们为兄弟、为友谊、为我们各个民族的友好睦邻而发出的祈祷。"[①]

米亚斯尼科夫

---

① premier.gov.ru 13 октября 2009 г. Поездка в Китай.

译者序

一、俄国东正教驻北京使团的由来

在清代康熙年间来到中国的俄国东正教驻北京使团（1713年由俄国派出，1715年到达北京）是中外关系史上一个十分独特的现象。自驻京起至清末的近两个世纪的时间里，在中俄政治、军事、外交、贸易关系中发挥了重要的作用，在中俄文化交流史上留下了浓重的一笔。

"俄国东正教驻北京使团"，该机构在中文文献中常被称为"俄国驻京喇嘛"之类，俄文系"Русская духовная миссия в Пекине"或"Русская духовная миссия в Китае"①。中文译著及中文论著中，其名称形式大体说来可分为三类：第一类为"僧""喇嘛"等之说；第二类为"布道""传道"之说；第三类为"传教士"之说。这里我们称之为"俄国东正教驻北京使团"，主要基于以下几点考虑：第一，自第二届起，该机构按时补缺轮换，由俄国东正教圣主教公会（Синод）组织、俄国政府与中国交涉派驻中国，是一个名副其实的"使团"。第二，该机构派驻中国是以东正教的名义。第三，该机构进驻虽以为在华东正教徒主持圣事为名，但在19世纪60年代以前，"布道""传教"并不是其初衷，而是以稳定中俄关系、发展中俄贸易为使命，发挥俄国驻华代表处的作用；60年代以后，虽宗教意义偏重，对于中国的研究进一步加强，也译介了一部分东正教文献，但"传教士"之名其实微弱，东正教在中国的发展状况及历史也可反映出这一点。

关于俄国东正教驻北京使团长期驻扎北京的缘由，在以往中国学者的研究中往往因袭了俄罗斯学界的研究，认为清帝康熙为尊重雅克萨战俘的信仰而使得东正教开始在中国有了立足之地，继而使东正教使团得以长

---

① 自1715年派驻北京的第一届东正教使团起，清政府允许其活动的范围是北京，直至1858年签订的《天津条约》始规定俄东正教使团可以自由在中国境内各地区活动，因而俄文两名称的含义在1858年以前是一致的。

期派驻北京。如果比较天主教、基督新教在华的情形，后两者入华时间、传教力度均强于东正教，但清代的教案从清初至清末持续不断，传教士和教徒的宗教生活总体来说是动荡不安的。所以从根源上说，俄罗斯东正教使团之所以得以派出，与俄罗斯国家发展历史、俄罗斯东正教历史、俄罗斯国家政权与教权的关系、中国清代的边疆政策等诸多因素都有着密切的关系。从俄罗斯国家发展历史的特点、俄罗斯东正教及其与政权的关系、中俄关系以及清朝的边疆政策等几个方面来考察俄东正教驻京使团入华的缘由，将有助于全面地看待中俄关系中的俄东正教驻京使团。而根据使团成员留下的论著，可以了解他们看待中国的视角，全面了解当时的中国社会，特别是当时的中俄关系。

　　俄国历史的发展一直伴随领土的扩张，或为强大国家，或迫于生存寻找通向富庶之路。俄国历史就是一个正在从事开拓的国家的历史。"移民和国土的开拓是我国历史中的主要事情，所有其余事情都和它们有或近或远的关系。"[①] 从13世纪下半叶起，莫斯科公国兴起后，一直将其领土扩张到西至芬兰湾，北至白海，东至乌拉尔的广大地区。与此同时，在伊凡四世（即"恐怖的伊凡"或"伊凡雷帝"）统治时期，一方面俄军以武力收服了喀山汗国，把整个伏尔加河流域划入了沙俄的版图；另一方面，哥萨克人不断向东推进并与沙皇军队联合征服了西西伯利亚，继而通过贸易与移民将领土继续东扩，直到17世纪中叶，俄国的东扩活动开始遭到清廷的阻挡，中俄双方多次在雅克萨交战。1689年，中俄签订了《尼布楚条约》，确定了中俄的边界，结束了两国交战的局面，由此开始了两国近百年间的和平关系。但俄国在远东谋求利益的设想并没有终止，当时彼得一世统治着的俄国，军事上大举进攻瑞典、土耳其、伊朗，国内实行大规模的行政改革，这一切都需要强大的财力的支持。彼得一世"为财源问题煞费心机，使他自然而然地重视外兴安岭以南，黑龙江流域广袤而富饶的土地，重视在这块土地上生活的居民，以及同大宗毛皮进口国——中国的贸易"[②]。俄国的毛皮，中国的金、银和贵重布匹，会给俄国方面带来可观的利益。彼得一世把珍贵毛皮等贸易项目收归国家垄断的政策，保障了俄中贸易利润能够使俄国的国库得到充实。

---

① 克柳切夫斯基：《俄国史教程》第一卷，北京：商务印书馆，1992年，第26页。
② 张绥：《东正教和东正教在中国》，上海：学林出版社，1986年，第182页。

为同中国建立稳定持久的联系，17世纪起，沙皇俄国数次向中国派出使团。1654年，第一个俄国官方使团在皇室官员拜科夫的带领下从托波尔斯克出发前往中国，使团的主要任务是探索通往中国的所有道路，了解中国国内的贸易情况，以及俄国同中国进行贸易的可能性。但最终该使团未得以觐见中国皇帝。1675年，俄国政府经过缜密准备，组织了一个规模庞大的使团，团长是外交衙门的翻译尼古拉·加夫里洛维奇·米列斯库－斯帕法里。在离开莫斯科前往中国时，斯帕法里接到14条训令，对斯帕法里在清朝宫廷的举止、使团的任务等都有明确规定，包括俄国沙皇和中国皇帝的礼仪问题、长期外交关系和贸易关系的确定问题、邀请中国使臣来俄的问题、收集通往中国的最方便快捷的（"最近并且最安全的"）陆路和水路的消息，等等。训令中还让他了解台湾岛的情况，以及日本、印度和其他一些国家的情况。1692年，彼得一世又派在俄的荷兰裔大商人伊兹勃兰德·义杰斯带领使团及商队约四百人使华。在给义杰斯使团的训令中，除关于两国边界、逃人、贸易、军事问题的内容外，还提到由俄方出资在北京建立俄国教堂，希望中国拨给建堂用地。这两个得以觐见中国皇帝的使团都因中俄两国边境逃人问题而未能达到其出使的目的。

在这份训令中提到东正教教堂的问题是有其缘由的。自古罗斯时代起，政权与教会的关系就非同一般。988年，基辅罗斯的统治者弗拉基米尔大公宣布东正教为基辅罗斯的国教，并强迫基辅所有市民在第聂伯河畔下水受洗，即历史上著名的"罗斯受洗"，从此基辅罗斯由多神崇拜转变为一神教。信仰的统一促进了古罗斯国家的发展，同时成为欧洲基督教国家之一的古罗斯吸取基督教国家的政治、经贸、文化财富，加速了自身的文明化进程。作为古罗斯国教的东正教，在政权的支持下，教权与政权相互配合，协调发展。1589年，莫斯科发展为世界东正教的中心，莫斯科都主教区晋升为牧首区。基辅罗斯所接受的基督教——拜占庭基督教即东正教宣传"君权神授"的思想，加之"罗斯受洗"乃国家君王之令，所以俄罗斯的东正教一开始就伴随着与政权的结合，并在俄罗斯国家的形成和发展进程中发挥着不可或缺的作用，在俄国社会生活中扮演着重要的角色，在许多重大事务上配合皇权。随着教会势力的不断扩大，俄国牧首的权力也不断增大，牧首不仅是沙皇的重要参谋，而且还参与制定国家政策。1652年，尼康成为莫斯科和全罗斯牧首。这一时期东正教会的势力继续膨胀，对于世俗管理的参与也达到了空前的程度。尼康推行神权政治的动机遭到了俄国政界的一致反对，教内对尼康的东正教礼仪改革以及独裁暴政也十分反感。1667年尼康被罢免，同时东正教内制定规章制度保障王权，即牧首应当服从沙皇的命令，从而明确了王权和教权的关系。彼得一世时期又颁发了一系列改革措施，逐渐将东正教事务转由国家世俗机构管理。1721年彼得设立圣主教公会（Синод）来负责宗教事务。圣主教公会的成员由教会人士及世俗官员共同组成，他们必须宣誓效忠沙皇。

正是基于俄罗斯政权与教会的这种关系，才促使俄国统治者积极利用东正教来达到其以政治手段达不到的目的。实际上，早在"罗斯受洗"之前，基督教在罗斯境内就有了一定的影响，而被尊为国教后，更是在教会组织规模、经济实力、政治地位上不断膨胀，影响越来越大。后来的俄罗斯的统治者总是采取各种手段把教会牢牢地控制起来，使其为政权服务。彼得一世给义杰斯的训令中提到要在中国建教堂就是为了能够把俄国同中国的联系稳定起来。对此，清廷的答复是："西洋各国之人来中国，只是永久居留者曾建教堂，并无于我国续建教堂之例。故此事亦毋庸议。"

从清代中国的情况来看，在清朝前期的顺治、康熙年间，在雅克萨的数次与俄交锋中所获俄俘近百人，他们被送往北京编入清镶黄旗军。俄俘之一——马克西姆·列昂季耶夫，原是雅克萨教堂的司祭，被俘时随身带走了教堂内的一帧圣尼古拉像。俄俘到京后，康熙专门为俄俘安排了一处寺庙供其供奉圣像，后被俄俘称为"圣尼古拉教堂"（中国人称之为"罗刹庙"）。1695年之前，雅克萨俄俘的东正教仪式一直在此举行。同年，托波尔斯克东正教会的都主教伊格纳季得知此事后，委派高级司祭格里高里和教堂执事拉夫连季携经文、圣器以及承认此处为"圣索菲亚教堂"的证书，并要求马克西姆神父认真履行传教职责，为教徒和中国皇帝祈祷。马克西姆直到去世前一直主持圣事。此后，来华俄国商队均有司祭随行，意在加强俄东正教会与北京东正教的联系。

彼得一世对于中国的东正教问题十分关注，早在1698年，贵族议会书记维尼乌斯在从托波尔斯克写给彼得一世的信中说，北京的俄俘在那里建立了一座教堂，很多人到教堂看行圣事，一些年轻的中国人还受了洗，是否可派有学问的司祭去那里传教。当时正在国外的彼得一世复函："此事甚善。惟为天主起见，行事宜谨慎，戒鲁莽，以免结怨于中国官员及在当地安营扎寨多年的耶稣会士。为此，需要的，不是学有根底，而是谙于世故的司祭，方免因傲慢而使上述神圣事业一败涂地，像在日本发生的那样。"①1700年6月18日,彼得一世颁布命令:认真物色西伯利亚都主教人选,并要俄罗斯正教会把"研究和通晓汉、蒙语言和调查中国情况提到国家利益的高度,逐步把中国和西伯利亚那些愚昧无知、执迷不悟的生灵皈依主,让中国皇帝及其臣民从黑暗中走向正教信仰的光明"。这一命令反映了彼得一世在东正教问题上对远东、中国的设想。后来,在1706年和1710年,这一命令又再次发给了西伯利亚都主教,意在提醒东正教传教士不失时机地注意中国皈依东正教的问题。1702年,俄方以马克西姆年迈眼花为由,请求再派两名俄国教士随商队来京,并请求中国将两教士的待遇与马克西姆等同。中国方面对此回复说,马克西姆是中国七品官员,中国并未为东正教堂专设人员,拒绝了俄方的请求②。但此后俄国政府和教会一直没有间断向中国派东正教士的努力。1711年,奥斯科尔科夫(Г.А.Осколков)带领商队来到北京,在天主教传教士的帮助下,他再次向理藩院提出允许再派司祭来京,以便为在北京的俄俘、中国东正教徒和俄国商队使团人员主持圣事。此时适逢马克西姆神父去世,当时胡佳科夫带领的俄国商队正在北京,俄俘们请求胡佳科夫以俄国政府的名义为他们求一名司祭。胡佳科夫建议他们向清政府提出这个问题,同时自己再像奥斯科尔科夫那样再次提出这个请求③。"当时清廷正准备遣太子侍读殷扎纳、郎中纳颜、内阁侍读图理琛等人经西伯利亚俄境前去伏尔加河流域,访问土尔扈特蒙古部首领阿玉奇汗,为了使使团顺利通过俄境,清政府委托胡佳科夫做使团的向导,康熙帝破例允许了这一请求,并要俄国教士随自俄国回国的中国使团一同来京。"④

托波尔斯克省长和彼得一世很快得知了康熙的圣谕,彼得一世立刻写信给托波尔斯克都主教约安·马克西莫维奇(1709—1715年主管西伯利亚主教区),挑选合适的人选——修士大司祭一名、司祭一名、教堂执事一名和教堂服务人员数名前往中国。1712年年末至1713年年初,由修士大司祭伊拉里翁·列扎依斯基、司祭拉夫连季、执事费利蒙和7名学

---

① Е.П.Скачков, Очерки истории русского китаеведения, М., 1977, стр. 37. 中译文转引自张绥:《东正教和东正教在中国》,上海:学林出版社,1986年,第185页。
② 详见《清代中俄关系档案史料选编》第一编,上册,北京:中华书局,1979年,第225—226页。
③ История Российской духовной миссии в Китае, М., Издательство Свято-Владимирского Братства, 1997, сс. 62-64.
④ 张维华、孙西:《清前期中俄关系》,济南:山东教育出版社,1997年,第342页。

生（其中3名在1726—1727年间死于北京，4名在1717—1718年间返回俄国）组成的使团被派往北京。他们备好圣像、法衣、圣器、经文，人员给养充足，给每位成员按级别不同分发了路费、年俸，沿途各修道院受命为东正教使团提供一切必要的方便。他们于1715年年末或1716年年初之时随同前述赴俄的中国使团到达北京。

东正教在北京的出现与天主教、基督新教有着本质的不同。被带到北京的雅克萨俄俘，已成为归附清朝的顺民。清朝统治者继承中国历代统治者对于异族"因俗而治"的统治思想，遵循"修其教而不易其俗，齐其政而不易其宜"的方针，认为只有尊重外族的宗教信仰、社会习俗，才会真正将其顺化安抚。故康熙帝不仅安排其供奉圣像之所，更将伊拉里翁·列扎依斯基一行看成是为已成为大清臣民的俄俘保持其习俗而设。在清前期，把俄国看成是"未沾教化"的"外藩小国"①，所以在专为顺化俄俘主持宗教习俗的东正教使团列扎依斯基一行入华后，为显示大国之风，康熙帝为其加官赏银，优厚待之，赐团长、修士大司祭列扎依斯基官至五品，司祭和辅祭官至七品，其他7人也均被授为八旗兵，并赐予住房、生活费用以及他们要求的一切物品，甚至为其娶妻成家提供银钱②。1737年俄驻华商务代表在给理藩院的信中提到希望不要赏给俄来华东正教人员任何官职，赏官之事即止。

1718年4月26日，第一届东正教使团团长伊拉里翁·列扎依斯基在北京病逝。失去团长的使团自然向理藩院提出加派新任团长。在俄方组建新使团期间发生了一系列对中俄关系发展颇有影响的重大事件：1722年年末中国皇帝康熙晏驾、雍正登基，1724年中国使团使俄，1725年彼得一世离世。

1689年中俄《尼布楚条约》签订后，中俄之间虽无大干戈，但边界纠纷、蒙古逃人、俄商在中国行为不端等问题已成中俄关系中的诟病，积怨已久，至康熙年间后期，中俄关系已面临危机。康熙、雍正朝代的更迭使中俄双方都感到这是改善两国关系的契机。雍正登基后，"由于担心他的许多弟兄还要发动叛乱，因而不敢也不愿得罪邻邦俄国"。另一方面，

---

① 《清世祖实录》卷135、卷62，转引自马汝珩、马大正主编：《清代的边疆政策》，北京：中国社会科学出版社，1994年，第185—186页。
② 《俄中两国外交文献汇编（1619—1792）》，北京：商务印书馆，1982年，第105页。

当时正在竭力加紧进行已经开始了的对准噶尔的战争，所以不希望激化与俄国的矛盾。而从俄国方面来说，此前的俄国商队被拒绝入华、驻华代表朗克被驱逐等事件均使俄国感到俄中关系进入低谷，得知康熙驾崩的消息后，为了利用这个机会缓和同中国的关系，先是送回了越过边界的84名蒙古人，而为解决边界问题则派萨瓦·弗拉季斯拉维奇作为特命全权大使来华，此举前因是早在签订《尼布楚条约》时，中国就希望划定中俄中段边界，后又屡次向俄方提出划定边界的问题，以解中俄边界纠纷不断之扰，但屡屡遭拒。前述不许俄商队入华、将朗克驱逐出中国，俄来华贸易无法为继，而当时俄与瑞典、波斯的战争正需国库支持。为继续获得商业利润，充实国家财力，彼得一世决定接受中国的提议，同中国进行边界谈判，以尽早恢复中俄贸易。此次在萨瓦的使命中，就有"把现在色楞格斯克的英诺森·库利奇茨基①主教（不要声明他是主教）及其属下的全体神职人员带往北京；使臣在离开北京时，应竭力争取中国准许该主教留在那里主持教堂祈祷仪式，并且不阻止他前往中国境内有信仰俄国宗教的教徒居住的地方进行访问；还应请求拨给一块地皮，以供修建教堂之用"②。不仅如此，组建已久的新的东正教赴华使团的团长英诺肯季·库利奇茨基还是萨瓦使团的随员之一（后经萨瓦上报建议，改派伊尔库茨克主升天修道院的修士大司祭安东尼·普拉特科夫斯基③，圣主教公会对这一建议表示赞同，并嘱咐安东尼应带有适当人数的修士司祭和其他教堂辅助人员，安东尼在伊尔库茨克蒙语学校教授的几名学习蒙语的学生也随同前往，他们将继续在北京学习）。

　　1728年6月25日，经过谈判，中俄《恰克图条约》正式签字互换。该条约第五条关于东正教驻京使团的问题："在京之俄馆，嗣后仅由来京之俄人居住。俄使伊里礼伯爵萨瓦·弗拉季斯拉维奇请造庙宇，中国办理俄

---

① 英诺森，本书译为英诺肯季。——译注
② 《俄中两国外交文献汇编（1619—1792）》，北京：商务印书馆，1982年，第141页。
③ 后第二届赴华东正教使团由曾随伊兹马依洛夫使团使华的安东尼·普拉特科夫斯基任团长，其原因据第八届使团团长索夫罗尼·格里鲍夫斯基在《Материалы для истории Российской духовной миссии》中记载，是因为普拉特科夫斯基自己想做第二届使团的团长而有意诋毁英诺肯季·库利奇茨基并最终得逞，但后来阿多拉茨基（Николай Адортский）在《История Пекинской Духовной Миссии в первый период》(载《История Российской Духовной миссии в Китае》, c. 103)中认为，当时向中国派主教传播东正教的时机尚不成熟，西伯利亚更需要英诺森传播福音。

事大臣等将协助盖庙于俄馆，现在住京喇嘛（神父）一人，复议补遣三人，来京后居住此庙，供以膳食，与现住京喇嘛同等。俄人照伊规矩，礼佛念经不得阻止。此外，按俄使伊里礼伯爵萨瓦·弗拉季斯拉维奇之意留京学习外文之四名学生及两名较年长者（伊等懂俄文及拉丁文），则均置于俄馆，由俄皇皇室供其膳费，学成后，即允其如愿回国。"①由此，萨瓦不仅完成了将新一届东正教使团送入中国的任务，而且在东正教使团中加入了学习满汉语言的学生。从此，俄东正教驻京使团及时补缺，按时轮换，发挥着俄国在华外交代表处的作用，同时每期人数不定的随团学生在中俄文化交流方面发挥了重要的作用，成为"俄罗斯汉学家的摇篮"。

综上所述，俄国东正教驻北京使团得以驻扎北京与俄罗斯国家形成过程、俄罗斯东正教同国家的特殊关系、俄国与中国在当时对于两国关系的立场等方面的问题有着千丝万缕的联系。通过领土扩张建立国家并以领土扩张求得生存条件的俄国，东正教在统治者的强令之下成为国教，并得到了迅速的发展。成为俄国民众精神主体的东正教在俄罗斯国家事务中积极为政权服务。正是俄罗斯东正教与俄国政府的独特关系，才使得俄国统治者特别是彼得一世不放过任何机会，通过宗教这种较为隐蔽的手段，争取在中国谋取更多的利益，进而达到扩大俄国的版图和力量的目的。同时，清前期的统治者"因俗而治"的管理异族的策略以及清政府与蒙古势力的纠葛都为俄国对中国策略的实施提供了相宜的条件。由此俄国便享有了"在北京派驻使节的优先权"。在1715年第一届使团入华直至1924年在第十八届俄东正教驻北京使团的基础上改组为"中国东正教会"②，这种"优先权"延续了200多年，成为近代中外关系史上一个甚为独特的现象。

二、俄国东正教驻北京使团成员的学术成就

俄国东正教驻北京使团成员身份不一，除神职人员外，每届随使团来华的还有以学习汉语、满语为任务的学生，还有医生、画家，有几届使

---

① 《俄中两国外交文献汇编（1619—1792）》，北京：商务印书馆，1982年，第391页。
② 1924年，第十八届使团团长英诺肯季·费固罗夫斯基为反对《中俄解决悬案大纲协定》中规定的将使团的产业移交苏联政府的规定，向中国政府提出俄东正教驻北京使团是中国的东正教会，与苏联政府无关，至此俄东正教驻京使团正式改称"中国东正教会"，在北京设立总会（因而有时也称为北京总会），下辖北京、上海、哈尔滨、新疆和天津等教区。1955年，根据中苏两国政府达成的协议，在两国教会代表会议上，莫斯科牧首区同意中国教会取得自主地位。1956年，自主的"中华东正教会"成立。

团还有监督官随行。在中国期间，他们记下了大量的笔记、日记，研究中国，翻译中国的典籍，把当时中国社会、政治、经济、文化、科技等方方面面的情况汇报给俄国政府。由于当时俄国欲独享与中国陆路通商的便利，出于对本国利益的考虑，这些笔记、日记中很大的一部分都被视为机密文件而未公之于世，得以出版的只是一小部分。但即使是这一小部分，也涵盖了中国社会的方方面面，促使俄国社会对中国的各方面都有了一定的了解。通过苏联时期、苏联解体后的俄罗斯时期出版的一些书目，按清代俄罗斯东正教驻华的第一届至第十八届使团成员名单进行检索，可以了解历史上北京的俄国东正教使团成员已经出版论（译）著（作）的情况。这些书目是：苏联图书馆学家、历史档案学家П.Е.斯卡奇科夫1935年和1960年出版的两版《中国书目》（两个书目分别收录了1730—1930年间、1930—1957年间俄国和苏联出版的所有关于中国的书籍），1993年俄罗斯科学院远东所在纪念斯卡奇科夫诞辰100周年时出版的《时代的联系没有中断》（该书所附附录收录了1958—1991年间苏联出版的关于中国的书目），还有近年来网上发表的俄罗斯出版的关于中国的书籍目录。这些论（译）著（作），在时间上从18世纪直至21世纪，应该说是较全面地反映了俄东正教驻北京使团成员的学术成就。自18世纪以来，共发表了42位使团成员的著作计373种（其中留下出版物的神职人员有14位），具体篇目见本书"附录四"。从内容方面来看，历史上北京俄国东正教使团成员所关注的问题包括如下方面：

1. 中国概论：计9种，如比丘林的《中国的民情和风尚》（"附录四"第14条）、《中华帝国详志》（"附录四"第19条）影响很大，直到2002年还出版了第三版；

2. 哲学及社会政治学说：计14种；

3. 考古学：计13种；

4. 1840年以前的中国历史：计68种；

5. 1840年以后的中国历史：计10种；

6. 19世纪西方列强与中国：计14种；

7. 沙皇俄国与中国：计25种；

8. 中国地理：计40种；

9. 自然地理环境（地质、地貌、动植物、地图）：计6种；

10. 居民、人口、民族学：计17种；

11. 技术、工艺、手工业：计7种；

12. 农业和农民：计15种；

13. 贸易（包括对俄贸易）：计8种；

14. 国家和法律：计8种；

15. 军队：计4种；

16. 科学教育：计14种；

17. 医学保健：计8种；

18. 语言文学：计29种；

19. 宗教：计20种。

作为清代在华的俄国机构，其成员对清代历史关注甚多，具体见下表：

	本目录中著作篇名	作者	本目录顺序
满族的兴起和清朝建立	《满洲志》	瓦西里耶夫（第十二届使团学生）	115
	《满洲王室的崛起》	戈尔斯基（第十二届使团学生）	171
	《论当今统治中国的清朝的始祖及满族的起源》	戈尔斯基（第十二届使团学生）	172
	《关于现在中国即现在的满清的消息》	戈尔斯基（第十二届使团学生）	179
康熙之治和雍正改革	《康熙王朝》	科瓦列夫斯基·奥·米（第十一届使团的蒙学家）	226
外国武装侵略和国内农民战争	《法国和中国的碰撞》	瓦西里耶夫（第十二届使团学生）	108
	《瓦西里耶夫院士的〈发现中国〉一文及其他文章》	瓦西里耶夫（第十二届使团学生）	110
	《中法战争》	瓦西里耶夫（第十二届使团学生）	109
	《1858年北京日记摘录》	卡法罗夫（第十二届使团辅祭，第十三、十五届使团团长）	201
	《帕拉季神父1858年的日记》	卡法罗夫（第十二届使团辅祭，第十三、十五届使团团长）	202

续表

	本目录中著作篇名	作者	本目录顺序
外国武装侵略和国内农民战争	《1858年日记摘录》	卡法罗夫（第十二届使团辅祭，第十三、十五届使团团长）	207
	《1849年和1850年的中国》	科瓦列夫斯基·叶·彼(第十三届使团的监督官)	220
	《北京来信（1862年5月26日）》（关于太平天国运动）	帕夫利诺夫（第十四届使团学生）	295
	《法英公使进驻北京》	波波夫（第十四届使团学生）	313
清朝自强运动及其失败	《中国的进步》	瓦西里耶夫（第十二届使团学生）	129
天文历法	《论中国天文观测的状况》	斯卡奇科夫（第十三届使团学生）	340
	《中国天文学的命运》	斯卡奇科夫（第十三届使团学生）	341
	《中国的农历》	科瓦列夫斯基·奥·米(第十一届使团的蒙学家)	230
地理	《中亚和中国辖区内的主要山脉》	瓦西里耶夫（第十二届使团学生）	122
	《论满洲存在活火山》	瓦西里耶夫（第十二届使团学生）	125
	《古代中国地理地图》	瓦西里耶夫（第十二届使团学生）	102
	《西藏地理》	瓦西里耶夫（第十二届使团学生）	114
	《中国地理词汇研究》	列昂季耶夫斯基（第十届使团学生）	281
	《通往阿穆尔河河口的道路》	佩休罗夫（第十四届使团学生）	300
	《论中国人的地理知识》	斯卡奇科夫（第十三届使团学生）	339
	《1864年塔尔巴哈台山之行》	塔塔里诺夫（第十二届使团医生）	343

续表

	本目录中著作篇名	作者	本目录顺序
地理	《中国人的社会生活和个人生活》	比丘林（第九届使团团长）	40
	《1847年和1859年蒙古旅行观感》	卡法罗夫（第十二届使团辅祭，第十三、十五届使团团长）	205
	《科瓦列夫斯基的中国之行》	科瓦列夫斯基·叶·彼（第十三届使团的监督官）	221
	《1820年和1821年经蒙古到中国行纪》	季姆科夫斯基（第十届使团的监督官）	357
生态环境	《京郊的地质状况》	科瓦尼科（第十一届使团学生）	235
	《看京郊》	科瓦尼科（第十一届使团学生）	236
人口	《中国人口问题史评》	扎哈罗夫（第十二届使团学生）	183
民族	《蒙古札记》	比丘林（第九届使团团长）	25
	《厄鲁特人或卡尔梅克人历史评述》	比丘林（第九届使团团长）	27
	《公元前2282年至公元1227年间西藏青海史》	比丘林（第九届使团团长）	28
	《古代中亚各民族资料汇编》	比丘林（第九届使团团长）	30
	《蒙古人是什么人》	比丘林（第九届使团团长）	37
	《南乌苏里地区的民族学考察》	卡法罗夫（第十二届使团辅祭，第十三、十五届使团团长）	213
	《契丹》	科瓦列夫斯基·奥·米（第十一届使团的蒙学家）	224
	《准噶尔史评》	利波夫措夫（第八届使团学生）	284
	《中央政府与西藏关系史》	奥沃多夫（第十三届使团辅祭）	292

续表

	本目录中著作篇名	作者	本目录顺序
军队	《中国军人的培养》	比丘林（第九届使团团长）	65
	《中国的军事力量》	比丘林（第九届使团团长）	66
关于香港	《香港》	戈什克维奇（第十二届使团学生）	173
中外关系	《俄中条约》	瓦西里耶夫（第十二届使团学生）	111
	《俄国的亚洲边疆纪行》	加缅斯基（第十届使团团长）	191
	《1858年北京日记摘录》	卡法罗夫（第十二届使团辅祭，第十三、十五届使团团长）	201
中国移民	《臣服俄国不久的中国人》	瓦西里耶夫（第十二届使团学生）	127
农业	《中国的粮店》	比丘林（第九届使团团长）	49
	《中国农业》	比丘林（第九届使团团长）	59
	《中国的粮食供应措施》	比丘林（第九届使团团长）	61
	《中国的农业税》	比丘林（第九届使团团长）	63
	《中国的饲料草》	比丘林（第九届使团团长）	128
	《御稻米或香稻米》	戈什克维奇（第十二届使团学生）	176
	《山药的培植》	戈什克维奇（第十二届使团学生）	177
	《蚕业》	戈什克维奇（第十二届使团学生）	178

续表

	本目录中著作篇名	作者	本目录顺序
农业	《生长在中国、突厥和伊犁的甜高粱、粮食作物》①	扎哈罗夫（第十二届使团学生）	182
	《中国土地所有制问题》	扎哈罗夫（第十二届使团学生）	184
	《中国植物人参》	加缅斯基（第十届使团团长）	193
	《汉口及俄罗斯茶园旅行笔记》	波波夫（第十四届使团学生）	314
	《中国红薯》	斯卡奇科夫（第十三届使团学生）	326
	《谈中国农业》	斯卡奇科夫（第十三届使团学生）	329
	《论中国的蝗虫灭杀》	斯卡奇科夫（第十三届使团学生）	330
	《中国的苜蓿》	斯卡奇科夫（第十三届使团学生）	331
	《中国人放养野蚕的树木》	斯卡奇科夫（第十三届使团学生）	332
	《论中国桑蚕的品种》	斯卡奇科夫（第十三届使团学生）	333
手工业	《中国人生产墨、白粉和胭脂的方法》	戈什克维奇（第十二届使团学生）	175
对外贸易	《贸易价目表中中国茶叶的品种和类别》	列昂季耶夫斯基（第十届使团学生）	273
	《论俄中新条约对俄国贸易的意义》	斯卡奇科夫（第十三届使团学生）	322
	《塔城贸易条例》	斯卡奇科夫（第十三届使团学生）	334
	《斯卡奇科夫关于俄国在中国的贸易需求的笔记》	斯卡奇科夫（第十三届使团学生）	335

---

① 此处原文如此。当时俄国东正教使团成员对中国研究尚浅，还没能认识到伊犁是中国的一部分，没能认识到中国新疆与突厥的关系。——译注

续表

		本目录中著作篇名	作者	本目录顺序
对外贸易		《俄国的在华贸易》	斯卡奇科夫（第十三届使团学生）	336
		《论俄国人在塔城的贸易》	斯卡奇科夫（第十三届使团学生）	337
		《1860年的恰克图贸易》	塔塔里诺夫（第十二届使团医生）	344
近代实业与交通		《修士大司祭索夫罗尼·格里鲍夫斯基1808年从北京至恰克图之行》	格里鲍夫斯基（第八届使团团长）	181
		《天津和上海之间的海上交通》	卡法罗夫（第十二届使团辅祭，第十三、十五届使团团长）	208
		《通往中国及其属国的商路》	卡法罗夫（第十二届使团辅祭，第十三、十五届使团团长）	209
宗教	天主教	《天主教在华传教历史概貌》	阿多拉茨基（第十六、十七届使团修士司祭）	7
		《在华传教状况》	阿多拉茨基（第十六、十七届使团修士司祭）	8
		《天主教传教士传入中国的关于欧洲的消息》	比丘林（第九届使团团长）	68
		《利玛窦同中国学者的传教对话：谈基督教与多神教·16—18世纪中国教会罗马天主教文献》	维诺格拉多夫（第十六、十七届使团修士司祭）	160
		《西方基督教会在中国的历史概貌，其任务、方法、手段、困难，在中国传教特别是建立学校的范围》	维诺格拉多夫（第十六、十七届使团修士司祭）	161
		《东方〈圣经〉史·〈圣经〉翻译可行、不可行的条件和方法，向汉族人、蒙古族人、满族人、藏族人、朝鲜人、日本人、波斯人、土耳其人、阿拉伯人、阿比西亚人、亚美尼亚人、格鲁吉亚人等传教》	维诺格拉多夫（第十六、十七届使团修士司祭）	162

续表

		本目录中著作篇名	作者	本目录顺序
宗教	天主教	《从中国的史料看基督教在中国的古代遗迹》	卡法罗夫（第十二届使团辅祭，第十三、十五届使团团长）	219
		《论在华耶稣会士》	斯莫尔热夫斯基（第四届使团修士司祭）	342
	新教	《传教士郭实腊》	比丘林（第九届使团团长）	50
	东正教	《驻北京东正教使团活动第一时期及第二时期的历史资料》	阿多拉茨基（第十六、十七届使团修士司祭）	9
		《东正教使团在华二百年》	阿多拉茨基（第十六、十七届使团修士司祭）	10
		《东正教驻中国使团的活动》	阿多拉茨基（第十六、十七届使团修士司祭）	11
		《俄国东正教驻北京使团历史上的一页》	戈尔斯基（第十二届使团学生）	170
		《1870年的阿穆尔东正教使团》	莫拉切维奇（第十届修士司祭、第十一届使团团长）	290
		《北京郊区传教之行》	佩休罗夫（第十四届使团学生）	308、309
		《北京雅克萨俄罗斯人的后代》	斯卡奇科夫（第十三届使团学生）	323
	佛教	《佛教及其教义·历史和文献》	瓦西里耶夫（第十二届使团学生）	147、148
		《〈从西伯利亚的佛教徒看佛教〉一书书评》	瓦西里耶夫（第十二届使团学生）	151
		《佛教概述》	瓦西里耶夫（第十二届使团学生）	152
		《由毗奈耶（大乘）而全面发展的佛教》	瓦西里耶夫（第十二届使团学生）	153
		《东方的宗教·儒教、佛教和道教》	瓦西里耶夫（第十二届使团学生）	150
		《古代佛教的历史概论》	卡法罗夫（第十二届使团辅祭，第十三、十五届使团团长）	216

续表

		本目录中著作篇名	作者	本目录顺序
宗教	佛教	《一名佛教徒反对道教学说的论辩》	茨维特科夫（第十三届使团修士司祭）	363
	伊斯兰教	《从北京的一所清真寺看中国的伊斯兰教徒》	卡法罗夫（第十二届使团辅祭，第十三、十五届使团团长）	218
		《中国的伊斯兰文献》	卡法罗夫（第十二届使团辅祭，第十三、十五届使团团长）	217
	道教	《论道教》	茨维特科夫（第十三届使团修士司祭）	362
	萨满教	《谈萨满教》	比丘林（第九届使团团长）	79
礼俗		《中国的祭祀活动》	比丘林（第九届使团团长）	76
		《中国人的婚姻》	库利奇茨基（第十四届使团修士司祭）	244
		《中国皇帝的农耕礼仪》	奥尔沃夫（第七届使团教堂服务人员）	294
		《中国人的日常仪式》	茨维特科夫（第十三届使团修士司祭）	366
教育		《看中国的教育》	比丘林（第九届使团团长）	72
学术		《汉文启蒙》	比丘林（第九届使团团长）	75
		《汉字解析》	瓦西里耶夫（第十二届使团学生）	130、131、132
		《汉字的字形体系》	瓦西里耶夫（第十二届使团学生）	142、143
		《汉语同中亚语言的关系》	瓦西里耶夫（第十二届使团学生）	133
		《确定拼读基本原则的必须性》	瓦西里耶夫（第十二届使团学生）	139
		《普通语言学基础》	瓦西里耶夫（第十二届使团学生）	140

续表

	本目录中著作篇名	作者	本目录顺序
文学	《汉语文选》	瓦西里耶夫（第十二届使团学生）	97、98、99、146
	《中国文学史资料》	瓦西里耶夫（第十二届使团学生）	144
	《中国文学史》	瓦西里耶夫（第十二届使团学生）	145
医药卫生	《中国人的内科学》	科尔尼耶夫斯基（第十四届使团医生）	237
	《中国的太医院》	科尔尼耶夫斯基（第十四届使团医生）	238
	《中医史资料》	科尔尼耶夫斯基（第十四届使团医生）	239
	《论中医》	科尔尼耶夫斯基（第十四届使团医生）	240
	《中医歌诀》	科尔尼耶夫斯基（第十四届使团医生）	241

三、关于本书的翻译及选编

　　本书译者考虑到历史上驻北京的俄国东正教使团自设立至19世纪下半叶长期以俄国驻华外交代表处的性质而存在，以协调维系中俄关系为主旨，其履行宗教使命的时间在其整个存在时期中所占的时间较少，即其宗教性质体现较弱，因而在汉译出版时将原书《俄国东正教驻北京使团简史》改为《历史上北京的俄国东正教使团》，以彰显这一机构的世俗作用和在中俄文化交流史上所做出的贡献。作为北京俄国东正教使团唯一的一部历史著作的翻译，为使中国读者较为全面地了解这一机构，本译本收录了取自《俄罗斯汉学史》[①]的北京俄国东正教使团成员名单作为附录，并在此基础上加入了第15~18届使团成员名单。19世纪，北京的俄国东正教

[①] П.Е.Скачков, очерки истории русского китаеведения. М. 1977. 中译本为《俄罗斯汉学史》，斯卡奇科夫著，柳若梅译，北京：社会科学文献出版社，2011年。

使团已然成为俄国外交部的远东办事机构,外交部总结前任使团的成绩和出现的问题,为新一届使团制定工作守则,从这份守则中可以了解俄国方面对北京东正教使团的要求与期待,也可以了解使团成员的活动以及其他方面的信息。为此,本译本翻译了1912年在两期《中国福音报》上连载的外交部拟发给1831—1837年在华的一届使团团长的工作守则。在这样的工作守则指导下,俄国东正教使团在北京展开工作,首要任务是学语言,然后研究俄国政府或俄国社会所关注的中国。自1864年俄国在华设立外交公使馆后,北京俄国东正教使团开始以东正教传播为使命,汉译东正教文献是工作重要内容之一。在半个多世纪的时间里,汉译东正教文献已具规模(见本书"附录五")。作为中俄关系史上一个重要的现象,北京俄国东正教使团广受关注,中俄学者在中俄关系史研究、中俄文化交流史等领域的研究中多有译介和著述,如1997年俄罗斯科学院院士齐赫文斯基主编出版了文集《俄国东正教使团的历史》[①],该文集除收入阿多拉茨基关于北京东正教使团在1685—1745年间的历史的长文外,还包括俄罗斯学者对于历史上北京东正教使团和20世纪东正教在中国的状况的深入研究,以及中国学者乐峰关于东正教在中国的研究;2007年我国出版了阎国栋、肖玉秋翻译的阿多拉茨基撰写的《东正教在华两百年史》[②]。自2006年起,俄罗斯科学院远东研究所开始编纂出版大型百科全书《中国精神文化大典》,在第二部《中国精神文化大典·神话宗教卷》中,远东所学者洛曼诺夫(А. В. Ломанов)撰写了"外国宗教在中国"一章中的"俄国东正教驻华使团"[③],梳理了东正教自18世纪随俄国东正教使团入京至20年代中期在中国的衰落,为帮助读者了解历史上北京的东正教和现实中的东正教状况,译者将该文作为附录收入了本书。

本书作为翻译著作,力求准确地转达原书中的内容。"历史上北京的俄国东正教使团"这一称代与历史上的中俄关系密切相联,而中俄关系史上的很多事件、现象,俄罗斯人看问题的立场、视角、方法与中国学者不

[①] История российской духовной миссии в Китае. М: Издательство Свято-Владимирского Братства. 1997. 415 с.

[②] 尼古拉·阿多拉茨基著,阎国栋、肖玉秋译:《东正教在华两百年史》,广州:广东人民出版社,2007年。

[③] А.В.Ломанов, Российская духовная миссия в Китае. Духовная Культура Китая: Экциклопедия. М.: Издательская фирма «Восточная литература» РАН. 2007. стр.332-352.

同甚至完全对立。相信在着力研究中俄关系史、中俄边界史数十年后的今天，我国读者对书中的相关之处的谬误自有判断。译者在此不再赘述。

尽管历史上北京的俄国东正教使团以履行世俗使命为主，但毕竟是"以宗教之名"，因此，本书必然涉及大量东正教词汇。为便于读者理解和日后查找，本译本将书中所涉及的东正教词汇整理成"附录"奉献给读者。由于译者本人东正教神学修养之不足，本书的翻译得到了很多师长朋友的帮助。俄罗斯科学院院士米亚斯尼科夫关心本书的翻译进展，并在耄耋之年欣然为本书认真作序，实在是对后学的鼓励和对中俄文化交流研究的莫大支持。香港汉语基督教研究所杨熙楠先生、莫斯科教会驻香港办事处波兹涅耶夫（Д.Поздняев）神父、德国华裔学志天主教研究院顾孝永（Piotr Adamek）神父、莫斯科大学亚非学院于捷老师、北京师范大学张百春教授等，他们或为译者解惑释疑，或与译者讨论切磋，令译者受益匪浅。南开大学阎国栋、肖玉秋夫妇慷慨馈赠大作，减轻了本书翻译过程中的不少难题。还有译者身边的不少朋友为本书的翻译提供了多方面的帮助。这一切都是令译者终生受益的，在此对所有推动此书问世的人致以深深的谢忱。另外，北京外国语大学中国海外汉学研究中心张明明博士、大象出版社耿晓谕编辑为本书的编辑出版付出了不少心血，译者衷心感谢他们。

译者从北京史、中俄文化交流史角度出发将本书译成汉语，但作为身处东正教之外甚至身处任何宗教之外的"无神论者"，对于本书中所涉及的一些东正教内容难免因无知而导致不准确，对此译者愿闻方家指正。

前言

　　大部分研究中国基督教的学者认为，圣弗玛（Фома）在中国人中传播神学，他们用如下的历史资料证明自己的观点：

　　1.用勒迦底语言写的、属于小巴尔斯克教会的古代教义经文。在本书涉及的圣弗玛的侍奉中，多次提到圣弗玛在埃塞俄比亚、波斯、南亚诸国和中国传播福音。

　　2.圣弗玛的生平和功勋的历史。这些事迹是以古代基督教作家[欧里根（Ориген）和叶夫谢维亚（Евсевий）]的著作为基础编写的，认为圣弗玛曾在中国传教。

　　3.至今仍保存在印度的口头传说，认为圣弗玛曾在印度、中国传教并在经历了多年的圣徒侍奉后在卡拉曼德尔河和恒河的这一方向的米利亚图尔城殉教。

　　4.皇帝派出去西方寻找圣迹的使团。在耶稣降生后64年，使团在中国西北部遇到整座的中国基督徒村落。把这样的基督徒带到皇帝面前，他们向皇帝讲到一个生在西方的人，他死后又复活，皇帝告诉他们，这位传播真理的外来的学者就是圣人弗玛。

　　圣弗玛之后、7世纪之前，谁在传播福音，福音在中国怎样传播，至今历史对此没有给予确定的答案。但有一点不容置疑，在一些圣人圣迹之后，基督教很容易在中国继续被灌输并被接受。在阿谢曼（Ассеман）引用的阿拉伯作家阿姆鲁（Амру）的纪年表上，中国主教讲坛仅次于印度主教讲坛，拉克罗兹（Лакроз）已经非常明确地证明了其历史。根据一系列的历史事实，学者们得出结论，特别是在5世纪和6世纪，中国的基督徒曾为数可观，还存在过不少教会。关于7世纪至9世纪基督教在中国传播的进一步信息引自中国典籍[斯帕斯基（Спасский）的《1625年在中国发现的古代基督教碑》（Описание древнего христианского памятника, открытого в Китае в 1625）]。

　　正如这块碑上所记，在782年开始迫害基督教徒。信仰基督教的人被处死，教堂被捣毁。此后，从8世纪末到13世纪，关于基督教的信息来自景教和阿拉伯历史学家的一些传说，这些传说证明了这一时期景教的繁荣。我们没有单纯关于8世纪末到13世纪中叶中国基督教信仰状况的任何详细历史线索。但可以不无根据地推测，这一时期中国也有很多基督教徒，只是听命于景教的最高主教。1279年叙利亚编年史中的资料可以证明这一点。该编年史记载了中国主教去世，将玛尔·谢尔盖（Map-Сергий）任命为中国主教，于是玛尔·谢尔盖带着他辖下的主教和司祭，在中国传播景教，并取得了很大成就。也许，他能够实现他的目的——使辽阔中国的所有地区都接受这一信仰。如果不是1291年危险的对手——天主教传教士突然到来，这一愿望的实现就不会遇到障碍。

1291年出现的天主教传教士，就像是接替景教的门徒，大多是多明我会士和方济各会士，他们很快就获得了自由传教的权利。但天主教传播的卓越成就只是昙花一现。1368年，鞑靼帝国被推翻，登上皇帝宝座的朱姓中国皇帝开始残酷迫害基督徒。皇帝及其后人认为基督教传教者及其追随者都是引起阴谋和暴乱的因素，所以对于国家来说特别危险。数十万基督徒被杀，财产被烧被毁，所有能消灭的东西都被消灭，基督教遗迹也踪迹皆无。由这个历史时刻起，中国政府开始不信任外来的一切，蔑视外国人，蔑视外国宗教、道德、习俗。这种蔑视后来演化为中国人封闭内向的民族特点。这一切在国家法律中都有所体现，并成为基督教传播取得成绩的一大障碍。

自1368年至1591年，中国不存在基督教，甚至所有与基督教有关的一切，都被看成是会惹来杀身之祸的危险之物而被毁灭殆尽。1581年进入中国的耶稣会士看到，中国人的内心是一片沙漠。为了把这片沙漠变成能结出果实的土壤，传教士付出了近300年的辛劳，其中伴随着很多福音传播者的深重痛苦和死难。后来各种传教团，特别是基督新教传教团的整个活动，最终都指向纯教化目的，在这个意义上来说，传教团的活动对于中国人来说有着不可低估的历史意义。

当中国人按着自身的方向发展的时候，很难说基督教传播通过何种渠道进行。中国人可能尊崇哪种教派，或者中国人是否能够成为耶稣这个综合所有信仰和爱于一身之人的崇拜者，这就是本书的任务——揭示东正教从传播直至当代在中国的命运。

引言

东正教于17世纪后半叶开始在中国出现。为获得毛皮动物和贵重金属，俄国的一些工场主、猎人和哥萨克来到阿穆尔河畔，在阿穆尔河中游定居下来。他们在这里建立了固定的居住点——阿尔巴津城（即雅克萨——译注）。中国皇帝康熙决定驱逐中国人认为十分危险的这些邻居。1685年，康熙派出郎谈统率的军队对付雅克萨俄罗斯人。清军对450人组成的雅克萨俄罗斯人防卫军队实施长期围困，雅克萨俄罗斯人只好投降。俄俘可以选择回亚库斯克和尼布楚，或者归顺中国。一部分选择归顺中国的雅克萨俄罗斯人带着家眷移居北京。雅克萨尼古拉教堂的神父马克西姆·列昂季耶夫（Максим Леотьев）也随雅克萨俄罗斯人一起被带到北京，他随身还带来一些教堂器物和一帧圣尼古拉圣像。

中国皇帝康熙优厚地对待1685年到北京的东正教徒雅克萨俄罗斯人，下令在首都北京的东北角为他们划拨居住用地。一段时间以后，按照圣旨，还为定居下来的雅克萨俄罗斯人划拨一处佛堂供他们过宗教生活。马克西姆神父把这处佛堂改成圣尼古拉教堂。康熙还把这些刚刚归顺的臣民编入了八旗军。

在北京除了雅克萨俄罗斯人外，还有一些信仰东正教的俄国人经常往来于北京与俄国。在17世纪中叶前后，俄商队往来北京频繁，起初是私人商队，从1698年起则是俄国政府的商队。在北京还为来往的俄国人划拨了专门的使团院子。在雅克萨俄罗斯人小教堂启用前，俄国人的宗教生活在一所天主教堂内进行，教堂里专为俄罗斯人放置了东正教圣像。

1695年，托波尔斯克主教伊格纳季（Игнатий）给雅克萨俄罗斯人派来了神父、辅祭，还带着圣布、圣油、东正教经义和教堂用品。在专门的文书中，主教安慰这些战俘，不要为自己的境况悲伤，祈祷时也要为中国皇帝祈福。1696年在派来的神父与马克西姆神父一起主持仪式时，雅克萨俄罗斯人将教堂更名为圣索菲亚教堂。

此后在1711年或1712年，马克西姆神父在去世前，他一直在这所教堂里为雅克萨俄罗斯人主持圣事，而诵诗人和唱诗人乃至教堂的堂长都是雅克萨俄罗斯人。马克西姆神父在其25年多的神父生活中仅限于为信仰东正教的雅克萨俄罗斯人和来北京的俄国人主持圣事和圣礼，满足他们对宗教生活的需求。

俄国沙皇彼得一世非常关心这些移居到中国的东正教徒的生活，从托波尔斯克政府秘书维尼乌斯（Виниус）那里得到关于北京的东正教堂的消息后，彼得一世给维尼乌斯回信说："这是一件好事，为了上帝，在那里行事要小心，不可张扬。不要引起中国官员和耶稣会士的恶感，耶稣会士已在北京生活多年。"为了使东正教教士在北京的境况稳定，也为了满足北京城的东正教居民对宗教生活的要求，1700年6月18日，彼得一世下令在托波尔斯克组建东正教使团。在主要是针对西伯利亚选拔的使团成员中，2至3名老年修士应该住在北京，以免"那里的居民（雅克萨俄罗斯人）和前往北京的教徒受偶像崇拜的诱惑，并在那个上帝的教堂中祈祷"。但是，由于耶稣会士从中作梗，第一次向中国政府努力争取往北京派东正教士的权利无果而终。直到1712年，马克西姆神父去世后，在俄国专员胡佳科夫（Худяков）的坚持下，中国皇帝才允许向北京派俄国东正教使团。第一届使团任命修士大司祭伊拉里翁·列扎依斯基（Илларион Лежайский）为团长，他手下还有司祭、辅祭和7名学生。派这些学生去中国是为学习汉语和满语，日后翻译从俄国收到的文书。带着圣像、圣器和经文的东正教使团于1715年到达北京。使团在北京得到礼遇，康熙赐予使团成员的官阶很高：修士大司祭为五品，司祭和辅祭为七品，学生被派入八旗军，这样他们就能得到相应的官俸。在雅克萨俄罗斯人的教堂附近为使团成员配备住房，中国政府为所有成员提供一次性津贴和生活费。修士大司祭伊拉里翁尽心牧教，在1718年去世前一直得到教徒的厚爱。伊拉里翁大司祭的高尚道德甚至赢得了中国皇帝的敬重，每月都过问其健康和使团的需求。

西伯利亚都主教费洛菲（Филофей）考虑为使团另任命修士大司祭接替过世的伊拉里翁。他在给托波尔斯克省长加加林大公的信中提议，派往中国的使团团长应具有主教的职位。彼得一世对此颇为赞成。经圣主教公会选拔和最高圣命确认，将亚历山大涅瓦修道院的司祭英诺肯季·库利奇茨基（Иннокунтий Кульчицкий）派往中国传播上帝的福音。这样圣主教公会内部就面临着一个问题：是否应当将英诺肯季司祭提拔为伊尔库茨克和尼布楚主教使他的辖区"邻近中国"，或者让他脱离西伯利亚教区。彼得一世回复："作为高级教士，但不提辖区名号，因为尼布楚与中国相邻，这样可以防止耶稣会士说三道四使我们的东正教士陷入不利。"圣主教公会讨论了这一点，决定任命英诺肯季·库利奇茨基为佩列斯拉夫尔的新任主教，主教任职按手礼仪式于1721年3月5日完成。

新任主教"无论现在还是将来都不是西伯利亚的教士，由圣主教公会直接管辖，他没有西伯利亚教士的职责，他派往彼得堡的信使，应不受耽搁阻挠，而应得到帮助。枢密院应向中国政府发出盖有衙门印章的公文，写明准许教士英诺肯季及其随从不仅自由地在北京活动和在教堂主理圣事，中国皇帝其他辖区中有俄国公民之处，也应不受限制地前往"。另外，圣主教公会还命英诺肯季主教，应与在北京势力强大的耶稣会士谨慎相处。"如果当地有名望和有权势的人问起你们的职位，你们可以说，是为教士和司祭举行按手礼的主教，在需要接替去世教士的职位时，授予教士或执事职位并主持按手礼，而不是为别的。即使这样，也难以排除对方的戒心"。这样，实际上确立了我们东正教使团在中国的任务——与其说是在中国人中间传播东正教，不如说是为了满足在中国的东正教徒——雅克萨俄罗斯人和来华的俄罗斯人的信仰需要。1722年3月，英诺肯季主教抵达伊尔库茨克，之后抵色楞格斯克。但关于允其入华的多次谈判无果而终，耶稣会士千方百计抵制东正教主教入华。最终英诺肯季主教被派往伊尔库茨克主教区，在那里任修士大司祭的安东尼（普拉特科夫斯基）[Антоний（Платковский）]被任命为使团团长。

按1728年6月14日签订的《恰克图条约》，允许俄国向北京派教士，并有6名学习当地语言的学生随行。而此前在北京，"在拨给俄罗斯人的住所，已由中国皇帝出资建好了石结构教堂"。另外，北京那所在1730年地震中损坏的旧的雅克萨俄罗斯人教堂，也由雅克萨俄罗斯人重建起来。

修士大司祭安东尼的使团，包括教士、执事和6名学生，于1729年6月抵达北京。1732年，北教堂命名为圣母安息教堂，因为圣母安息日和索菲亚——上帝智慧庆祝日是同一天。此时雅克萨俄罗斯人的数量为50户。安东尼神父的继任者是修士大司祭伊拉里翁·特鲁索夫（Илларион Трусов）。

使团团长被称为高级教士。第三届使团团长在工作上归伊尔库茨克主教管辖，使团团长应向伊尔库茨克主教发送其活动报告，工作中遇到难题时要征询建议和指令。起初特鲁索夫是有圣主教公会的工作指令的，要求他注意保持雅克萨俄罗斯人的信仰，并伺机吸引中国人信教。后来于1736年在使团的南驻地由中国皇帝出资金又修建了主奉献教堂，建立了奉献节修道院。

第四届使团以修士大司祭盖尔瓦西（Гервасий）为首，于1745—1755年间在京10年。这届使团的团长由于道德高尚而在中国人中深得敬爱。第五届使团团长阿姆夫罗西（尤马托夫）[Амвросий (Юматов)]于1755年至1771年间在京，才华卓越，除广布东正教福音外，在一些外交问题的解决方面也为俄国争得了不少利益。按教士齐明（Зимин）报告的说法，"在中国首都北京没有俄国的代表处，俄国修士大司祭因此经常和朝廷打交道，因此朝廷的官员也在重要的日子如节庆日经常来使团驻地观看教堂仪式"。

从18世纪到使团的外交功能与宗教功能分离年间，在京的使团团长中，必须要提到以从学术的角度研究中国的第九届使团团长亚金夫神父（比丘林）。他做了大量的翻译工作，出版了汉语的教理简答。其后的修士大司祭彼得（Петр）、韦尼阿明（Вениамин）、阿瓦库姆（Аввакум）、波利卡尔波（Поликарп）、帕拉季（Палладий）和固里（Гурий），即使在全欧洲的范围内也是著名的汉学家。修士大司祭固里（1858—1864年间在华）翻译了很多小册子和文章，还整理出版了文言文的《圣经·新约》。就这样，我们的传教士在学术研究的同时，与人和睦相处，因此获得了中国政府的肯定。中国人多次提议让他们担任历算、医师之职，但俄罗斯传教士拒绝了这样的提议，他们只同意在建立于1758年的满俄学校担任俄语教师，担任理藩院的外交文书翻译。

在1861年以前，在北京没有俄国的办事机构，因此使团经常根据外交部的委托，在中国政府许可之下，协调俄国与中国之间的外交和贸易关系。使团的人员中还有外交部派往中国学习汉语、满语和藏语的学生，这些学生后来成长为远东地区的第一批俄国领事。

1861年，俄国任命了常驻北京的外交公使，负责俄中政府间关系的所有事务。由此外交部提出将使团宗教人员与世俗人员分离，世俗人员进入外交公使馆，将宗教人员称为驻京的东正教传教士，就像在耶路撒冷也有俄罗斯东正教使团传教士一样。外交部提出，将雅克萨俄罗斯人和中国人派到俄国行按手礼十分不便，如果任命在北京的东正教使团团长为主教就解决了这个难题。于1863年5月确定完全同意这一提议，但4年后这一提议才得到落实。

在汉学家中久负盛名的修士大司祭帕拉季在1878年去世后，现任基辅和加利茨基教区都主教修士大司祭弗拉维安（Влавиан）主持使团，这一时期使团从事学术出版较多。修士大司祭弗拉维安本人和他的同伴司祭尼古拉神父（o.Николай）[阿多拉茨基（Адоратский）]和阿列克谢神父（о. Алексей)[维诺格拉多夫（Виноградов)]编纂和整理以往教士们翻译的诵经译本，出版了40多种相关书籍，其中包括东正教诵经类书籍，东正教书籍的日文和朝文翻译就是以这些书籍为基础的。弗拉维安的继任修士大司祭阿姆费洛希则编纂词典和汉语语法书。

在现任修士大司祭英诺肯季（拥有主教衔）管理使团时期，我们的东正教使团经历了严重困难——发生于1900年夏天的义和团拳民之乱。222名东正教徒遭到迫害，藏书丰富、拥有男修道院与女修道院和养老院的北馆被烧毁，北京近郊的俄国人墓地被捣毁，东淀安村和张家口的教堂被捣毁，北戴河会馆的祈祷室被毁。只有两座教堂得以保全——北京公使馆教堂和汉口的教区教堂。无家可归的教徒们只好暂时寄住在天津。使团竭尽全力恢复以往的状态，开办了手工业，最终不仅摆脱了濒临崩溃的局面，而且得到了进一步的扩大和发展。

1902年6月，修士大司祭英诺肯季升主教衔的按手礼仪式在彼得堡举行，很多兄弟陪同他返回北京。使团与中国人建立起更加良好的关系，得到了更大的占地面积，使团驻地的重建进展迅速，很多中国人前来领洗改信东正教。中国人中新信徒的出现和义和团运动中为信仰遇难的教徒的圣血，都促使东正教得到更多关注。1903年夏，遇难者的遗体隆重移入原圣母安息教堂位置的墓室。圣主教公会确定，将6月11日确定为前往城郊俄罗斯人墓地的宗教游行日，每年都吸引了大量异教者。

根据1914年的官方总结报告，使团的设施包括：

一、机构：1.在北京的一级圣母安息男修道院；2.在北京郊外西山的十字架节隐修院；3.北京的女修道院。

二、5处教会会馆——在彼得堡、莫斯科、哈尔滨、大连以及中东铁路满洲站。

三、19处教堂：北京4座——京郊俄罗斯人墓地每处1座、十字节隐修院1座，上海南部1座，汉口1座，天津1座，永平府1座，北戴河1座，芦苇山村1座，东淀安村1座，哈尔滨1座，大连1座，中东铁路满洲站1

座，彼得堡1座，彼得堡省奥特拉德诺耶镇1座，莫斯科1座。

四、3座礼拜堂和5处墓地。

五、传教士教区：直隶省14个，湖北省12个，河南省4个，江苏省1个，蒙古1个，共计32个。

六、1座东正教中学，17个男校，3个女校。

七、京郊安定门外1座养老院（16人寄住，为67人提供饭食）。

八、在京其他机构：1.地磁天文观测站；2.图书馆；3.印刷厂；4.石印厂；5.画室；6.机械作坊；7.铸造厂；8.蒸汽面粉厂；9.蜡烛工厂；10.肥皂厂；11.蜂场；12.奶牛场；13.织布厂；14.渔猎会；15.火柴厂。

东正教学校的学生总数逾500人，东正教使团全资资助72名男生、22名女生，为69名男生和11名女生免饭费。

1914年为新生儿、异教徒施洗共792人，去世36人，中国东正教徒总数为5035人，另有有望接受东正教和准备受洗的家庭2000多个。

使团的翻译组将东正教诵经读物译成能听懂的汉语用于诵经：福音书；新约使徒行传、使徒书信；雅各书、保罗14书、日课经、赞美诗。

战争爆发后，东正教使团的爱国活动表现为，从1914年9月1日起，使团全体成员的薪水降低5%，中国人的薪水降低3%，以资助军队的伤病人员和他们的遗孤。

回顾过去，东正教使团对上帝满怀感激，并坚信在上帝的帮助下，使团以拯救异教徒和弘扬上帝的荣耀为主旨的宣教活动将得到长久的发展。

第一部分

使团的第一时期
（1685—1864）

一、雅克萨俄罗斯人的历史

在中国，从1644年起，清朝取代了明朝。清朝统治者自然眷恋自己与西伯利亚相邻的故土，强力抵抗俄罗斯人向满洲迈进。另外，满洲人取得了对阿穆尔河（即黑龙江——译注）整个流域的最高支配权。

当时亚罗菲依·哈巴罗夫（Ярофей Хабаров）带军队占领了达斡尔小城雅克萨（Албазин），并开始在那里定居。1651年，雅克萨成为一座用栅栏围起的要塞，是驻军沿河巡视的据点。1651年，清朝的第一个皇帝顺治（原文如此——译注）向雅克萨派出了千人军队，中国军队赶跑了平静的邻居，把其中的一部分人作为战俘带到了北京，但并没有捣毁雅克萨要塞，因为要塞位于中间地带。中国军队远去之后，雅克萨俄罗斯人再次占领了自己过去的居住地，并在这里落下户来。

五十人长尼基福尔·切尔尼戈夫斯基（Никифор Черниговский）和同伴，挟持着昔勒尼修道院的修建者格尔莫根（Гермоген）长老，向阿穆尔河逃去。格尔莫根在1666年还生活在雅克萨的俄罗斯人中，在1671年，雅克萨的所有哥萨克同意，在离雅克萨不远的布鲁夏界石（Брусяный Камень）处创建"救世主修道院"，雅克萨主复活教堂也是在他的努力之下建造的。在雅克萨设有总督辖区，受整个阿穆尔边区所辖，还有市徽——一只左手持弓、右手持箭、张开翅膀的鹰。第一任总督是1684年来雅克萨的阿列克谢·托尔布津（Алексей Толбузин）。

确认以少量部队不能攻克雅克萨，博格达汗（俄称中国清朝皇帝——译注）康熙不惜代价，从陆路开始设立驿站，在通向阿穆尔河的松花江列起船队，在阿穆尔河岸，雅克萨不远处建起了城堡，同时为作战军队准备了充足的给养。架起了天主教传教士修造的大量火炮（特别是南怀仁式的），调集了大量士兵，有满人，也有中国中原地区的，在将军郎谈的带领之下，号称15000大军、100个炮弹和50门大炮。这支大军所要对付的，只是一个不大的寨堡，寨堡里除了自耕农和女人、孩子外，还有450名带着3门火炮和300套枪支的哥萨克。

进攻持续了整整一昼夜，最终俄人击退了清军。于是郎谈点着了燃烧弹。7月1日起，中国人筑起了围墙战壕，支起了挡箭护板，由战壕后发出了排炮，射向寨堡的不是炮弹，而是带火的箭头。雅克萨驻防军耗尽了全部弹药，损失约百人后，把石头当作武器。

在被围困时，寨堡的建设者格尔莫根、索洛维茨基修道院院长吉洪（Тихон）、教士马克西姆·列昂季耶夫（Максим Леонтьев）给驻军将领托尔布津很多建议，看到敌我力量悬殊取胜无望，便请求托尔布津以投降换得寨堡居民和驻防军前往尼布楚的权利。中国人放走了全部驻防军和居民。康熙担心挑起战事遭到指责，特别是如果战争对于中国人来说又没有什么好处，于是下令尽可能从轻发落俄俘，丝毫不伤害他们，建议他们或是回雅库茨克或尼布楚，或是向康熙臣服。包括女人和孩子在内只有45人臣服。准确地说，这是些半自愿的俘虏。其余约300名雅克萨俄罗斯人是教堂和寨堡被毁的目击者，后来在托尔布津的带领下去了尼布楚，一路上食草根浆果，中国人把他们送出了200多俄里。

二、雅克萨俄罗斯人在北京的状况，马克西姆神父

俄俘从雅克萨出来时从要塞教堂带走了简单的教堂用品，其中有一幅圣徒尼古拉·米尔利基斯基（Николай Мирликийский）的圣像，是马赛克镶嵌画。他们还强行带走了司祭马克西姆·列昂季耶夫神父。1685年年底，雅克萨俄罗斯人到了北京，和善的中国皇帝细心款待他们，这些失意的勇士们在人前对中国皇帝赞不绝口。康熙让他们在北京城定居下来，在桦皮厂，在首都东北角的城墙边。俄罗斯人在北京定居不久，博格达汗下令清理坐落在民房中的佛教寺庙，并赐给了雅克萨俄罗斯人。雅克萨俄罗斯人把这里改造成一座礼拜堂。这些雅克萨俄罗斯人被编入清帝国位置显要的军队，确切地说是镶黄旗，编入1649年组建的佐领。这个佐领由于吸收了俄俘的后代，因而被称为"俄罗斯佐领"。这个佐领原来的首领是伍朗格里，以哥萨克瓦西里（Василий）为首的雅克萨俄罗斯人也加入了这支军队。与别的士兵一样，他们得到了官派的住宅、用于筹办基本生活用品的钱、军饷粮钱，配给了耕地和墓地。墓地位于城外，在东北角楼处。最后还给他们娶了中国妻子。

所有的优待之后的最后一点，恐怕就是我们的哥萨克被迅速精神同化的主要原因之一。异教徒的妻子们使他们的家庭生活完全是另一副样子，中式服装、饮食、家居、活动、人情往来，这一切都向雅克萨俄罗斯人展现了另一个世界，把另一种精神世界传给了他们。在他们的后代中俄罗斯人固有的一切都消逝了。在18世纪中叶就形成了北京雅克萨俄罗斯人的类型，不懂任何手艺，在八旗军供职，整天无所事事。这样，他们与同在旗中的满人异教徒一样，尽管收入不少——每月都有15卢布的家用，而且还有现成的粮食和方便的住房，但却贫穷不堪。他们不会精打细算，一副傲慢的样子，粗鲁、没有教养、迷信、奸诈、狡猾、空虚无聊，混迹于市井客栈戏馆，吸食鸦片，染上了赌博等恶习，内心和身体都呈病态，直到还不了京城高利贷者的债务被人指指点点时才猛醒。就是这样，在使团存在的整个历史上，在使团开办工商机构让他们加入有益的劳动之中之前，雅克萨俄罗斯人就是这个样子。

在俄中交往中，由于雅克萨俄罗斯人会汉语，自然开始多多少少地发挥早期的俄罗斯口译或翻译的作用。北京几乎每年都有由数百人组成的俄国商队往来，雅克萨俄罗斯人和自己的同胞兴致勃勃地交流想法，还介绍他们认识中国商人并以互利的条件交换商品，带他们游览北京，看首都的名胜，谈北京的新闻，最后以盛宴招待自己的同胞。中国政府为这些外来的俄罗斯人单辟了住所、在城外与雅克萨俄罗斯人的墓地并列的单独的墓地，在东北角楼的正对面。在雅克萨俄罗斯人的礼拜堂和教堂开设之前，俄罗斯人去一个天主教堂——南堂做礼拜。

雅克萨俄罗斯人和俄国的宗教联系十分紧密，这体现在他们为建造第一座礼拜堂和第一座教堂时提供物质支持并亲身参加劳动上。在1730年地震后，也是他们修葺重建教堂。这种联系还体现在参加礼拜活动上。由于他们的牧人马克西姆神父没有专门的助手完成诵诗、唱诗以及教堂领班的职责，所以这些都由雅克萨俄罗斯人承担。在使团存在的200年间他们就是这样参加东正教教堂的礼拜。因而在初期牧人针对他们的传教活动就非常简单，只限于主持礼拜和完成圣礼。直到马克西姆在中国生活的最后30年，活动内容才变得复杂起来，他必须拯救上帝在雅克萨俄罗斯人后代中日渐模糊的形象。历史牢记他的成就还在于马克西姆到北京时已不年轻，有1699年的资料证明，当时他已经老迈而视力不清，而俄国并没有派任何人来协助他或接替他。来北京的一些商队，有时有随队神父，但是他们的驻留时间不长，因而不能从中国政府方面得到主持礼拜的许可。

直到1711年或1712年，马克西姆神父在其生命的晚期，还一直不辍劳作。这一时期他坚持在雅克萨俄罗斯人中主持礼拜、圣礼和布道。哥萨克们从博格达汗那里得到佛教小庙后，马克西姆神父把这座小庙改造成了以圣徒尼古拉·米尔利基斯基·丘多特沃列茨（Николой Мирликийский Чудотворец）的名字命名的一座礼拜堂。中国人把这座礼拜堂称为罗刹庙。在1695年之前东正教牧人就是在这里完成礼拜的。这一年托波尔斯克都主教伊格纳季（Игнатиий，1692—1700）了解到北京的雅克萨俄罗斯人及其牧人的状况，便派高级司祭格里高里（Григорий）和托波尔斯克辅祭拉夫连季（Лаврентий）带着圣餐布、圣约、经书和教堂用具前往北京。为了支持东正教传教士，伊格纳季主教给马克西姆神父修书一封，表达了对马克西姆神父的赞许，并允许他像君士坦丁堡、基辅、诺夫哥罗德和其他大城市在基督教传入之初修建的教堂一样，以圣索菲亚最智慧的圣母的名义，命名这座教堂。大法师这样写道："谨以圣灵的名义，向我们恭顺的仆人和孩子、福音在中国的先知、虔敬的神父马克西姆·列昂季耶夫和生活在中国的全体东正教徒，致以大法师的祝福……你的皈依令我欣喜，特别是你处于被俘之中却在上帝的帮助下，把那些被俘的人引向福音的真理；为此，你怀着对上帝的挚爱，不胆怯，为了所有和你一样处于这种情势之中的所有被俘的人；你的灵魂饱受屈辱，因为有人违抗上帝的意志。你们被俘对于中国居民来说不无益处，因为是你们为他们开启了耶稣东正教信仰的光辉，你们将得到更多的灵魂救赎和上天的酬谢。"在列举了马克西姆神父应该为之祈祷的人以后，伊格纳季都主教令其为中国皇帝祈祷："在为皇帝的祈祷之后，我们还要祈求我们的主——上帝宽恕他的奴仆博格达汗陛下（像他的名号中所写的），使他长寿，赐予他子嗣兴旺，使他和他的大臣摆脱灵魂和肉体的一切悲伤、愤怒、贫穷和疾病，为他们开启福音启蒙的世界，宽恕他有意和无意之中的所有罪过，通过会同和使徒教会感知他，让天堂也因而接纳他。"

马克西姆神父在西伯利亚大法师宽慰建议的鼓励之下，与从俄国派来的教士们一起于1696年以至慧的圣母圣索菲亚的名义为雅克萨俄罗斯人的礼拜堂举行圣化仪式。但北京这个第一座礼拜堂，因那帧备受雅克萨俄罗斯人崇敬的圣尼古拉像，而很长时间都被称为尼古拉礼拜堂。在这里，从1696年开始，马克西姆神父庄严地举行弥撒和施圣礼。

用福音的真谛教导雅克萨俄罗斯人的马克西姆神父，也和雅克萨俄罗斯人一起承受着生活的艰辛。比如，在中国人同卡尔梅克人的一次战事中，他和他们一起出征，事先也将头发理成了满人的发式。马克西姆神父的训诫却无力抵抗异教对雅克萨俄罗斯人的影响，更何况，马克西姆神父本人的孩子对中国异教的某些迷信也并不排斥。

在北京，东正教在雅克萨俄罗斯人中的发展一直举步维艰，这个小圈子的牧人去世后，更是处于被异教吞噬的危急时刻。幸运的是，俄罗斯宗教界和世俗政府事先已经关注到保障他们未来的命运的问题，并及时地为他们提供了精神信仰上的帮助。

三、第一届俄国东正教驻北京使团
（1715—1728）

根据理藩院的报告，康熙皇帝允许俄罗斯东正教使团派往北京，同时请求随使团派入中国一位长于外科治疗的医生。

托波尔斯克省长加加林大公迅速将中国皇帝的旨令和愿望报告给彼得一世。彼得一世写信给托波尔斯克都主教约安·马克西莫维奇（Ионн Максимович，1709—1715年间管理托波尔斯克都主教区），要他选拔合适的人选前往中国，合适的人选包括修士大司祭、司祭、执事和教堂服务人员。根据都主教的指令，在1712年年底或1713年年初，选出了如下人员：

1.修士大司祭伊拉里翁（Илларион），小俄罗斯人，生于切尔尼戈夫，毕业于基辅神学院。曾为后来调往托波尔斯克的切尔尼戈夫主教约安·马克西莫维奇的助手，后于1702年随都主教费洛菲（Филофей）前往托波尔斯克，在司祭衔上一度作为宣教师和财务总管在主教署工作。1709年升为修士大司祭，担任亚库茨克斯救世主修道院院长、吉连斯基和伊利姆斯基城堡及周围各县教区主持。

2.司祭拉夫连季（Лафлентий），大概是先期到北京的执事。

3.执事费利蒙（Филимон），生平不详。

后两人被任命为使团成员，同时与他们一起进入使团的还有7名教堂人员，他们很可能是1704年都主教费洛菲在托波尔斯克开办的斯拉夫-俄罗斯学校的学生。

使团还配备了圣像、法衣、圣器和东正教书籍。旅途补贴标准为：修士大司祭300卢布，司祭和执事各60卢布，7名唱诗班和服务人员共80卢布，葡萄酒40桶。托波尔斯克主教下令"沿途各修道院，应提供使团直至国界所需一切"。修士大司祭伊拉里翁的薪俸自抵伊尔库茨克起，每两年160卢布。在这一条款中第一次确定了如下标准：使团团长每年100卢布，司祭和执事每人每年80卢布，唱诗班成员每人10卢布。这笔钱由每年从伊尔库茨克派出的商队带去。

另外，使团团长还收到28只银勺、6只银茶盏、2件呢制长衣、2件褐色缎袍。

组织完备的第一届东正教使团等候前往俄国卡尔梅克阿玉奇汗处的中国使团，并同这个归国的中国使团一同入华。他们于1715年年底或1716年年初到达北京。

从俄国来的第一届东正教使团在北京得到特别的器重和关注。中国皇帝赐修士大司祭官至五品，司祭和执事官至七品，学生也被算入八旗军，并为使团所有成员在阿尔巴津教堂附近安排了官费房舍和土地。另有一次性补贴：修士大司祭白银800两（合1500卢布），另为他发放白银600两（约1100卢布）用于雇用仆人，司祭和执事白银600两/人，另有白银400两用于雇用仆人，教堂服务人员白银300两，每人另发白银200两用于雇用仆人。此外中国朝廷还给他们按月发放薪俸：修士大司祭白银40两（合70卢布），司祭白银30两，教堂服务人员白银20两。按当时的中国白银与卢布的折算，中国政府每月为俄国东正教使团出资428卢布70戈比。另外有的教堂服务人员还得到中国皇帝的垂青，为他们娶了也皈依东正教的妻子。他们学会汉语和满语后被安排到理藩院，翻译来自中国和俄国枢密院之间的往来文书。

由于当时的文件保存下来的很少，第一届驻北京的东正教使团的生活和活动鲜为人知。总的看来，可以说，该使团的活动是成功的，因为使团成员配备较好。在彼得一世看来，修士大司祭伊拉里翁"明智随和"。他凭自己的涵养，不仅得到信众的尊敬，而且中国皇帝也很看重他，每月都派官员来问候使团团长的身体情况和使团的需求。修士大司祭伊拉里翁安排的诵经仪式礼仪严整，不仅吸引雅克萨俄罗斯人来教堂，北京城的一些居民也前来观看，关注东正教的还有在阿尔巴津教堂唱诗班的中国人。也就是说，第一届东正教使团的活动不仅限于诵经和圣礼，还有教牧信众。伊拉里翁神父与使团成员关系亲密。他们在教堂刚刚成立时的一些做法，如集体进餐，就说明了这一点。

将3名随团学生派回俄国是东正教教职人员在京生活艰难的起因。他们回国后使团团长生了重病，为缓解病情，他前往距北京22俄里以外的温泉，但温泉也无济于事：1718年4月26日他在回使团的路上去世，遗体被葬在雅克萨俄罗斯人墓地。失去了团长的东正教使团需要一位新团长，理所当然地向清朝理藩院提出了这一请求。理藩院把给俄国加加林大公（кн.

Гагарин）的公函交给想回国的执事费利蒙和教学服务人员格里高里·斯马金(Григорий Смагин）。他们回国后，使团只剩下已习惯自己的处境的1名司祭和3名教堂服务人员。他们一边等待祖国的消息——使团是否留在中国，一边兢兢业业地履行职责，偶尔能够通过俄国商队收到来自西伯利亚的消息。

收到修士大司祭伊拉里翁去世的消息后，再次主持西伯利亚教区并关注叶尼塞斯克的都主教费奥多尔（费洛菲），1719年4月4日给加加林大公写信："感谢上帝，基督教信仰传播得更广，上帝的名义在人们的口中获得了荣耀，未来有希望使上帝的名义在中国人中获得荣耀。"接着都主教提出了自己的建议："希望公爵大人能够拨冗与斯捷潘（亚沃尔斯基）[Стефан (Яворский)]商议，上奏沙皇，尽快选拔一位善良智慧的人派往中国。希望给他以修士大司祭职位，并随其派一个15人的唱诗班，因为这样中国人会看到，沙皇为巩固永久的和平而派出了这些人员。"长久以来彼得一世要将东正教注入中国的想法，现在活生生地反映在西伯利亚热心的大法师这里，枢密院官员和宗教委员会官员也都心领神会。在他们的相互配合下，在北京设立起东正教主教位。

四、中国东正教的主教地位

　　1719年，彼得一世派近卫军上尉列夫·伊兹马依洛夫（Лев Измайлов）为特使前往北京，解决俄国与中国的自由贸易问题。在商务委员会和外务委员会给伊兹马依洛夫的工作细则中提到，为来华俄罗斯人请求"自由保持自己的信仰"和"设法使中国皇帝恩准，为来华的察罕汗的臣民及在华神父修建希腊教教堂，就像中国人允许传播罗马天主教信仰的耶稣会士修建教堂那样，赐予修建教堂用地，教堂可由察罕汗出资修建"。在伊兹马依洛夫启程前，彼得堡得到在北京的修士大司祭伊拉里翁去世的消息，由于中国朝廷在文牒中表达了请俄国再派修士大司祭的愿望，伊兹马依洛夫就按着西伯利亚都主教费奥多尔（费洛菲）的指令，带修士大司祭安东尼（普拉特科夫斯基）[Атоний（Платковский）]随行。列夫·伊兹马依洛夫于1719年6月16日从彼得堡启程，1720年5月15日抵伊尔库茨克，之后应是在色楞格斯克停留了14周，等待中方的过境许可。

　　在中国设立东正教主教的想法很合彼得一世之意，这是因为这样能够通过在有名望的中国人中培养神父，更稳妥地在天朝传播东正教信仰、确立东正教的地位。1721年2月14日，刚刚成立的圣主教公会（成立于1月25日），经与枢密院沟通，向沙皇汇报："决定派伊尔库茨克教区主教英诺肯季·库利奇茨基（Иннокентий Кульччицкий）前往中国。为进一步工作方便起见，是否将他从西伯利亚主教区分出，任命为尼布楚教区主教？"据伊尔库茨克编年史纪传者佩热姆斯基（Пежемский）记载，英诺肯季神父是同自愿报名充实刚开办的涅瓦修道院的其他神父一起由南俄调来。在涅瓦修道院他很快被任命为督察神父。沙皇批复说"可以任命为主教，但最好不说明城市名号，因为那个城市与中国相邻，以免引起耶稣会士误解，带来不便"。英诺肯季神父在这一年2月25日致圣主教公会的报告中询问："是否可能将边境城市如伊尔库茨克、雅库茨克（Якутск）和尼布楚（Нерчинск）划归我管辖？为了重视起见，如果有必要的话，神职人员也随赴华商队赴华。如果神职人员随行商队不成，赴华者薪俸则需合理，确保我和在华神职人员不因被鞑靼人可怜而有辱俄国名号。"针对库利奇茨基报告中这一点的处理决议是:"此事暂不实行,薪俸之事有必要考虑。"在这一报告中英诺肯季神父还请求圣主教公会:"应向中国皇帝彰明沙皇之义理,这样我们入华后,他们就能乐于接纳,我才能大胆地确定随行人员数量,否则人数过多会不被中国接纳。"

1721年3月4日,英诺肯季·库利奇茨基得到任命,第二天举行了晋升为佩列雅斯拉夫尔主教的按手礼(根据哈尔吉顿会议第六款),同时圣主教公会还特别转告他:"无论现在和将来,都不在西伯利亚主教(安东尼)辖下,只听从圣主教公会的直接指令,西伯利亚主教不能管辖他,他派往彼得堡的信使,应不受阻挡和耽搁,最好能全力帮助。"(1721年3月7日发出的)这一命令确定了新主教及其随从人员的配给问题,他在此任期间,将得到从西伯利亚边区的收入中一次性拨发的1000卢布和每年500卢布,他们将同商队一同赴华,政府办公厅拨发路费500卢布。按圣主教公会的命令,大牧首法衣室将为他配发主教披肩一件,教堂餐具2俄磅46佐洛特尼克(旧俄重量单位,相当于公制的4.26克——译注),印刷厂则提供整套的教堂诵经材料和一些教材。此外,他还可以从苏兹达尔法衣室带过去配发给苏兹达尔都主教叶夫列姆的塔姆博夫法衣室的所有物品。在这些物品中英诺肯季·库利奇茨基主教挑选了一位亚美尼主教按希腊—俄罗斯教堂的样式制作的主教金冠。随行的神父是两名司祭、两名辅祭、5名唱诗班人员、两名杂役和一名厨师。

1721年4月19日,英诺肯季主教带着随从从彼得堡启程,接着圣主教公会为他颁发了证书,其中也包括新主教的工作守则。

经与枢密院沟通,圣主教公会于5月13日发出了推荐证书和枢密院府签发的公函,并就向中国派出英诺肯季主教及其随行人员一事,给中国皇帝发了牒文。其中写道:"皇帝陛下,亚洲各国的伟大君主,至高无上的帝王,至圣的中国汗向各院部大臣、宰相发布。"

牒文中提到向北京派出了第一届使团、中国皇帝对使团的恩赐、修士大司祭伊拉里翁去世、清廷将这一噩耗通知西伯利亚省长等事,最后称:"沙皇陛下考虑到应当派人顶替去世的修士大司祭之职,特派英诺肯季·库利奇茨基前往北京主持诵经事宜,以及与我们的宗教法律相关的所有事务,两名司祭、两名辅祭和几个仆从随行。所以,我们,即受命于沙皇陛下之政府枢密院,依沙皇陛下之仁爱之命,恳请向中国皇帝陛下奏请……允许前述库利奇茨基在北京行圣事,以及按东正教常规前往中国其他有东正教徒的处所，不受限制，特别是，恳请中国皇帝陛下，念及与沙皇陛下的友善之谊，允许保持教堂教规，善待库利奇茨基、其仆从和信众，作为回报……伏请为中国皇帝陛下尽力。"

英诺肯季主教从彼得堡来到伊尔库茨克，走这段路途用了11个月的时间。他先是驻留莫斯科以取得法器和教堂用具，然后在另外几个城市也有过短暂歇息，此外，在托波尔斯克可能还征集了人选。"1722年9月2日主教在给圣主教公会的报告中写道：我于1722年3月初抵伊尔库茨克。我们到达后，伊尔库茨克将军波鲁耶克托夫（Ив.Ив.Полуектов）立刻给库伦的蒙古汗王土谢图汗写信，说明了我的行程，他过去也是这样做的。接着我就赶往色楞格斯克圣三一修道院等待回音。但土谢图汗没有接受信件，说：'为什么将军的信不是写给我的，而是要发往中国的？'信使只好回来。此后在四月又去送信，在信中写明为什么发这封信，但信使在库伦没见到土谢图汗，土谢图汗在中国皇帝的军中。第三次，虽然信使在库伦面见了土谢图汗，但却没完成使命：土谢图汗读了托波尔斯克将军写给他的文书后掷到一旁，发往色楞格斯克的其他信函也都被拒收。最后，我想亲自了解，土谢图汗能不能接收介绍我们一行的文书，能不能把文书转往中国，是不是完全拒绝。我还把北京写给加加林大公的关于别的长官的文书清单由俄文翻译成蒙文，六月派我的执事菲利蒙前往库伦。这次文书被接受，并在当月即7月18日就发往北京，但至今没有来自北京的回音，不知道等等会不会有回音，但我也只能在色楞格斯克坐等。"

俄国枢密院关于新一届东正教使团的文书，由于库伦将军的耽搁，在俄国商务代表朗格在北京时并没有送到。朗格1722年7月17日应离开中国首都，8月26日来到色楞格斯克，没有带来关于俄罗斯东正教使团换届的回复。很快耶稣会士得知了俄国政府的打算，他们担心在北京遭遇东正教主教这个在传播基督教方面的危险竞争者，劝中国内阁不允许英诺肯季主教来京，以此破坏俄国政府的计划。英诺肯季主教苦于杳无回音，在1722年10月6日平和地给圣主教公会写信："狐可在洞穴歇息，我却无安身之所，终日游走奔波。"在这份报告中，英诺肯季主教介绍来自北京的传闻，说不找到蒙古逃人交给中国，就不谈接纳英诺肯季主教之事。"这是我的第三个报告，"主教向圣主教公会报告道（1723年3月8日），"恭顺地说明我的过错。滞居俄中边界，进退两难：由于我在第二份报告中所说的原因，中国不接收我，不允许我们收信，也不收我们的信；没有上司指令我不敢妄动,尽管在这里也不是无事可做。如果圣主教公会能了解我的处境,我恭候仁爱的指令,告诉我怎么办。我现在很焦虑,不知如何是好。"1723年年底至1724年年初,主教接到了他期待的指令:"在色楞格斯克原地待命。"

在1723年年初,71岁的康熙皇帝驾崩的消息传到俄国(实际驾崩于1722年12月9日),其第四子——45岁的雍正新帝,自登基伊始就强烈反对外来的西方天主教传教士。由此引起对向北京派东正教主教一事也充满敌意。他降旨严查天主教传教士的行为规范。政府的督察官在奏书和呈文中揭露了耶稣会士滥用传教权利的大量事实,在中国人眼里这些耶稣会士已没有任何基督教的尊严可言。至于雍正的个性,他同时代人的评价是,雍正对任何人都不满意。因此,全国上下更加压制罗马天主教,数千人被处死,成千上万的人被抄家。皇室富贵雍容,但百姓却忍饥挨饿,忠诚、明智已难得一见,英勇也不再是他们的品格,他们的行为总是透着喜怒无常、傲慢、狡诈、怯懦。出于担心刺激相邻大国,雍正在登基的第二年向俄国派出了使团。就在1724年,英诺肯季主教8月14日向圣主教公会报告道:"中国皇帝向色楞格斯克派来了特使……讨论蒙古逃人问题。为了我能够被接纳入京,商务代表朗格很客气地表示,他们曾给俄国沙皇写信,说需要另派使团团长以行过世者之职;说俄国枢密院和清廷有仁爱之约;说宗教事务与逃人之事互不相干;说以前中国为俄罗斯东正教使团提供了住所和钱粮,现在不要求这些,因为有沙皇陛下恩赐的薪俸,住所也可以租用。但中方却这样回答:还没向皇帝禀告,我们现在不能接纳东正教主教。希望俄罗斯的君主能派出一位像中国这样的全权代表,就所有的问题形成协约。得到我们仁慈皇帝的圣旨后,这位主教能不能被接纳便告明了。"

1725年1月27日,彼得一世驾崩。叶卡捷琳娜一世敕令将这一噩耗照会各国,3月3日降旨朗格知会中国朝廷,并允很快向北京派出全权使臣贺中国新帝"继位登基"。

1725年7月28日,外务委员会向圣主教公会报告派高级文官伊里礼伯爵萨瓦·弗拉季斯拉维奇·拉古津斯基(Савва Владислав Рагузинский)出任特使兼全权大臣。萨瓦在7月23日给外务委员会的报告中请求派东正教士随行使团礼拜诵经,派出驻华教士和有圣器和教堂用具的随行教堂。

8月4日圣主教公会的回复是:"如果中国方面不阻挠,将派西伯利亚省伊尔库茨克修道院的佩列亚斯拉夫尔主教英诺肯季与伯爵随行。如果不允许主教入华，则派伊尔库茨克修道院修士大司祭安东尼·普拉特科夫斯基与伯爵随行。"1725年3月31日，圣主教公会命英诺肯季主教由色楞格斯克前往伊尔库茨克，在那里由主升天修道院负责他的膳食和日常花销。劳顿多日的英诺肯季只稍做调整，便于1725年8月4日，又奉命随新特使一起赴华。英诺肯季受命，"此行自行处理与身份（英诺肯季主教）相应之事，在其他政治事务方面若需要，则应听从伯爵的吩咐，不可擅自行为"。英诺肯季主教依此条规定于1726年4月7日由伊尔库茨克奔赴色楞格斯克。同时萨瓦·弗拉季斯拉维奇抵西伯利亚后，"派信使前往北京，紧急通知清廷，自己被任命为特使，并提到主教随行之事：沙皇陛下任命现已在中国边界的东正教人士（清廷对他的情况已经知晓）常驻北京，希望他能够得到中国皇帝陛下的庇护，允许他和弗拉季斯拉维奇一起，或和商队一起入京。接着他报告说，派出前往北京的信使遭到库伦长官的阻拦"。

商务代表朗格的急件信使——抄写员达维德·格拉维（Давид Граве）却被允许入京，他带回的消息说（1726年5月25日），已派出两位专员到边界迎接俄国特使并护送其入华。"主教给圣主教公会写道，特使大人从色楞格斯克刚动身前往中国（1726年8月21日），我便去斯特列尔卡（Стрелка）找他，按着他的命令，把土谢图汗的信件复本交给了他……他（伯爵）答应在土谢图汗的王宫为接纳我一事周旋，让我在色楞格斯克等他从边境发来的消息，会告诉我中国人对他的接待怎样，中国人会怎样看我的放行问题：如果允我入境，我即刻赶赴边界，如果不是这样，那么我等他来自北京的消息。"在与中国使臣在布连河（Бура）（8月24日）会面后，俄国特使于8月31日向彼得堡报告，说："在边界接待他的中国大臣（隆科多和伯四格），由于没有皇帝的圣旨，不允许英诺肯季·库利奇茨基主教随伯爵一起入华。现在他已经不认为中国人能够接纳主教入华。因为他——弗拉季斯拉维奇听说，中国朝廷认为主教的职位太高，西伯利亚的文牒中他被写成是'大法师'，使得中国人怀疑他是大人物。中国大臣向商务代表朗格和信使格拉维说，中国皇帝从未下旨接纳这样的大人物，在中国只有教皇或呼图克图才是大人物。萨瓦已经从西伯利亚前往中国朝廷，经他斡旋，也许能接纳修士大司祭或神父来京，但不会允许主教来京。如果因路途远而难以从彼得堡再另派宗教人士代替英诺肯季主教，那么他弗拉季斯拉维奇认为，主升天修道院的修士大司祭安东尼住在伊尔库茨克，正在教几个孩子学蒙语，现在正在北京，头脑清晰，不无智慧。"

那些单纯、内心善良的西伯利亚外族人非常需要英诺肯季主教。1727年1月16日，圣主教公会通过决议，"遵女皇陛下旨意，原佩列亚斯拉夫尔主教、现在伊尔库茨克的主教，保持原有封号"。多处辗转牧教的记录和当时生活的艰难，都说明英诺肯季主教拥有忍耐、顺从的高尚美德，他身体虚弱，但后来仍奔波牧教，直到1730年11月26日去世。在他所管理的伊尔库茨克教区，作为一名善良的牧教人，他首先关心的是改善教区的宗教生活，在西伯利亚和蒙古人中传播上帝的福音。1808年10月28日，他不朽之躯被发现，被颂为显圣。就这样，英诺肯季主教现在成为中国东正教的天堂保护者。

五、第二届俄国东正教驻北京使团
（1729—1735）

于1728年6月4日隆重签署并存放于恰克图（и расмещенный в Кяхте）的总协议，书写了俄国与中国交往的新时代。对于北京东正教使团来说，从这时起（至1858年）条约的第五款获得了特别的效力。就是这一款决定了向北京派出俄罗斯神父，恢复中国政府允诺的依先例为神父发放俸银。这样，北京政府就应承担起保护东正教教堂宗教礼仪在北京畅行无阻这一职责。在条约这一款的最后，还允许俄国派出6名学语言的学生，应将他们安置在划归俄罗斯人的使团驻地。

第五款规定："现在俄罗斯人在北京所得到的'观'或说'房舍'，将由在京俄国人和以后来华的俄国人专用。他们现在就住在这个居所。俄国使臣——伊里礼伯爵萨瓦·弗拉季斯拉维奇提出修建教堂，在一些负责俄国事务的要人的帮助下，教堂就建于这处居所。这里可以住一位喇嘛（神父），现在在北京有一位神父。还可以再住3位喇嘛，如条约所定，将再派3位来京。他们抵京后，同以往来京教士一样，为其发放膳食，在新建教堂主持圣事。俄国人祈祷和按自己的教规信奉上帝将不被禁止。另外，4名男学生和2名年龄稍长者，他们会俄语和拉丁语，俄国使臣萨瓦·弗拉季斯拉维奇想让他们留在北京学习语言，他们也将住在这处居所，由沙皇供他们的膳食，学完后返回俄国。"

根据女皇和圣主教公会的旨意，托波尔斯克主教安东尼和伊尔库茨克英诺肯季主教确定，第二届东正教使团构成如下：

团长为修士大司祭安东尼·普拉特科夫斯基，他的属下有：

教士伊万·菲利波夫·菲利莫诺夫（Иоанн Филиппов Филимонов），后贝加尔特拉斯托夫阿尔汗格尔斯克修道院院长；辅祭约瑟夫·伊万诺夫斯基（Иоасаф Ивановский）；学生盖拉西姆·舒尔金（Герасим Шульгин），米哈依尔·阿法纳西耶夫·波诺马廖夫（Михаил Афанасьев Пономарев）和色楞格斯克教士之子伊拉里翁·罗索欣（Илларион Россохин），这三人都是安东尼修士大司祭的蒙语学校的学生。

教士拉夫连季神父和3名唱诗员仍作为雅克萨俄罗斯人教堂的成员。

和朗格的商队一同从奇卡河（Чика）来到北京的还有司祭伊拉里翁·特鲁斯（Иралион Трус），以及早在1725年就从莫斯科的斯拉夫-希腊-拉丁语学院派来的3名学生：托波尔斯克军人之子卢卡·沃耶依科夫（Лука Воейков）、费奥多尔·特列季亚科夫（Феодор Третьяков）和伊万·舍斯托帕洛夫（Иван Шестопалов）[他就是亚博隆采夫（Яблонцев）]。

使团可能是在1729年2月20日从色楞格斯克前往恰克图，3月17日从恰克图继续跋涉，同年6月16日抵达北京。根据《恰克图条约》第五十款，第二届使团团长及其随从在为俄罗斯使节新划拨的驻地安顿下来。

带教堂的俄国使节驻地（会同馆）坐落在内城最热闹的地段，在靠边的一条横街上（东交民巷）。以往此处是俄罗斯贸易客栈，这里住过使臣、贸易代表、信使。由于地段位置优越，使臣伊兹马依洛夫和拉古津斯基为使节驻地和修道院选定此处。这里离皇宫、议事大殿、中国商贸集市都很近。俄使驻地的东侧是沿护城河的民居，西侧和北侧部分地块是让给俄国人使用的，与来京的蒙古人聚居点相邻。北侧的另一部分俄国人地块周围是民居和三品满族王爷的大花园。宽敞的使节驻地在1734年年底建完，能够容纳50人。但在1729年，在第二届使团来京时，东正教使团没有教堂专用场所，东正教使团成员只能安置在使节驻地。诸多不便使修士大司祭安东尼在1733年2月11日给朗格的信中提出，教堂附近有3处房产可以作为东正教使团的处所，要价白银600两。后来按照修士大司祭安东尼的想法买下的这些房产，应该作为修士大司祭和教堂其他人员的修道室。后来安东尼大司祭从满人侯明弼处花120两银子（合200卢布）又买了一处房产。

俄国东正教使团购买地皮都是在这一时期。第一块地皮是在1728年（雍正六年五月）从一个姓傅的寡妇手里花140两银子买的，在通州县的葛渠庄（原文音与当地村名结合译出，原文为Ге цюй——译注），以前很可能是雅克萨俄罗斯人的后人留下的。后来这块地皮办理了中国户部承认的地契。第二块地皮高丽营，是在顺义县的板桥村（原文音与当地村名结合译出，原文为Бань-цю——译注），是1733年（雍正十一年十一月）花50两银子从满人石德（音译，原文为Шидэ——译注）手里买的。第三块地皮平西府是1736年（雍正十四年四月）从一个名叫刚格的准尉手里花55两银子买的，位置在昌平州魏家窑村（音译，原文为Вэй-цзя-яо——译

注)。第四块地皮是1741年（乾隆六年十月）受赠而来，其主人现已无从考证，这块地皮已被捐为教产。

在第二届东正教使团来北京之前，在使节驻地还简单地修建了一座教堂，按中国建筑方式，木架砖墙，盖瓦。这种方式的建筑非常坚固，地震时教堂未损，只在东南墙上稍有裂纹，于整座房屋无碍。枢密院委托外务委员会从莫斯科派来画师绘制圣像壁，并要求划拨圣餐布。应中国的显贵之人和一些新领洗的人的建议，教堂定名为奉献节教堂，这样建堂节（在2月）就能与中国新年的日子接近。

至于雅克萨俄罗斯人原来的尼古拉教堂，由于地震损坏了地基，只存在到1730年8月19日。教堂的圣器被搬到前面谈到的中国皇帝出资新建的教堂里。雅克萨俄罗斯人和教民们自己出资用原有材料和新材料修复，1732年8月5日伊尔库茨克主教确认此教堂为圣母安息教堂（8月15日），因为这一天也是圣索菲亚——智慧女神日。为了纪念智慧女神，托波尔斯克主教伊格纳季核准教堂仍建于原地。按现在的描述，这个教堂曾名为尼古拉教堂，"教堂为石建筑，镀金、单头。教堂的钟楼由4根木柱支撑，安放大钟一座，配中国式大缸两口、铸铁响铃4个"。圣障铜质中门已经破旧（是原来的教堂门）。教堂内有圣像和莫扎依式圣尼古拉像。

第二届东正教使团时期在北京大约有50户雅克萨俄罗斯人。修士大司祭安东尼报告说，1731年3月25日有9名中国人领了洗。所有中国教徒中有25名男性，还另有8人也准备领洗。修士大司祭请求从俄国带来500个十字架和数额不多的钱款，用于给领洗人购买白衬衫。

第二届使团时期在北京的雅克萨俄罗斯人教堂有一位神父（拉夫连季神父）和早在1715年即已来北京的3名差役，还有一名受洗不久并无偿唱诗的中国人。在第三届使团来北京之前，他们都健在。拉夫连季神父有自己的房舍和财产，他也干农活儿，有一块按七品官赐给的地。他把自己的所有财产都遗留给了雅克萨俄罗斯人教堂。

第二届使团有6名学生。朗格1732年离京时把伊万·亚博隆采夫和费奥多尔·特列季亚科夫带回了俄国。两名莫斯科贵族——伊万·贝科夫（Иван Быков）和阿列克谢·弗拉德金（Антон Владыкин）接替了他们。所有学生都被安排在罗斯馆，他们每年从俄国政府得到130卢布，从中国方面每月得到3两银子（约6卢布），其他月银与使团其他成员相同。1729年8月，中国皇帝为学习语言的学生派来了汉语和满语教师。当时应有4人学语言。学生罗索欣很快就了解了汉语,被派到理藩院翻译俄中政府间往来公文,并教中国学生俄罗斯文法和翻译。罗索欣1741年返俄后,按中国皇帝的旨意,弗拉德金顶替其职,每年俸禄40两银(约80卢布)。第一批的这些学生在北京期间开始了四语(俄、拉、汉、满)词表的编写。后来这份词表很可能是所有学生的集体劳动。学生卢卡·沃耶依科夫和盖拉西姆·舒尔金在北京去世。第四届使团成员修士大司祭盖尔瓦西(apx. Гервасий)提到,卢卡·沃耶依科夫在北京从中国人那里买了一块面积不大的地皮(距雅克萨俄罗斯人教堂约2俄里),在安定门外,并盖起了别墅。据说(第十届使团团长修士大司祭彼得记载),沃耶依科夫在1734年去世时,留下遗嘱将之赠与东正教使团并葬在这里。此后这块地就变成了俄罗斯东正教使团的墓地,此前使团没有自己的墓地,故去的使团成员都葬在雅克萨俄罗斯人墓地。

第二届东正教使团有负于俄国沙皇及外务委员会等为之付出的苦心:他们道德放纵,互相争吵,乱成一团,使中国人对东正教的第一印象毁于一旦。甚至安东尼神父本人也和商务代表朗格激烈争吵。尽管当时使团的任务并不复杂,然而使团成员自身的精神世界并不完善,他们把驻留中国看成是负担,有时甚至不能坚持诵经奉献,不能与内向的中国人、与雅克萨俄罗斯人那些性格孤僻的后代相处。远离祖国、生活在完全不适应的亚洲环境之中,俄罗斯馆的条件不善,他们内心憋闷,性格变得愈加孤僻。这样恶性循环,总是遭到团长的惩罚。疾病和死亡也时常威胁他们。中国人包括皇帝,大都已对俄罗斯人感到漠然,对这些俄罗斯人生活中的怪异表现习以为常,因为那些已经臣服了的俄俘在北京的表现就很差,更不要说那些教士了。东正教上层严肃处理了第二届使团的成员。

圣主教公会调查修士大司祭安东尼的情况,委托商务代表朗格将他带离北京。在当时情势之下,调查进行得非常严酷,严刑拷打,最后戴上镣铐,由修士大司祭自己出路费,从北京押送回彼得堡(1737年)。安东尼被判了刑,免去一切职务,发配到圣三一谢尔盖修道院接受监管。直到1744年伊丽莎白女皇来修道院巡察,女皇关注到他,了解到他的遭遇后,降旨恢复了他的修士大司祭职务。按女皇旨意,安东尼神父被任命为佩列亚斯拉夫尔-扎列斯基达尼落夫修道院院长,在那里直至1746年6月15日去世。

六、第三届俄国东正教驻北京使团
（1736—1743）

由于修士大司祭安东尼多次请求，按圣主教公会之意，俄国政府枢密院命"由圣主教公会选拔派往北京新建教堂的教士、执士和差役，把他们派到西伯利亚衙门"。该为他们发放的路费，也由西伯利亚衙门承担。同时为他们的北京生活拨付生活费：教士300卢布，执事200卢布，差役60卢布。这笔费用由商队提供。

1734年9月9日，女皇按诺夫哥罗德大主教费奥凡（Феофан）的报告，任命曾随西伯利亚商队到过北京的彼得堡司祭伊拉里翁·特鲁索夫（Ираллион Трусов）为修士大司祭。特鲁索夫是小俄罗斯人，12岁时在堪察加做随团司祭，后来在托波尔斯克高级僧侣学校供职。提升为修士大司祭以后，1734年9月14日，特鲁索夫被任命为伊尔库茨克州后贝加尔地区主易容修道院院长，并"派任"北京奉献节教堂修士大司祭。在礼拜仪式上他可以着法衣法冠，执普通权杖。其礼拜祈祷事务由伊尔库茨克主教管辖，听从当地大法师之命。这样，北京东正教使团团长在处理管理使团、接受中国人的信仰等所有棘手之事时，应听从伊尔库茨克主教的意见和指令，并向其汇报基督教信仰获得的新信众的情况。

在1734年2月19日外务委员会给圣主教公会的报告中，附有商务代表朗格关于中国情况的报告摘录，其中特别提到，西伯利亚衙门划拨用于修缮教堂的1000卢布，剩余部分根本不够修教堂用，因为装饰圣像和为相框镀金就花掉了550卢布。修士大司祭安东尼和教士需要再增加3处房舍，因为每逢商队到来之时，使节驻地就拥挤不堪。就在朗格提出申请时，修士大司祭伊拉里翁在9月30日也向圣主教公会报告，谈到北京的两个教堂，谈到已有差役的老教堂必须再配一名司祭。按照新任使团团长的统计，当时有雅克萨俄罗斯人约50户。修士大司祭特鲁索夫请求让他从堪察加带来的养子——爱吸烟的亚科夫·伊万诺夫（Яков Иванов）担任新教堂的差役。新建的教堂需要添置4套法衣和衣饰，可以在北京订做，这是用于复活节、礼拜日和祭祷仪式的。没有合适的布料用来制作节日服饰，除了锦锻，别的都买不到。教堂非常需要节日餐具、福音书、主教头冠、全套教堂用书、长链手提香炉、教规、圣像前的枝形烛台和两个普通烛台。还需要在北京请人铸钟，为新领洗的人购买十字架和衬衫、短腰靴也同样资金不足。报告最后提到，需要雇用两名看门人看护教堂；还提到需要购买蜂蜡、乳香、葡萄酒、圣饼、米和煤的费用。最后一项为新建教堂申请60卢布，为原有教堂申请40卢布。

圣主教公会1734年11月6日的决定如下：（1）从俄国派出修士大司祭特鲁索夫带两名先前由莫斯科派出、现在伊尔库茨克的司祭，他们将顶替现在北京的辅祭约瑟夫和现在伊尔库茨克教区的辅祭维克多。（2）从司祭拉夫连季和安东尼那里取圣餐布，抵京后将新教堂祝圣为奉献节教堂。（3）由前往北京的西伯利亚商队提供2000卢布用于购买房舍，或者修建几个修道室，配好家什用具。（4）给新使团派发护照，向中国朝廷发公文。（5）为使节驻地的新建教堂配备一名修士大司祭、一名司祭、一名辅祭、两名差役（一名库页岛人和一名中国人），由雅克萨俄罗斯人教堂的看门人兼任管斋教士。原有教堂配一名司祭和两名差役。（6）盛大节日和胜利节的弥撒在奉献节教堂会同举行。这一活动使团随团学生必须参加，也动员笃信东正教的中俄居民参加。（7）修士大司祭的薪俸定为每年600卢布，其他人的薪俸按以往标准不变，由西伯利亚商队每3年预发一次；但枢密院提高了标准。使团团长应先为使团成员发放三分之一，并留好收条。随后圣主教公会确定给新使团配备一整套教堂用书、用于供桌的福音书、使徒行传、圣咏赞美诗、详细福音书、复活节福音书、福音书、教堂守则、三重颂歌、日课经文月书、八重唱赞美诗集、圣礼书、训诫集、教会手册、祈祷书、祈祷后赞美歌集、20本识字课本、赞美诗集、20本日课经、30本字母课本。

1734年交给修士特鲁索夫的守则，即1983号守则，可以认为是第一份。这份守则由11条构成，一直沿用到19世纪初。该守则标题为"修士大司祭约束自身及属下、管理使团的行为和任务"。

修士大司祭特鲁索夫只带着库页岛教子两人一起离开了彼得堡，因为使团成员——两名司祭拉夫连季·乌瓦罗夫（Лаврентий Уваров）和安东尼·利霍夫斯基（Антоний Лиховский），还有两名差役早已在伊尔库茨克等候着他们。新任团长启程前得到了护照和以俄国枢密院的名义写给中国朝廷的信函。其中写道，由于必须召回普拉特科夫斯基和已入居北京的司祭拉夫连季神父，现将3名顶替他们的教士和他们的仆从派来。在如此推荐之后，枢密院又"善意"地请求北京政府给予新任教士各种便利、好意、保护和恩惠。拉夫连季和普拉特科夫斯基返俄的路途花销有所保障。新一任使团团长受命与第三批俄罗斯商队一同入华，商队队长是朗格和叶罗菲·菲尔索夫大尉（Ерофей Фирсов）。这一商队还吸收了在西伯利亚的教士伊万·格列别什科夫（Иван Гребешиков）和维克多辅祭随团。他们是画家，受命前去装饰北京的教堂。朗格还将带一名学生，名叫伊万·什哈列夫（Иван Шихарев），是佩列亚斯拉夫尔（Переяславрь）扎列茨基人。俄国商队在1736年6月9日进入中国境内，直到11月10日才抵达北京。

这时在北京发生了一件大事：1736年9月27日，雍正皇帝在当政13年之后驾崩，他的第四子乾隆（满名爱新觉罗·弘历）继位，残酷执政60年（至1796年）。中国政权交替之后，新任使团团长为在使节驻地建好的教堂举行圣化仪式。仪式于1736年12月20日由3名司祭、1名教士、2名辅祭完成。新教堂定名为奉献节教堂，并附设奉献节修道院。

新任使团团长接收了教堂账目和其他财产。

商务代表朗格在1737年4月离京前在中国朝廷提出请求，表示受命带高级教士安东尼·普拉特科夫斯基离京，伊拉里翁·特鲁索夫接替普拉特科夫斯基，并说："这位高级教士特鲁索夫，以及他属下的两个教堂的教士和差役，已经拥有俄国宫廷的资助，他们没有别的使命，因此他们在这里不能再有其他官衔，甚至俄罗斯佐领中的官衔也不能有。按基督教教规，不允许他们再拥有其他职务。"中国朝廷通过两名官员表示同意这一请求，允诺为使团成员发放钱粮，并同意接收新派来的学生伊万·什哈列夫。5月9日与中国大臣们告别后，朗格第二天就从北京启程，修士大司祭普拉特科夫斯基，教士拉夫连季、伊万·格列别什科夫和辅祭维克多随行回国。8月23日，俄国商队抵恰克图，9月1日抵色楞格斯克，朗格在这里向外务委员会寄出了他在中国的日记和调查修士大司祭安东尼的案卷。

留在北京的第三届使团成员继续着其先行者的事业。拉夫连季返俄后由司祭拉夫连季·乌瓦罗夫主持雅克萨俄罗斯人教堂。关于辅祭约瑟夫，朗格谈道，"他在中国人中间很有名气，因为他为教堂事务和随团学生的事向中国大臣请奏"。1747年10月13日，他在随第四届使团在京期间去世。

18世纪40年代在北京还生活着3名年老的教堂人员：雅克萨俄罗斯人教堂的执事、工友和管斋修士。由于俄罗斯需要汉语和满语翻译人才，学生伊拉里翁·罗索欣被带回国。这样留在北京的还有3名学生：弗拉德金、贝科夫和什哈列夫。什哈列夫1739年7月16日在北京去世后，俄国外交部需要向空缺位置再派3名学生。1739年从莫斯科斯拉夫希腊拉丁语学院选拔了阿列克谢·列昂季耶夫（Алексей Леотьев）、安德烈·卡纳耶夫（Андрей Канаев）和尼基塔·切卡诺夫(Никита Чеканов)。他们给中国人开办了教俄语的学校，同时他们向中国人学说汉语。在中国时他们还学习了中国文学。这届使团培养出了3名汉语和满语内行：阿列克谢·弗拉德金、伊万·贝科夫、阿列克谢·列昂季耶夫，尤其是阿列克谢·列昂季耶夫，他通过大量翻译汉文和满文的作品，出版文集，使俄国文学界认识了他。

司祭拉夫连季·鲍布罗夫尼科夫（Лаврентий Бобровников），伊尔库茨克教区主易容修道院副院长，受命随同叶罗菲·菲尔索夫（Ерофей Фирсов）商队，他的任务是在北京调查一名学生对修士大司祭特鲁索夫的告发。菲尔索夫商队于1741年9月24日到达北京，但他们没能在特鲁索夫在世时赶到，后者已于4月22日去世。

菲尔索夫返俄时带回了因病离开使团留在伊尔库茨克教区的司祭拉夫连季·乌瓦罗夫。住在修道院的拉夫连季·鲍布罗夫尼科夫司祭，语言不通，与中国人没有交往，不能排解这种长久的与世隔绝，又觉得自己不擅长学汉语，所以，在菲尔索夫返俄后不久他就给圣主教公会写信，请求结束北京使命，说从传播上帝福音的角度来说北京需要一位学者型的修道院长和学者型的司祭。新一届使团（第四届）没能在拉夫连季健在时抵京。拉夫连季在第四届使团抵京前不久去世（1745年4月24日）。与修士大司祭特鲁索夫一样，他被葬在当时狭小逼仄的俄罗斯人墓地，坟墓的一半坐落在旁边中国人的地界，两者之间无隔无界。

七、第四届俄国东正教驻北京使团
（1744—1755）

1742年3月2日，外务委员会向圣主教公会知会关于第三届东正教使团团长、修士大司祭特鲁索夫之死的消息。同年3月15日圣主教公会确定委派新的使团团长，并在学校里选拔人选作为使团团长的助手，允以提高薪俸、高额奖励、永久荣誉、10年北京驻扎期满后提职。

有3名神职人员被编入使团。使团由以下人选组成：

（1）修士大司祭格尔瓦西·林采夫斯基（Гервасий Линцевский），使团团长，基辅人，来自米哈依尔上兹拉托修道院，按女皇圣旨，可以佩戴胸前十字架；

（2）司祭约伊尔·弗鲁布列夫斯基（Иоиль Врублевский），使团成员，与团长来自同一所修道院；

（3）司祭费奥多西·斯莫尔热夫斯基（Феодосий Сморжевский），使团成员，来自基辅索菲亚修道院；

（4）辅祭约瑟夫（Иоасаф），使团成员，因在前任使团工作出色而留任；

（5）索宗·卡尔波夫（Созон Карпов）；

（6）基里尔·谢苗诺夫（Кирилл Семенов）和基里尔·伊万诺夫（Кирилл Иванов），神职人员，后者又姓别尔斯基（Бельский）；

（7）阿列克谢·斯莫尔尼茨基（Алексей Смольницкий），修士大司祭格尔瓦西的侍从，后定为差役；

（8）季莫费菲·安德烈（Тимофей Андрей），杂役；

（9）马特菲·斯托罗热科（Матфей Стороженко），杂役。

按照恰克图条约第五款，使团由10人组成[辅祭约瑟夫（Иосаф）除外]。另外，使团还随派了学生叶夫菲米·萨赫诺夫斯基（Евфимий Сахновский）和尼基塔·切卡诺夫（Никита Чеканов）。

按照俄国枢密院过去的设想，派修士大司祭格尔瓦西前往北京的谕令，于1743年1月31日通过圣主教公会下达。同时还说明，日后遇不明之事使团团长可按惯例请伊尔库茨克主教定夺。准确地说，遇经费不足情况时使团团长可以找伊尔库茨克主教，后者应当立刻满足前者的要求。谕令中确定在北京的年限为7年（不包括来回路程），要求修士大司祭要"想方设法学习中国当地的语言"。圣主教公会给使团配备了多种书籍，如巴罗尼书，《教会法汇编》（11卷），斯捷潘·亚沃尔斯和马克·安东尼反教史，识字课本，字母课本，日课经和圣诗集各50本，教理问答10本，长祷时唱诗应和仪式等。使团成员自己还带了各种书籍和学习课本，这些书后来都留在了使团。

此后，经圣主教公会与外务委员会沟通，1743年2月14日，俄国枢密院致北京朝廷的推荐书交给了第四届使团。其中按照常规，为使团成员请求保护和自由。在给使团团长的特别训令中说，使团团长应将俄国枢密院的推荐书转给北京朝廷，此事应听从辅祭约瑟夫的意见。因为"他在北京生活多年，懂汉语，忠实善良，赢得了中国部员的尊重和信任"。后来约瑟夫也是因此被留在北京。接着，训令中提到学生："他还需严密监督所有那些学生勤奋学习满语和汉语，学会书写，生活上应当忠厚持重。关于他们的学习、使团的情况，以及发生的一些意外事件，要客观地向外务委员会报告。"这里还提到让两名或几名学生学习日语。如果在北京找不到教师，那就把他们派到离日本近的城市，或者就派到日本去。最后设想向雅克萨俄罗斯人教堂派一位有经验的教士，让他就住在教堂。

使团于1743年10月12日抵达伊尔库茨克。时任伊尔库茨克省长的朗格（Ланг）于11月18日向库伦章京知会新使团之事。色楞格斯克要塞司令雅各比（Якобий）将朗格发来的函件转往土谢图汗(Тусетухан)处。信使于12月1日由库伦返回说："按1728年条约，俄国枢密院派出的神职人员应随商队前往北京，由是新使团的修士大司祭和神职人员、教堂服务人员入华之事受阻。"因此已抵色楞格斯克的第四届使团只好回到伊尔库茨克，等待下一步命令和下一批商队。按1744年3月5日西伯利亚衙门的指令，将向中国派出第5批商队，任命八等文官格拉西姆·列布拉托夫斯基（Герасим Лебратовский）为商队队长，以前他曾是伊尔库茨克唱诗班歌手。春天时第四届使团再次来到恰克图，5月2日修士大司祭格尔瓦西主持了庆祝俄国与瑞典战争结束的隆重祷告仪式。列布拉托夫斯基到达后使团于1745年9月1日过境。由于马匹不好，赴华一行在蒙古草原上的行进速度奇慢，只好在途中花500卢布又购买了一些马匹。直到1745年11月27

日，商队才抵达北京。

按以往情况，俄罗斯人在欢迎仪式中进入北京城：城楼上士兵列队张旗，敲锣打鼓。12月15日商队队长和修士大司祭携使团全体成员应召入理藩院，交确认身份文书。在察看第四届使团成员介绍文书之后，北京方面只允许10人留驻北京，其中包括3名教堂服务人员：卡尔波夫（Карпов）、谢苗诺夫（Семенов）和伊万诺夫（Иванов），还包括阿列克谢·斯莫尔尼茨基（Алексей Смольницкий）。修士大司祭想将3名年迈的执事和3名教堂杂役留在北京，但理藩院接收的人数不超过两人。商队队长列布拉托夫斯基1746年6月6日离京时将两名学生阿列克谢·弗拉德金和伊万·贝科夫带回。

新一届使团成员面临的使团破败衰落，他们照例尽最大可能改善局面，不过，这也不能使他们摆脱单调的生活，也不能使他们的后继者不再面临使团管理的全面衰落。第四届使团登记了财产，甚至还做了收支账簿。自1735年开始的使节交涉一事也走向衰落，其一般事务很快在商队到来之前被中国人一方接管。使团成员的住处也非常糟糕：修道院院子里的司祭和辅祭的斗室没有天花板，没有火炉，以纸糊窗。根本没为修士大司祭设内室，使团团长只能随便找地方住。后来雅克萨俄罗斯人教堂渐渐被东正教传教士控制，在教堂附近扩大了一点地盘。但在第四届使团期间还没有俄罗斯传教士住在雅克萨俄罗斯人教堂，只是定期在此举行祈祷仪式，雅克萨俄罗斯人教堂的管理和活动都由年迈的雅克萨俄罗斯人列昂季(Леотий)负责。只在第五届使团期间这座教堂才同奉献节教堂和墓地一起得到修缮。

第四届使团的活动，除在祈祷方面延续以往使团做法外，还因使团成员品行端正和他们的个人才能而突出，如他们很快掌握了汉语口语，因此圣主教公会甚至允许在北京的司祭听取东正教信徒的忏悔。生活的现实却与宗教生活秩序相背：语言技能尚显不足，7年的驻留时间还是太少。久居遥远偏僻之地对于东正教传教士来说构成了很大困难。只有在夏天才能去郊外，其余时期只能面壁而坐。清明节时他们去雅克萨俄俘和来华俄罗斯人墓地进行追祭。与雅克萨俄罗斯人相处得并不融洽，雅克萨俄罗斯人甚至不把自己教堂的钥匙交给俄罗斯传教士。这一时期没有关于雅克萨俄罗斯人教民情况的直接消息。从时间上相近的第五届使团团长的密报中可以看出情况令人失望。异教对在中国环境中出生和成长的俄罗斯人后代影响强大。他们的道德力量完全不足以对抗北京生活的不利影响。这种影响是如此之强，以至于影响到使团成员本身。使团司祭约伊尔、辅祭约瑟夫、学生尼基塔·切卡诺夫和安德烈·卡尼亚耶夫(Андрей Каняев)都是因此而死（时间分别为1747年4月21日、1747年10月13日、1752年11月13日、1755年2月23日）。

尽管列布拉托夫斯基在北京期间学生们仍旧寻欢作乐，但他们在学习上的成就也是显而易见的：继续编汉语词典和语法书，练习口语，为翻译事务做准备。他们还打探到对于俄国很有用的秘密情报。绍库罗夫（Шокуров）少校1743年在北京时，将学生伊万·贝科夫（Иван Быков）和阿列克谢·弗拉德金（Алесей Владыкин）带往理藩院当翻译。阿列克谢·列昂季耶夫（Алексей Леотьев）和弗拉德金被认为是18世纪汉满语词典的主要编者。外交部在1755年2月6日的指令中特别指定：两名学生之———萨赫诺夫斯基（Сахновский）留在恰克图海关，另一名派往外交部。被派去学习语言的学生，在华生活12年期满后回到俄国。新一批商队的队长阿列克谢·弗拉德金1755年在京，向俄国枢密院提交了中国各省地图和北京地图，并介绍，地图是从翰林院描画而来，为此花了1500卢布。第四届使团学生阿列克谢·列昂季耶夫（1786年去世）在北京收集了很多汉语和满语资料，后来在俄国科学院担任翻译时在很多作品中研究了这些资料。

北京政府不禁止基督教传教士相互交往，但与天主教传教士相比，他们更偏爱于东正教传教士。中国人没有放弃摆脱耶稣会士的念头，建议俄国东正教使团承担起耶稣会士所承担的那些学术职务，如在天文、物理、数学、机械、音乐、医生等方面的职务等。但俄罗斯传教士，尽管他们中间不乏有此类才能的人，但大都拒绝了类似的建议，只同意在建于1758年的俄满学校里担任俄文教习，同意在理藩院担任外交文牒翻译。尽管条件还不成熟，但这一时期的东正教使团已经开始首次尝试回顾自身在北京的18年经历。北京东正教使团历史的第一位作者的名誉应归于司祭费奥多西·斯莫尔热夫斯基（Феодосий Сморжевский），他的著作在第十一届或第十二届使团之前一直保留在北京，后来使团中有人收起并带回俄国，此后一直保存在私人手中。其摘录发表于维谢洛夫斯基（Н.И.Веселовский）出版的《俄国在华传道团史料》（Материалы для истории Российской духовной миссии в Китае）（СПб., 1905. С.65-71）。见过费奥多西手稿的达尼尔神父（о. Данилл），把这份手稿称为"记事簿"。依作者那过分敏感的性格，记录使团历史的笔触刻薄，所描述的大都是东正教传教士生活的阴暗面。

笔记最后是斯莫尔热夫斯基的亲笔："有罪的司祭费奥多西·斯莫尔热夫斯基完成本书于1751年1月22日，时年36岁。"

费奥多西·斯莫尔热夫斯基的第二个作品《中国的耶稣会士》（Об иезуитах в Китае），共100节，发表于《西伯利亚通报》（Сибирский Вестник）第19期和第20期。这是一篇评价在中国的耶稣会士的状况的非常有价值的文章。

原定任期7年的第四届使团在北京驻留了10年。到1755年之前，第四届使团的成员活着的只剩下了修士大司祭格瓦尔西、司祭费奥多西和教堂服务人员索宗·卡尔波夫、基里尔·谢苗诺夫和阿列克谢·斯莫尔尼茨基。1754年12月23日第五届使团随弗拉德金商队抵达北京后，第四届使团于1755年6月4日随弗拉德金离开北京，于9月5日抵恰克图，1756年年初回到彼得堡。

为表彰第四届使团成员在北京的工作，奖励他们的本分生活（有中国人亲自证明），格瓦尔西被任命为佩列亚斯拉夫尔教区主教，1757年7月27日在首都的彼得和保罗大教堂（Церковь Петра и Павла）完成按手任职仪式。俄国教会史上认为他是一位难得的牧人（1769年12月22日去世）。司祭费奥多西与团长和解后升为修士大司祭，住持斯帕斯-谢夫修道院，于1758年在那里去世。

八、第五届俄国东正教驻北京使团
（1755—1771）

　　1751年就着手以新使团接替第四届使团的工作，但由于各种情况的出现，这一工作拖延了很久。1753年3月9日圣主教公会确定向中国派出以阿列克谢·弗拉德金为队长的商队，同时要求宗教领导层不要错过派出新使团的时间。

　　从圣主教公会档案馆查看了以往派往中国的使团的情况后，莫斯科斯拉夫-希腊-拉丁语学校的诗学教师、司祭阿姆夫罗西（尤马托夫），被推选为新一届使团的团长。阿姆夫罗西生于1717年，莫斯科人。他在莫斯科神学院学习10年后，又在该校担任教师8年。阿姆夫罗西稳重平和的性格特点对他在新岗位上的工作很有帮助。阿姆夫罗西神父的睿智首先表现在使团成员的挑选上，减轻了领导使团的困难——使团成员几乎全由莫斯科组织挑选。使团构成非常合理。他在致圣主教公会的密报中请求任命如下人员为使团成员：自愿前往中国的伊康救世主修道院管理财务的男修士、司祭索夫罗尼（阿吉耶夫斯基）（Софроний, Агиевский）；生活本分节制的新救世主修道院辅祭谢尔盖；从莫斯科神学院学生中选拔的教堂服务人员：演讲班的斯捷潘·齐明（Стефан Зимин）、各方面都比较好且有去中国愿望的诗学班的伊利亚·伊万诺夫（Илья Иванов）和阿列克谢·达尼洛夫（Алексей Данилов）。圣主教公会认可了这些人，并提出请曾在喀山主教区受训的司祭西利维斯特尔[斯皮钦（Сильвестр, Спицын）]担任使团的第二名司祭。和他在一起的还有他的儿子格里高里，再加上两名杂役。这样，新使团确定人数为14人。圣主教公会于1753年6月11日发出使团换班令。

　　按照惯例，第五届使团应隶属于最近的伊尔库茨克主教辖区，使团团长应向伊尔库茨克主教发去报告，并就一些需求和宗教事务上的不明之处请伊尔库茨克主教察定。

　　1753年6月14日，新构成的第五届使团在圣主教公会办公厅集合，并宣布，使团将前往北京。前往北京一事并没有这么快实现。将曾为圣主教公会财务管理人员使用的双驾马车和马倌配备给新任使团团长。马车存放在圣主教公会的院子里。圣主教公会又下令允许从保存在圣主教公会圣器室的已故神职人员留下的物品中，授予阿姆夫罗西神父一枚带银链的十字架。另外还拨发了识字课本、日课经、赞美诗集各50份，教理问答10份，一些表格和成绩单、《圣经》、约翰·兹拉托乌斯特（Иоанн Златоуст）的11卷拉丁文著作、圣油。这时圣主教公会接到外务委员会的密报（1753年7月31日），说第五届使团人数太多，担心会发生以往多次发生的事——多出来的成员被从北京遣回。但阿姆夫罗西神父请求上司保留使团全部人选。

1753年8月24日，在亲人、朋友的祷告和祝愿中，使团从莫斯科动身，于9月12日抵喀山，21日再从喀山动身，10月8日抵索利卡姆斯卡娅，宿于主升天修道院，等待冬季到来以便乘雪橇上路。11月7日使团再次启程，24日抵托波尔斯克，宿于托波尔斯克主教西利维斯特尔（Сильвестр）的府邸。12月14日从托波尔斯克出发，22日抵图拉，在图拉度过节日，28日继续赶路。1754年1月11日抵托姆斯克，驻留阿列克谢耶夫修道院，直到1月30日。2月9日抵克拉斯诺亚尔斯克。2月28日，使团到达伊尔库茨克，拜谒了主教索夫罗尼（Софроний）。3月24日，使团顺利越过贝加尔湖，赶到色楞格斯克。在这里，边防办公厅为使团准备过蒙古草原的车辆、马匹和管理使团车队的人选。5月4日，派往北京的4名大学生来到色楞格斯克，已经给他们备好皮货形式的4年费用，因为以往的学生由于费用发放不及时，导致向外国教会借款300卢布。9月15日，商队携使团由恰克图出发入华，于1754年12月23日抵达北京。12月29日，商队队长向理藩院提交了俄国枢密院的推荐函件。1755年1月26日，俄罗斯馆开放持续数月的易货贸易。理藩院接受了修士大司祭阿姆夫罗西带来的关于使团的公函后，只将6人留在北京，3名杂役和3名教堂服务人员和往届使团的学生及新派来的学生都被中国政府遣回俄国。

新任使团团长收到修士大司祭格尔瓦西交给的1432两白银，用于教堂花销和修道院修缮。1756年修建了修士大司祭的俄式净室（在教堂南面）。同一年为每位司祭分配了住房，一排3间（教堂北侧），房上盖了新瓦，房间内部装上天棚和木板壁，并略行装饰，安上了中国式的地炉。后来在1757年又为教堂诵经士修建了5间石屋。1769年还为来访的俄罗斯人修建了2间石屋（在使团驻地院子里）。教堂和净室的窗上安装了已故辅祭约瑟夫留下的云母。后来在1757年（在钟楼西侧）还打了一口井，井壁砌了砖，井很深。井的周围以石头自然铺平，教堂四周种上了雪松。1760年，修建了烤圣饼食堂用面包的面包房，也是石建筑。两间厨房、一个浴室、一个马房，都是石建筑。甚至放杂物的棚子也是石头搭的，很大（在掌院房间后面）。1764年搭建了教堂两旁与弟兄净室相隔的石墙。院内的小路都用碎石和砖铺平，花园里栽种了37株葡萄树，为了架葡萄又搭建了17根石柱。又在院子里种植了多种树木。

在修建南馆的同时，阿姆夫罗西也重视雅克萨俄罗斯人教堂。到第五届使团时，雅克萨俄罗斯人教堂也完全转给使团管理。1755年将用于修补教堂墙壁的80卢布交给了管理雅克萨俄罗斯人教堂的费奥多尔·雅科夫列夫。10年后这个教堂破败，只好重新翻盖，在教堂内部和食堂里也安上了木板天棚。1764年在这里还建了一座木制钟楼，钟楼内挂着4口钟、两副铜锣，用于祈祷前敲钟。同一年，第一次修建了石院墙（20俄丈长、10俄丈宽），从西、北、东三面相围，南面则是3间旧的石屋，司祭和教堂服务人员诵经时住在这里。这些房间都是1765年重新修建的。那一年在大门两旁还修建了两间石房。在教堂的前院栽上了4株葡萄树和其他一些树木。最后，修士大司祭阿姆夫罗西将教堂钥匙从雅克萨俄罗斯人那里收了过来，教堂内的物品也记入俄国东正教驻北京使团财产的总记录。尼古拉教堂有3套院落，都是按遗嘱捐赠给教堂的。

第五届使团到来之前，雅克萨俄罗斯人对东正教信仰感觉淡漠，俄罗斯佐领中的大部分雅克萨俄罗斯人都没有领洗。修士大司祭阿姆夫罗西想尽办法，通过相同出身的已领洗翻译，以雅克萨俄罗斯人的祖辈和父辈为例，规劝引导未领洗的雅克萨俄罗斯人。就这样，在雅克萨俄罗斯人中有男女共35人皈依。在18世纪70年代，教堂的俄罗斯佐领中有雅克萨俄罗斯人后代50人，全部为教徒。其中有15人通斯拉夫文，在教堂祷告中唱诗和诵经。17年间，修士大司祭阿姆夫罗西为满人和汉人共220名施洗，1755—1763年留下了履行基督教忏悔和圣餐义务的记录：

"1768年罗马公教遭驱逐，在上帝的眷顾和保护之下，中国政府没有反对雅克萨俄罗斯人信奉的我们的希腊-俄罗斯宗教，因为中国政府很清楚，这些人本来就是俄罗斯人的后代，他们和别的满人、汉人信徒去教堂唱赞美诗是很安全的。1768年博格达汗降下一道非常恐怖的禁令：所有的满人、汉人、蒙古人、朝鲜人，一律不得信奉外国信仰，否则酷刑论处。但一切还都基本正常。这样严厉的措施只保持了一年，后来又有10人毫无顾虑地受洗，因为一些部员执行禁令并不严厉，对罗马教的侦讯也已停止。与有名望的人真诚谦和地交往，也帮了修士大司祭阿姆夫罗西的大忙，这使他能够以后仍然这样传播基督教信仰。"

第五届使团在京期间发生了很多外交问题。大俄罗斯人、过去使团的团长和成员，如弗拉德金、列昂季耶夫、萨赫诺夫斯基等第一次参与解决这些外交问题。特别是《尼布楚条约》后几乎持续了近70年的关于允许在阿穆尔河自由航行的问题。尽管一些问题的解决对俄国不利，但当时的情况和他们的做法明显表明对于东正教使团派驻北京是有利的，确定了日后使团活动仍将按这一方向。这里还应提到使团学生的杰出作用。使团学生的作用对俄国十分有利，以至于引起了北京理藩院的不满，因为理藩院把他们这些了解中国外交事务体系的行家看成危险人物。

阿姆夫罗西神父因其才能和个性而在这一时期发挥了重要作用。按齐明的话说，"在中国首都没有俄国公使馆，但俄国修士大司祭代替公使馆与理藩院交往。理藩院的一些官员，还有别的部门的官员，在一些重要的日子、大的节日，经常来俄国使团院子里观看教堂的一些仪式。修士大司祭为了俄国的荣誉和欢乐，出钱请他们吃圣饼，对一些重要的人物还经常赠送一些俄国特色物品。这样的接待和礼物就花去了修士大司祭不少钱"。当时中国政府对俄国没什么好感，所以要求修士大司祭有很高的理解协调能力，以弱化中国不断增长的不满对俄国的威胁，平息北京政府不合适的、过分的奢望。使团团长全力维护自己祖国的利益，多次引起中国政府对他的不满并迁怒于使团。

修士大司祭在1755年12月21日给圣主教公会的报告中提到，给使团带皮货以代替薪俸很不方便。中国人收买皮货所给的价格连一半价值都不到。另外，皮货只有通过商队才能带来，而1754年已经停止向北京派商队，所以1758年就没能给使团发下一阶段的薪俸。这时中国边境驻防人员不仅不接收捎往北京的皮货，甚至连公函也不接收。由于俄国在很多事务上都不同意中国朝廷的看法，所以也就不能再向北京派信使。于是外务委员会下令通过其他商人担保将商品交给中国商人，由他们在北京把商品折成钱。色楞格斯克的管理者也试过以这种方式转交，但也没成功。最后决定请求蒙古边境管理者把皮货带到北京，哪怕只带一年的也行。此时商队也改派私人的，派愿意去中国的人去。尽管如此，自1758年至1762年，薪俸也没能发往北京。

这一时期北京的俄罗斯传教团情况非常糟糕。由于俄国人没把越境逃人交给中国方面，博格达汗下令自1759年起关闭住着东正教传教士的俄国修道院，致使东正教传教士无处可去。另外，还对他们实施严密的监视，使团驻地大门上贴着告示，威胁说中国臣民胆敢进入这个修道院者，将获死罪。不知道我们的传教士被监禁了多久，很可能他们直到从看守士兵手里收到俄国政府的信函时才获得自由。

1762年8月28日叶卡捷琳娜二世登基以后宣布，将向中国派出一个大使团。此信息传达给信使科罗波托夫（Кропотов），并就此事为他制定特殊的训令。10月，科罗波托夫从莫斯科出发，带着叶拉契奇（Елачич）随行，随行者还有莫斯科大学的彼得·雅吉莫夫（Петр Якимов）。从色楞格斯克管理者处拿到作为修士大司祭及其属下的薪俸的皮货（折合金额11050卢布），科罗波托夫进入中国。他改路前往博格达汗正在围猎的热河，商队则带着辎重直奔北京。在向博格达汗请奏之后，科罗波托夫得到以傅公为首的中国大臣的接见。傅公告诉俄国信使，北京愿意接待俄国派来的使团。科罗波托夫见机又奏请在北京变卖官配皮货，并将所得银两交给俄国神职人员。他的想法获得应允并为他专门指派了一名官员，科罗波托夫随同这名官员于6月28日抵达北京，修士大司祭一行人的境况好转起来。

俄国信使在北京的滞留时间并不长，傲慢的满人处处压制科罗波托夫。离开时理藩院没给他回函。这种情况一直持续到1767年，这时中国人主动提出希望恢复关系。大尉科罗波托夫和他的秘书阿列克谢·列昂季耶夫第二次被派往北京理顺两国关系，其结果是签署了一个单独的备忘录（1768年10月18日），这也可看作1728年条约的补充条款。1764年理藩院对于使团轮换之事未作任何回复，已准备入境的新使团在边境争端结束之前未能派出。同时，圣主教公会向外务委员会声明使团需要换届。外务委员会直到1767年5月26日才告知圣主教公会，说与中国人的关系很快会好转，建议着手准备新使团。在期待新使团到来的过程中，第五届使团的成员渐渐地、一个接一个地走向了坟墓。第一个去世的可能是辅祭谢尔盖（1768年9月30日，时年54岁），之后是司祭索夫罗尼（1770年7月30日）。最后，使团团长的强健肌体也支撑不住了，阿姆夫罗西神父于1771年7月1日去世，时年54岁。他墓碑上的话没有丝毫的夸大，说自

1754年起"17年兢兢业业为教堂圣务及所有对祖国有益之事大量工作，以自己的言辞、建议、决断和具体实事为每一个人提供各种帮助"。按照传统，墓碑由他的北京朋友、耶稣会士安放，并在墓碑的背面刻上了中文祭文。在使团团长之后去世的是教堂执事阿列克谢·达尼洛夫（Алексей Данилов）。就这样，最终回到俄国的只剩下了两名成员：司祭西利维斯特尔（斯皮钦），1773年3月7日在伊尔库茨克去世；教堂执事斯捷潘·齐明，以教名尼康（Никон）发愿进入圣三一谢尔盖修道院，后来升为辅祭。

九、第六届俄国东正教驻北京使团
（1771—1781）

在外务委员会第一次通知选拔新使团合适人选的3个月之后，1767年8月27日，圣主教公会令任命圣三一谢尔盖修道院的德语和法语教师、辅祭尼古拉·茨维特（Николай Цвет）（小俄罗斯人）担任使团团长。8月29日尼古拉·茨维特在莫斯科升为司祭，9月8日升为修士大司祭。之后新任团长在10月8日的密报中请求任命他挑选的如下人员进入使团：新救世主修道院司祭伊乌斯特（Иуст）、顿河修道院辅祭约安尼基（Иоаннитий）和尼基福尔·卡列诺夫斯基（Никифор Каленовский），还有基辅市民之子谢苗·茨维特（Семен Цвет）和谢苗·基谢列夫斯基（Семен Килевский）作为唱诗班成员。圣主教公会1767年10月29日确认了这些人选后，拟派第六届使团成员，将一名有才能的辅祭提升为司祭，这样就选定了辅祭约安尼基。鉴于上一届使团的情况，本届使团预发薪俸，请求参政院以俸银代替皮货，预发5—6年的费用。按照惯例，新使团应受辖于伊尔库茨克主教[索夫罗尼·科里斯塔列夫斯基（Софроний Кристалевский）]。使团的工作守则依上一届使团例。

1767年12月8日，圣主教公会令任命尼古拉·茨维特率众替代第五届使团，准备启程，薪俸依1753年6月11日确定的标准。决定批准修士大司祭阿姆夫罗西的请求，随商队带去俸银。按圣主教公会的意见，必须给新一届使团提前一年发放俸银，"他们在离俄前要生活，从莫斯科动身和接下来的遥远路途都需要一些生活用品，像以前那样发500卢布，阿姆夫罗西神父那届使团就是这样，返回俄国时也应发放"。最后命令中要求必须像往常一样换公函和国书。上一届经费充足，富余1700卢布。因为不许带钱币入华，所以使团必须在边境地区把皮货卖掉，换来的钱压成银锭带往北京。在收到最后的指令——关于财产和北京教堂交接程序的指令和制订建设预算等指令后，使团沿以往使团所走的路线启程赴华。抵达伊尔库茨克后，在那里为等待过境滞留了两年多。

为了第六届使团过境一事，1770年12月30日，最高圣命向伊尔库茨克省长布里尔（Бриль）少将发出了一道敕令："已故上校科罗波托夫建立了与中国方面的友好和睦关系，同中国人约定向北京派出商队，新使团与商队随行，其中有4名学习语言的学生。现应恢复这种关系。"但由于当时商队的准备尚显不足，而伊尔库茨克和西伯利亚其他城市没有足够数量的商品，还有其他一些暂时无望解决的事情（商人在边境地区售卖），省长命令不等商队齐备，直接将使团派往北京。女皇的敕令要求将皮货在边境变卖成中国银钱，被任命为使团护卫官的官员瓦西里·伊古姆诺夫却决定在北京变卖皮货。

在与北京联系的过程中，使团成员司祭约安尼基去世。由于两名教堂服务人员不愿加入使团，只好另选了两名伊尔库茨克执事——伊万·格列别什科夫（Иван Гребешков）和彼得·罗吉奥诺夫（Петр Родионов）代替他们。这时使团已经到了边境等待过境。除护卫大尉伊古姆诺夫外，给使团派出的人员还有1名舌人、3名哥萨克和12名工作人员。1771年9月4日，使团坐着雇来的大车过了境，11月8日抵达北京。伊古姆诺夫在这里将运来的皮货变卖，得到足足30000卢布，他用这些钱为使团提供了足足5年（即从1772年到1776年）的俸银。然后，伊古姆诺夫就回到了恰克图，带回的却只有第五届使团的两名成员——司祭西利维斯特尔和教堂服务人员齐明。

新使团找到一些完整的教堂用书和圣器，但非常陈旧，特别是司祭的法衣、辅祭的法衣、圣餐布和主教金冠。修士大司祭以自己和使团成员的名义报告了这件事，并上呈第五届使团的收支账簿。修士大司祭用汇来的修缮资金和教堂收入稍作修补，但很快又不行了。

第六届使团和往届使团一样有5块耕地，这些地都用于出租。在中国地主出租耕地可以稳定地收取地租，并且他人不能以钱财将地赎走。这使使团在收取地租一事上减少了不少麻烦。

总的来说修士大司祭尼古拉承续着其前任的事业，尽管工作上尚无特别闪光之事。他为24名男女施了洗，登记簿转交给了他的继任。由于经常关注牧教，他不能分出足够的时间与中国大臣交往，所以关于中国的事务他几乎一无所知。中国人甚至不允许他们在理藩院跟遇到的俄国逃人说话。但是学生们（阿加福诺夫、巴克舍耶夫、帕雷舍夫）都了解到一些情况，他们3人编写了《秘密事件、想法、事情、变化记录》（Журнал секретных действий, намерений, случаев и перемен），其中介绍了中国和外国的争战、在甘肃省和山东省的起义、1779年恰克图贸易的终止，介绍了汉官从其自身利益出发而请求开放贸易。记录中说，学生每月第一天去理藩院领取廪银，这时能了解到各种新闻，他们趁机询问被卡尔梅克人扣留的上尉亚历山大·杜津的事和俄罗斯逃人的事。

圣主教公会1780年4月13日令，通知修士大司祭尼古拉，组建以修士大司祭约吉姆（Иоаким）为首的第七届使团，允许第六届使团回国。新使团于1781年11月2日抵达北京。修士大司祭于1782年5月13日随监督官瓦西里·伊古姆诺夫（Василий Игумнов）的商队离开北京。一起回到俄国的有鳏居的神职人员约安·普罗托波波夫（Иоанн Протопопов）、唱诗员罗吉奥诺夫，还有3名学生：阿加福诺夫、巴克舍耶夫和帕雷舍夫。一行人于7月22日到达边界。修士大司祭尼古拉因病离队在这里住到9月6日，于9月27日到达伊尔库茨克，1783年年初到达莫斯科。然后，按之前允诺的，由莫斯科前往基辅朝圣。1784年10月23日在基辅的基里洛夫修道院院长任上去世。司祭普罗托波波夫以教名伊利亚发愿，1799年在伊尔库茨克主升天修道院院长任上去世。唱诗员罗吉奥诺夫于1815年在伊尔库茨克附近的库德林教堂司祭任上去世。

至于3名学生，他们在北京得到1779年的廪银，在伊尔库茨克得到1780年和1781年的廪银。这时他们已不再是小孩子，被任命为外务委员会的翻译，开始在伊尔库茨克省长手下工作。其中的巴克舍耶夫，在列昂季耶夫去世后，于1786年被召到彼得堡，1787年5月18日在那里去世。阿加福诺夫接替这个职位，成为列昂季耶夫和巴克舍耶夫的合格继任者，出版了不少译自汉语和满语的作品。

十、第七届俄国东正教驻北京使团
（1781—1794）

  1778年10月26日，圣主教公会令请求外务委员会替换旧使团。圣三一亚历山大涅瓦修道院司祭约吉姆·希什科夫斯基（Иоаким Шишковский）于1780年2月17/21日（此处原文如此——译注）被圣主教公会确定为第七届北京使团团长。

  约吉姆生于波兰沃伦县皮亚蒂戈列茨村，主降生教堂神职人员之子。最初在基辅神学院接受教育，后来从哲学班前往彼得堡学医。发现自己不适合这个专业后，他回归禅学，成为亚历山大涅瓦修道院的见习修士并在这里发愿，曾任修道院各种职务。为履行新职，1780年3月8日，约吉姆被提升为修士大司祭。3月23/31日（此处原文如此——译注）圣主教公会将他调往莫斯科，通过莫斯科圣主教公会办公室组建使团。6月16日圣主教公会办公室报告发往彼得堡，将顿河修道院司祭安东尼·谢捷尔尼科夫（Антоний Седельников）选入使团。在安德罗尼耶夫修道院，主教普拉东（Платон）也选到了另一位使团成员——司祭阿列克谢·鲍戈列波夫（Алексей Богоолепов）。在圣三一修道院选到了修士伊兹拉伊尔（Израиль）担任辅祭。莫斯科神学院和圣三一学院的学生作为使团的教堂服务人员和随团学生。服务人员有：伊万·奥尔洛夫（Иван Орлов），15岁，格鲁吉亚的格奥尔吉耶夫斯基教会尼基茨堂工友安德烈·斯捷潘诺夫(Андрей Степанов)之子；谢苗·尼古拉耶夫·索科洛夫斯基（Семен Николаевич Соколовский），来自诺夫哥罗德谢维尔斯基市，是斯塔罗杜布茨基团诺夫哥罗德连的哥萨克尼古拉·索科洛夫斯基（Николай Соколовский）之子。使团学生有：莫斯科神学院哲学班的叶戈尔·萨列尔托夫斯基（Егор Салертовский），弗拉基米尔教区布鲁托夫斯基村圣堂工友之子；圣三一学院哲学班的大学生伊万·菲洛诺夫（Иван Филонов），斯摩棱斯克教区哈特科瓦村神职人员之子；安东·戈里高利耶夫·弗拉德金（Антон Григорьев Владыкин），亚洲人；普拉东主教的唱诗人阿列克谢·彼得罗夫·波波夫（Алексей Петров Попов）自愿作为学生加入使团，19岁，克鲁季茨教区神职人员彼得·雅科夫列夫之子。

第七届使团组建完成，参政院于1780年6月19日向外务委员会确认，圣主教公会于6月22/25日（此处原文如此——译注）确认。使团守则在1734年守则的基础上略作调整。

作为上司机构，外务委员会为第七届使团提供了能想到的所有物品，之后于1780年9月4日向圣主教公会报告，说修士大司祭约吉姆已经从外务委员会派出。但由于各种事情的耽搁，使团从莫斯科动身的时间为1780年10月14日，1781年1月5日才抵达伊尔库茨克。修士大司祭在此收到伊尔库茨克省长为使团成员提前发放的半年廪银。学生们在莫斯科时从总办公厅领取了一年的费用。伊尔库茨克的米哈依尔主教为使团提供了圣油和两块圣餐布。为了消除疑虑，使团最后于1781年8月23日过境，11月2日顺利抵达北京。修士大司祭约吉姆将推荐公函交给了理藩院的3位官员。

接着，新任团长着手接收旧使团的教堂财产。第六届使团交给约吉姆1433卢布80.5戈比。最后，在尼古拉教堂，在第一次见面和在主日礼拜时，新任团长看到的居民只有12名男子和2名女子，他们早已疏于忏悔和行圣餐礼。

约吉姆在北京期间与同伴一起经历了东正教在中国的100周年。这件使团生活中的大事却没进行任何特别的庆祝，使团成员甚至没有提到开始进入第二个百年并度过了第二个百年最初的10年。修士大司祭约吉姆编写了奉献节教堂和尼古拉教堂的圣器清单，这是第七届使团进入东正教在华第二个百年时的唯一纪念。这份清单是表现18世纪末使团状况的珍贵资料，写在一刀纸上，共59张。其中的书目说明使团的祈祝祷用书完全有保障，也反映出东正教传教士的世界观和他们在京的第一个百年间的活动。

在使团成员司祭阿列克谢看来，第七届使团生活平静，没遭遇中国人对俄罗斯人的指责和非难。欧洲的消息也传到中国人这里，如关于占领奥恰克夫。博格达汗希望同俄国建立和平关系，所以中国政府一直厚待东正教传教士，每月发廪银，每三年发放置办衣裳的官俸，可支银，也可支麦，每月初一日足额发放。俄罗斯人也可以离开俄罗斯馆去他们想去的地方，如沿着城墙去北京郊区，出城30俄里有温泉，出城20俄里就是通州城，南方来的商船在这里停靠。各色人等一律可以不受限制地来俄罗斯使团驻地。随团学生向翻译筼秦了解贸易之事，也经常被叫到郊外的皇宫圆明园翻译外国来的文书。

俄罗斯传教士的生活总的来说是闭塞的。司祭阿列克谢在报告中说："在北京，在修士大司祭约吉姆的领导之下，无法搞到对祖国有用的信息。"这是使团团长的事，外交部的工作守则规定了他的职责。修士大司祭约吉姆只要求司祭履行分内职责。各种信息从京报和光顾使团的耶稣会士那里获得。

十一、第八届俄国东正教驻北京使团
（1794—1807）

　　第七届与第八届使团的接替由世俗机构而始。外务委员会得到同中国人恢复友好和睦关系的消息后不久，1792年5月10日，女皇听取了议会关于替换在中国的东正教使团并派出新一批学生以进行汉学训练的报告。8月20日外务委员会就这一问题同圣主教公会商议，建议从莫斯科的神学学校中选派3名学生或大学生，再从外务委员会中选派1名。接着又受命选派使团成员，最后是选派团长。1792年8月23日，圣主教公会收到彼得堡教养院督学帕维尔·加缅斯基（Павел Каменский）的请求，希望把自己作为大学生派入使团。"为了国家的利益"，最终决定从位于伊尔库茨克交通线上的喀山选派使团人选。喀山教区主教签发了使团名单：

　　1.喀山谢德米耶捷尔斯基圣母堂司库、司祭伊耶谢（Иессей），46岁，喀山总督管区斯帕斯基边区卡列尔斯基村人，母亲寡居，去世的父亲是教堂执事。

　　2.喀山拉伊夫斯基堂司库、司祭瓦尔拉阿姆（Варлаам），48岁，来自喀山总督管区，父亲为米罗诺西茨基教堂的服务人员。

　　3.喀山谢德米耶捷尔斯基圣母堂辅祭瓦维拉（Вавила），43岁，来自喀山总督管区斯维亚日斯基边区的新村，母亲寡居，去世的父亲是教堂执事。

　　4.喀山神学院演讲学学生瓦西里·鲍戈罗茨基，20岁，斯维亚日斯基边区下乌斯洛区，教士特罗菲姆·德米特里耶夫（Трофима Дмитриев）之子。

　　5.喀山神学院演讲学学生科济马·卡尔津斯基（Козьма Каргинский），16岁，奇斯托波尔边区教堂执事之子，被任命为使团的教堂服务人员。

　　6.诵经大学生、喀山神学院传信教师卡尔普·克鲁格洛波洛夫（Карп Круглополов），20岁，乌法总督管区门捷林斯基边区教士伊利伊·德米特里耶夫（Илия Дмитриев）之子，被任命为使团大学生。

　　7.喀山神学院大学生斯捷潘·利波夫措夫（Степан Липовцев），22岁，萨马拉总督管区萨马拉边区里波夫卡村教士瓦西里·彼得罗夫之子,被任命为使团大学生。

8.喀山神学院大学生、诵经学生伊万·马雷舍夫(Иван Малышев),22岁,喀山总督管区科兹莫德米扬斯基边区教堂执事之子,被任命为使团大学生。

1793年1月24—26日,圣主教公会确定任命辅祭索夫罗尼(格里鲍夫斯基)[Софроний(Грибовский)]担任使团团长是合理的。索夫罗尼是小俄罗斯人,在基辅神学院接受了从低年级课程到哲学课的完整训练。1782年起在莫斯科学习医学,并在莫斯科医院工作,但由于不喜欢医学而进入莫尔昌索夫罗尼耶夫教堂发愿入圣。后于1787年来到莫斯科,被莫斯科神学院录取。1790年起在莫斯科大学教堂教授他少年时就学习的福音传布。按1793年1月27日诺夫哥罗德主教卡夫里尔签发的圣主教公会令,索夫罗尼在1月27日担任司祭,1月30日升为修士大司祭。

此后,在1793年1月24—31日间,圣主教公会确定了新一届使团的构成。以沙皇1768年1月17日核准的教产委员会报告(1700卢布)为基础,确定其成员数量。由此把过去在北京的7年正式确定为使团年限。服从使团团长是使团成员的义务。按照惯例,使团团长受就近的伊尔库茨克主教管辖。使团的守则在1734年的旧守则的基础上略有变化。第一条加入了如下要求:"应尽量不允许教徒做不道德之事,以免俄罗斯民族遭受指责。不着下流、不道德之服饰,发愿入圣者不得剃须。"第二条重新规定为:

"入华起努力学会教徒的语言,以便在适当的时机向他们讲解福音真理。尽最大可能宣传虔诚,时刻按福音书中的样子尽心尽力,只用福音书和使徒行传布道,不要以初入教门的人很难理解和接受的那些传说来布道,除非是最急需的、作为道义基础的那些最基本的教义。在这个前提下,保证如下秩序并证明:

1.上帝的存在,他的伟大、完美和创造世界的力量和智慧。

2.灵魂不死,善者入天堂,恶者将把自己交给上帝审判。

3.教规。

4.人的原罪。

5.需要救赎以免遭受上帝严厉的真理审判。

6.需要救世主和证明无罪。

7.关于教会和圣礼。

讲解必须细致，一个真理没有唤起认同和得到坚信之前不要讲下一个真理。每一个真理中的各个部分之间环环相扣，后一个部分是前一部分的结论。讲解教规时要涉及：

1.全心敬爱上帝。

2.摈弃偶像，完全忘记偶像。

3.敬爱上帝之名，任何情况下不发伪誓。

4.敬爱父母；礼拜日和节日往教堂瞻礼，恭敬祷告，听从上帝言辞；不能去教堂时要在家里祷告。

5.爱亲近你的人，不要让他们感到委屈、因受侮辱而伤心，不要给他们带来病痛，尤其是不能夺其性命；相反，尽最大可能为其行善事，同时珍惜自己的生命，上帝认为人无权夺己之命；教人不要酗酒，要勤劳。

6.保持忠诚贞洁，无论是夫妻之间还是夫妻之外。

7.不抢人财物，不偷盗，通过自己的劳动得到想要的一切。

8.不诽谤他人，不撒谎，不欺骗。

9.不忌妒他人财物，不觊觎他人任何物品。

10.履行圣训方能坚守信仰。

11.讲解圣像。牧众不要尊崇圣像为神，而只是通过圣像的画面来记忆圣像上所写所画。通过凝视圣像来理解，不是对着圣像发愿，而是对着圣像上所画发誓。这些内容第一次就应讲解清楚。"

新版使团守则的第三条是这样开始的："接受入教之事需谨慎，不要刻意追求，而要尽全力做行善事之典范，因为恶例不仅会使人拒绝基督教，还会使人堕落。不要接受那些内心不诚恳之人入教。"第七条是关于仁慈规劝不听话的使团成员："对那些违背自己身份、不专注于本分生活、酗酒、行为放荡以及做其他不守规矩之事者，修士大司祭您要毫不姑息，首先应当着您其他属下的面对他们进行应有的训诫说服，其他成员想办法纠正他们的错误。"第九条是："如果修士大司祭您有机会与在北京的耶稣会士或罗马天主教人士碰面或一起干什么事，那么修士大司祭您，要与他们和睦相处，同时要谨慎，在谈话中不要争论信仰、教规等。"

1793年5月12日，修士大司祭索夫罗尼向圣主教公会请求使团必须有图书馆，除教会书籍外，一些圣者阐释《圣经》的书也应配备。圣主教公会于5月13—16日确定向新使团发出如下书籍[①]：

《福音书》（благовестник）

《劝告解文》（Беседы о покаянии）

约翰的《天道指南》（Лествичника Иоанна）

《实迹圣传》（Пролог）

《圣枝主日经》（Поучения на все воскресные и праздничные дни）

《日诵经文》（Краткие поучения на каждый день года）

《圣堂仪物名义志》（о служениии чиноположениях церковных）

兹拉托乌斯特的《实言》（Слова и беседы Златоуского）

《道学简略》（Богословие сокращенное）

《教规略述》（о должностях приходских священников）

《圣教会要课》（Краткое руководство к чтению Свяценное Писание）

圣马卡里《实言》（Слова святого Макария）

《东正教鉴》（Симфония на Священное Писание）

苏尔比齐·谢维尔的《圣史》（Сулпиция Севера священная история）

费奥多里特·基尔斯基主教的《注解圣咏经》（Псалтирь с толкованием блаженного Феодорита кирского）

《时课经》（Алфавит духовный）

《忏悔谈话》（Ифика）

《教理问答》（Катехизис）

《圣德米特里·罗斯托夫斯基行实》（Творения святителя Димитрия Ростовскиого）。

使团成员自己也有一些藏书。后来圣主教公会把使团的图书馆问题交给外务委员会，便不再为此事操心。外务委员会毫不迟疑地把这一条放进了给使团团长的指令中。这份指令与以前发给修士大司祭约吉姆·希什科夫斯基的相近。

修士大司祭索夫罗尼于5月14日离开彼得堡，1793年9月15日到达喀山。1794年1月31日，使团抵达伊尔库茨克，住在韦尼阿明主教处。

根据1793年8月16日女皇给伊尔库茨克省长的御旨，使团的廪银应提

[①] 以下书名参照汉译东正教书名译出。——译注

前3年发放。但修士大司祭索夫罗尼通过外务委员会要求把整个7年的费用一并发放，因为修士大司祭约吉姆的上一届使团，后来由于运送途径出了问题，有5年没有拿到廪银。但外务委员会在这个问题上没有满足使团团长的要求。使团直到9月才开始集合上路。

按《1794年带使团成员和学生前往北京沿途记录》（Путевой журнал о следовании свиты и учеников в 1794 году в Пекин）记载，为使团派出了监督官伊古姆诺夫（В. Игумнов）、舌人诺沃肖洛夫（В. Новоселов），伊尔库茨克市民谢戈林（Ф. Щегорин）担任录事，3名哥萨克护卫，恰克图市民亚吉莫夫（А. Якимов）带15名佣工，一行共32人。使团此行行程顺利：早晨七八点时起床，走上一段路程便要停下休息三四个小时，或午休、宿营，换牲畜或是修理大车。"从恰克图到张家口，一行人和哥萨克护卫对中国接送官的给养供应都很满意，从来没有发生给养不足的情况。从库伦起为抵抗冬天的寒冷天气，给神职人员和学生发放了两顶帐篷。"使团于11月27日抵达北京，这段路途花了近3个月的时间。

1794年12月1日，两位使团团长将带来的准备换取中国银两的官派皮货按质量和价格清点，一等货和二等货是一些上好的海狸皮，一等货还有狐狸皮、玄赤狐和红狐皮，这些都被挑出来，开始时先不提这些上等货，交换时也不给中国人看。

卖掉皮货之后原使团便准备回国之旅。原使团成员健在的只有5名，其他人都去世了。司祭安东尼于1782年12月29日去世，大学生伊万·菲洛诺夫于1792年9月8日去世，伊兹拉伊尔于1795年2月6日去世（时年47岁），叶戈尔·萨列尔托夫斯基于1795年5月18日去世（时年37岁）。新一届使团成员卡尔普·克鲁格洛波洛夫（Карп Круглополов）于4月4日在告别时说自己不擅长学语言，因病请求回俄国。中国先生也证实他身患不治之症。学生的空缺由更有天分并愿意留在北京的舌人瓦西里·诺沃肖洛夫顶替。接着修士大司祭索夫罗尼从监督官伊古姆诺夫处接收了剩余的皮货（海狸皮和紫貂皮），按讲好的价格折合为2306两（约4000卢布）的俸银。5月21日，原使团离开北京，修士大司祭约吉姆的坐骑是一匹骡子。傍晚时分我们的俄罗斯游子抵达榆林府。5月23日上午11时，修士大司祭约吉姆被发现已在床上去世。前一天晚上他独自脱衣、脱靴就寝，早晨开始咳嗽。榆林长官闻讯后命忤作察看死者，言"内病"所致。此后将死者遗体葬在城西城墙根下路边右侧的土坡上。5月23日又有学生阿列克谢·波波夫去世，他葬在了榆林城南墙角路边左侧的土坡上。此后使团抵达库伦，一路无事。库伦章京赞扬学生安东·弗拉德金的语言知识。7月23日，俄国商队抵达恰克图。第七届使团成员中司祭阿列克谢·鲍戈列波夫被派到一座修道院担任掌院，于1809年去世。教堂杂役谢苗·尼古拉耶夫·索科洛夫斯基被派到纳尔瓦担任司祭。学生安东·弗拉德金向外务委员会提交了详细报告和带详细说明的北京地图与中国全图。这份地图由天主教传教士在乾隆年间用汉语和满语标注。弗拉德金从翰林院的一名官员——永王（Юнван）的侄子处得到的这份地图。至于回国的学生卡尔普·科鲁格洛波洛夫，1796年5月1日外务委员会经他同意将他转往圣主教公会，圣主教公会同年5月将他派到喀山主教处。

修士大司祭索夫罗尼1795年5月5日向圣主教公会提交了报告，说已从第七届使团团长处接收到使团完好无损的现有物品。教堂清册如下：圣衣43件，圣衣衬服21件，圣衣长巾29条，圣衣绣补8块，腰带10条，辅祭圣衣21件，辅祭圣衣肩带13条，圣衣套袖11付，祭坛桌前圣衣裳5套，罩布23块，盖餐布12块，酒杯和配套餐具3套，4部《圣经》，5个十字架，3枚胸佩十字架。在交给圣主教公会的收支册上，留下的可用教堂财产约2810卢布22戈比，已交付新一届使团团长。教堂地产跟以前一样有5块。第七届使团时有男教徒30人，女教徒4人，其中有25名是雅克萨俄罗斯人的后代，其余受洗的人是从附近农村来北京的，来自河西坞的有4人，来自山东的有1人，来自三河县的1人，来自韩村的有2人。

使团团长在1804年7月18日给谢利冯托夫（Селифонтов）的信中说："上帝仁慈，我还活着。不过说到身体，我可不算幸福，特别是胃和两腿都不好。两位司祭因长期患病都已经死去：司祭瓦尔拉阿姆死于1802年7月22日，司祭伊耶谢死于1804年5月2日。学生们能读能写，能准确地翻译，满语也讲得相当好，这些从他们交给我的那些译文中可以看出。罗马天主教传教士可以证明这一点，我把他们的译文给天主教传教士看，他们赞不绝口。从别的事也可知所有4名学生的满语学得都非常好。两名学生——斯捷潘·利波夫措夫和瓦西里·诺沃肖洛夫的汉语也很好。"

1805年12月28日，工部官员测绘出俄罗斯馆连同教堂和修道院的全图，1807年再次丈量修道院。中国政府准备修缮教堂和净室，但最终也没能实现。

修士大司祭索夫罗尼因学生待之不敬而苦恼，据他的继任修士大司祭亚金夫说，他扣了学生几年的廪银，使他们一贫如洗。他不让他们参加教堂活动和圣礼圣餐，有3年完全不见他们。

索夫罗尼的著作不全是他自己写的，语句沉重。他交给上司的著作内容如下：

1.译自拉丁文的清朝年表，附有自康熙到当朝嘉庆皇帝的特点和风俗，介绍他们遇到的一些事件和他们在京时发生的事。

2.介绍现今中国生活的各主要民族。

3.一些政治见解：（1）清朝皇子的职位封号；（2）一些官员相对于另一些官员的优势，在财产上一些贵族相对于另一些贵族的不平等；（3）中国人最尊敬什么阶层的人，什么人是最下层的人，为什么中国人这样认为；（4）一品大员的职务；（5）从政治上说明并判断对于中国来说什么民族最危险；（6）蒙古地区与清政府的关系；（7）中国智者格言；（8）中国太子及其登基仪式。

4.介绍：（1）清朝中国官员进官总仪式，说明官名、官品、职务和相当于俄国官员的什么官级；（2）介绍中国人的年龄和外貌；（3）中国最高的建筑和最大的钟楼；（4）这个国家中最贵重东西的摘录；（5）中国军官的人数；（6）清朝皇帝尊崇和不尊崇的学说是什么，他们怎样尊崇一种学说；（7）每年进贡给中国皇帝的贡品；（8）1799年和珅临刑前所做的诗；（9）古代北京的名称；（10）古代北京的警察局长；（11）清朝中国八大姓氏的特权。

5.清朝中国省区的数量，审判地点，官员、国家收入及其数量和质量。

6.关于耶稣会士的详细消息。

7.雍正御旨和整个内阁的奏折。

8.李自成叛军入京，或明朝灭亡和大清的开端。

9.中国地理短录，录自汉语典籍。

10.中国节日，汉人和满人誓愿和誓言。

11.天主教传教士在被驱逐之际启奏嘉庆皇帝的护教说，奏折和御旨。

12.嘉庆皇帝命和珅督造船舰的御旨。

第八届使团在1805年1月结束任期，新使团组建缓慢，等待的时间有两年多。直到1808年1月10日，3名学生才得以出城迎接同胞。奉献节教堂给新使团成员留下很好的印象。使团监督佩尔武申在1808年1月11日的记录中说："教堂内饰精美，如同家庭居所一般干净，居住也很方便。大厅马上要开始修葺。"

向理藩院交付文书（1月13日）之后，两使团共处的时间有4个月。按惯例，共处时间大家交换想法和经验，交接教堂财物，游览北京，与中国政府和天主教传教士接触。使团监督官还带来了耶稣会总会长的信函。佩尔武申的记录中还描述了当时雅克萨俄罗斯人教堂的情况。教堂周围住着约30名雅克萨俄罗斯人："俄国教堂离住处有段距离。教堂入口处有两座中式小房：一座是给守门人用的，一座是给司祭作为临时住所。教堂连同房子占地长15俄丈，宽10俄丈，外观和内部均无任何装饰。教堂和房子外有用砖垒的院墙，院墙附近有6座独立的房子，有满人从俄罗斯人手里租用这些房子，租金每月3至6卢布不等。郊区的墓地也无院墙，里面有一些十字架。由此4俄里处便是修士大司祭伊拉里翁·列扎依斯基墓，没有围墙；一俄里远处是有围墙相隔的俄国人墓地，有很规整的墓碑。供人临时逗留的房子几近破败。"

5月11日下午两点，第八届使团的5人离开北京，他们的旅途持续了近3个月。"在到张家口之前，一路有官家送别宴，使团和所有护送人员一样免费驻留大车店。张家口方向的第一站距城里有60俄里，停在这里看管官派马队和过冬牲畜的哥萨克安排妥当。到边界时遇到了库伦长官专门派来的3名官员。抵达库伦后当地官员的一切安排均好。"

1808年8月5日，买卖城的扎尔固齐通知恰克图海关关长、四等文官沃尼法季耶夫，说使团即将抵达，并说，他将去距买卖城6俄里处迎接。扎尔固齐询问了路上的给养问题，称赞学生们的满语和汉语知识不错。在进入恰克图前哨地带时，上午11点，恰克图神职人员和百姓的欢迎钟声伴随使团进入教堂，然后行感恩祷告，然后又被请入康德拉托夫先生的家里，扎尔固齐派来的章京们也在这里祝贺使团一路顺利。使团从8月6日到10月8日一直在圣三一萨夫斯克（俄国边境小城——译注）休整、做圣衣等，一行人到彼得堡时已是1809年。

修士大司祭索夫罗尼向圣主教公会提交1695年西伯利亚主教伊格纳季给雅克萨俄罗斯人的司祭马克西姆颁发的第一份证书，向外交部提交了前述中提到的那些材料。此后索夫罗尼因病被送到莫斯科新救世主修道院疗养，1814年5月17日在那里去世。教堂服务人员瓦西里·鲍戈罗茨基被派到位于砂场后面的彼得堡主复活修道院做杂役。大学生瓦西里·诺沃肖洛夫在伊尔库茨克担任汉语和满语翻译，一直工作到19世纪20年代。其他大学生，加缅斯基和利波夫撮夫，被派到外交部，履行自己的职责，在政府中发挥很大作用。两人都留下了一些著作，保存在公共图书馆和亚洲司图书馆。利波夫撮夫直接参与了1819年亚洲司图书馆的建立。加缅斯基较著名的译文有：

1. 亚洲使团等，译自满文。

2. 成吉思汗家族的蒙古历史，译自满文。

3. 中国历史年表和简单地理信息。

4. 各种译文，明朝的覆灭，清朝统治的开始，1712年使臣图理琛笔记，中国笑话，蒙古和卡尔梅克各种事务，卡尔梅克人由俄国逃回及现今他们在中国的情况，准噶尔事务。

5. 1817年译自汉语和满语的各种奏折。

6. 1817年翻译的嘉庆的各种旨令。

7. 满俄词典。

利波夫撮夫翻译的内容如下：

1. 洪亮吉1798年关于中国南方起义原因的奏折，译自汉语。

2. 琦善描述的土尔扈特卡尔梅克由俄国逃往准噶尔，译自汉语。

3. 中国记事，1818。

4. 各民族给中国皇帝进献的贡品，译自汉语。

5. 理藩院则例，译自满语。

6. 满语字典，彼得堡，1839年。

十二、第九届俄国东正教驻北京使团
（1807—1821）

1805年，俄国政府为将亚历山大一世登基之事知会中国皇帝而专门组织使团前往中国，并拟就俄国在中国陆地全境（含广州）贸易同中国签订协约，设立贸易代办处，在北京设立外交代办处。该使团因使命重大而阵容庞大，团长是尤里·亚历山德罗维奇·戈洛夫金（Юрий Александрович Головкин）伯爵，随团成员242人。时逢第八届使团期满，所以新一届使团与伯爵的使团随行。伯爵的使团受命，如果谈判不成，至少也得为俄罗斯东正教使团修士大司祭争取到在北京与中国政府商谈俄国商人事务（第九条）的权利和每年至少四次向俄国发送报告的权利（《前往中国的戈洛夫金伯爵使团》，第19页）。

正是由于这个原因，1805年12月，戈洛夫金伯爵在恰克图收集一些信息后从恰克图写回信说，北京东正教使团的成员居间获利，所以中国人不信任他们，所以以后也不可能发回报告（同上，第45页）。至于新一届东正教使团随同伯爵使团入华，中国政府按以往做法，不同意这一点，要求枢密院提供使团换届公文（同上，第26页）。从天主教传教士处得到关于中国的信息十分重要，由1805年从俄国经海路从伦敦、里斯本和澳门向中国派出的诺尔伯特·科尔萨克（Норберт Корсак）、约安·格拉西（Иоанн Грасси）和约安·施图梅尔（Иоанн Штюрмер）3名耶稣会士，便可看出这一点。俄国给这3人发放了6000卢布的路费，为他们购买了书籍，并请求罗马教皇和葡萄牙国家庇护他们。这次行程的笔记说明，这些耶稣会士总的来说对俄国还是有用的，"因为在北京一共只剩下不过一两个70多岁的老神父，他们去世后，俄国再有什么事就没人帮忙了"（同上，第4页）。

受圣主教公会的委托，莫斯科总主教普拉东开始选拔新一届使团成员。他指定鲁日茨基的二级修道院梅尔希谢杰克的修士大司祭为使团团长人选。本已下达任命，但这位大司祭因病推辞。这时彼得堡总主教阿姆弗罗西建议，推选齐赫文斯基修道院附属学校的教师——32岁的修士司祭阿波洛斯。1805年5月17日将他提升为修士大司祭。6月，新一届使团的全体成员都确定下来：2名修士司祭，1名辅祭，1名唱诗者，2名教堂服务人员，3名大学生，1名翻译，一共确定了10人。

为了把使团安排得更好，彼得堡总主教建议，从沙皇办公厅经费中为使团配备两套贵重的圣衣，为修士大司祭配备主教金冠，配发精装经书。5月12日，沙皇确认了圣主教公会提出的建议，授予东正教使团如下权利：（1）修士大司祭具有一级修士大司祭级别，但在北京期间和现在暂称高级教士，完成使命回到俄国后遇有一级修道院院长职务空缺，便给予院长的位置和津贴。与修士大司祭同行的两位司祭和一位辅祭，完成使命回国后给予三级修道院院长的职务和津贴。在找到收入不低的空缺位置之前，两位教堂服务人员在回国后派到合适的位置之前，由宗教事务司负责为他们发放相应的津贴。（2）早在1774年就曾规定，在外国的宗教人员应有合适的津贴。使团的津贴应是从前的两倍，即修士大司祭为1500卢布，另发雇用人和坐车费用500卢布；两位司祭和一位辅祭每人400卢布；两位教学服务人员每人300卢布；4名学生每人400卢布；教堂用度150卢布；赠送教师礼品及招待受洗者的150卢布现改为450卢布；寺院维修500卢布。一共为6500卢布。财政部再补充拨款3500卢布。（3）除上述补贴外，如果按1792年的标准，用北京宫廷发放给俄国教堂的津贴，以及从俄罗斯东正教人员购买及受赠的耕田上所得的收入，折合俄罗斯币在500卢布以下，则修士大司祭和信众可以不必报告就可用于修缮房屋等。（4）驻京期限不超过10年，所发津贴，除按前例用于路费和行程的以外，均只提前5年发放。上述津贴以毛皮和中国银两的形式发放，如果抵北京后售卖或通过中间人售卖烦琐、价值折损，则现在和以后在拨发5年津贴时均可全部以中国银两发放。（5）按照事先的委托任务，相关人等应向北京政府请求，遇有人去世或因某种原因行事不畅等情况时，准予每年两次从伊尔库茨克向圣主教公会汇报修道院和人员状况。

圣主教公会决议：（1）为派往中国的修士大司祭阿波洛斯配备圣主教公会核定的工作守则。（2）命在北京的修士大司祭索夫罗尼将奉献节修道院、教堂、房产等所有官产及其清单，按教规交给留任的使用者，返俄后向圣主教公会报到并提交报告，汇报"在北京期间他们做了哪些事，以何种方式更好地向当地民众传播基督教，为多少人施洗，当地共有多少教民，在北京期间应当留意哪些事情"。从彼得堡随同戈洛夫金伯爵使团的一部分使团成员一起于1805年6月底出发，9月到达伊尔库茨克。在中俄就使团过境进行磋商的两年间，使团一直在伊尔库茨克待命。这期间，修士大司祭阿波洛斯无论是与戈洛夫金伯爵还是与使团成员，都没能建立起良好的关系。下属不仅不服从他，不尽职尽责，还向他提各种要求。由于种种误会和状告，伯爵上奏说阿波洛斯不善于管理使团。

因为这一点，在1806年9月，沙皇首肯就地另谋人选替换阿波洛斯。圣主教公会挑选了修士大司祭亚金夫，他曾为伊尔库茨克宗教学校校长，长期生活在托波尔斯克，因过错而在兹纳缅斯基修道院担任宗教学校的演讲教师。

1807年3月5日，按圣主教公会的报告，沙皇任命修士大司祭亚金夫担任北京东正教使团团长，发放派遣费和路费500卢布。亚金夫神父6月抵达伊尔库茨克，接管物品、现金和使团事务。韦尼阿明主教将修士大司祭阿波洛斯派往主升天修道院担任临时院长。1807年9月2日，阿波洛斯上任。后来，他教了一段时间的神学课，并在伊尔库茨克宗教学校担任校长。1814年，他自请调往雅罗斯拉夫教区的托尔茨三级修道院，最终在那里去世。

十三、修士大司祭亚金夫和他的使团

修士大司祭亚金夫（比丘林）[Иакинф(Бичурин)]，世俗名字是尼基塔·雅科夫列维奇（Никита Яковлевич），出身于神职人员家庭，生于1777年8月29日。1799年，亚金夫在喀山神学学校毕业后留校任信息教师，1800年起任语法教师。后被安排在亚历山大涅瓦修道院，在这里他很快升任辅祭，1801年升任司祭，同年受命主持约安修道院，1802年升任修士大司祭，并被任命为伊尔库茨克主升天三级修道院院长，同时主持伊尔库茨克神学学校并列席宗教事务所。但比丘林个性过于粗暴武断，他的严厉和暴躁引起学生的反感。1805年，圣主教公会终止了他对修道院的管理，撤销了他神学学校校长、宗教事务所列席者的职务，禁止他继续担任教职。他在兹纳缅斯基修道院修士大司祭、托波尔斯克神学学校校长的监管下前往托波尔斯克，在这里，他成为一名演讲学教师。由于比丘林教学有方，行为得体，修士大司祭阿姆夫罗西对他称赞有加。1807年，圣主教公会解除了对比丘林的禁令，任命其代替修士大司祭阿波洛斯，担任北京东正教使团团长，前往伊尔库茨克。在这里，他开始领导正在等待中国政府的过境许可的使团。在此期间，在伊尔库茨克总督的申请之下，沙皇仁慈地赐予亚金夫神父镶钻胸佩十字架一枚，并在使团动身前往北京后将十字架送往北京。

1807年，在修士大司祭亚金夫的带领下，使团全体成员——包括两名司祭谢拉菲姆（Серафим）和阿尔卡季（Аркадий），1名辅祭涅克塔里（Нектарий）、两名教堂服务人员瓦西里·亚菲茨基（Василий Яфицкий）和康斯坦丁·帕尔莫夫斯基（Константин Пальмовский），4名大学生马克尔·拉夫罗夫斯基（Маркелл Лавровский）和列夫·季马依洛夫（Лев Зимайлов）、米哈依尔·西帕科夫（Михаил Сипаков）和叶夫格拉夫·格罗莫夫（Евграф Громов），在监督官、记录员、翻译以及边境圣三一市派出的32人哥萨克卫队的陪同下，从伊尔库茨克出发。承担着大量贸易任务的伊尔库茨克官方考察队，本来打算让人承包使团的费用，但承包人提出的价格过高。此时上层哥萨克和布里亚特酋长捐献给使团222

匹马和55头牛，于是使团出售了一部分牲畜。马和牛都拴在了一起，有的马具是从戈洛夫金伯爵使团用剩的马具中挑出来的，有的是新买的。就这样装配起12辆俄式大车、70辆运货两轮车，又买了旅行用火炉、60桶焦油和100张用来蒙盖货车的生皮。

出发前，使团得到了一年4200卢布的薪俸，接下来5年的薪俸28300卢布由钱币司制成银锭交给负责旅途事务的监督官，给哥萨克卫队发放饷银2430卢布，用于赠送中国朝廷和官员礼物的细软（毛皮）和商品合4747卢布75戈比。

1807年9月17日，使团从恰克图前往边界。9月29日抵库伦，12月22日抵张家口，1808年1月10日抵北京。旅途中中国政府为使团免费提供了3顶移动帐篷，还提供住处、食物、烧柴和水。一路顺利。修士大司祭亚金夫在致圣主教公会的报告中说："2月，北京的前任修士大司祭索夫罗尼把教堂和教产交给了我，完好无缺。但修道院的建筑和物品的清单，以及每年俄罗斯馆近900卢布的收入报告他没有交给我，按照相关规定——这规定是应索夫罗尼的要求而制定的——他应当交给我。另外，他从上述钱款中给了我600卢布的现金，这也是教堂的收入。由于修道院内除平静之外乏善可陈，所以我也没有理由再要求得到清单。我还收到了他交给我的修道院的田产和房产的地契和凭信，田产是以中国的标准测量的，房产以标明收入的方式计算。"

1808年5月11日，修士大司祭索夫罗尼带领的前任使团成员、教堂服务人员和3名学生，还有那些随从，离开了北京。哥萨克卫队在张家口与之会合，8月6日抵恰克图。为表示善意，中国护送队把使团一直送出中国地界。

到达北京后，第九届使团以痴迷的热情开始学习中国人的语言和风俗。亚金夫神父为大家做出了榜样。一年后，看来使团的全体成员都取得了很大成绩。于是，天生禀赋极高但个性偏激的亚金夫神父没耐性了，当学习的新鲜劲儿一过，痴迷冷却，再加上远离祖国（来自祖国的消息一年不超过一次）。事务性的生活容纳不下亚金夫神父旺盛的精力，他开始郁郁寡欢并寻欢作乐。另外，他生理上的问题也是他堕落的原因，直到生命的最后时刻他也未能摆脱这种堕落，这实在令人惋惜。这一切都在他后来的北京生活中留下了独特的印记，他被抛到了一个不可能认真地从事学术研究的环境里。使团的其他成员不由自主地受他影响而兴奋异常，使团纪律涣散,下属和团长开始彼此告状。帕尔莫夫斯基、格罗莫夫和辅祭涅克塔里开始酗酒。涅克塔里在1810年被派往伊尔库茨克,审判后被剥夺教职充军。大学生格罗莫夫服毒自尽。帕尔莫夫斯基于1814年被派往伊尔库茨克,在这里他被解除了教职,成为省长办公厅的一名官员。使团的生活一片混乱。中国朝廷设法鼓舞萎靡不振的使团成员,但于事无补。军机大臣派员规劝亚金夫神父,也是徒劳,父兄般的关爱对他全都无济于事。有一次使团全体成员被召到朝廷,委婉规劝他们要各司其职,在使团的大门上甚至贴了盖有中国各部官印的告示,禁止无所事事之徒进入使团大院。但亚金夫神父依旧我行我素,与戏子来往,混迹于欢场,在中国人眼里他和使团名声扫地。这种混乱的生活导致钱财被耗尽,此后便是拮据的日子,不得不变卖那些能够为使团带来收入的房产,不仅动产和衣物被送进了当铺,为了糊口,教堂的一些圣器也不能幸免。在这样的秩序之下当然是才华泯灭、时光虚度,不可能做什么有成效的工作。使团在中国的13年间亚金夫神父只干了一件事,而且还不是原创性的,即《教规略述》(Наставление в православной вере),这是从耶稣会士1739年出版的天主教教理问答中摘录出来的。按照使团1813年提供的资料,教徒数量是:雅克萨俄罗斯人20名,受洗的中国人8名,教民总数是28人。只逢节日才有宗教活动,亚金夫神父本人只在圣复活节的第一天主持仪式,而且并不是每年都主持。

当时俄国政府对于使团的用处存有质疑。亚金夫神父本人认为自己有必要留在北京,在1816年给圣主教公会的报告中表达了想再在北京留任一届的愿望,并提交了预想的新使团成员计划和物质需求。这也是可以理解的:亚金夫神父博闻强志,深入社会各个阶层,对中国典籍文献也很熟悉,一些知识后来在他的学术著作中都有所体现。但亚金夫神父的才华注定不能在这里——北京展现,尽管在这里他不无骄傲地认为自己是战胜了拿破仑的光荣的俄罗斯的代表。只有在远方,在瓦拉姆岛的灵修斗室,在涅瓦修道院的高大拱门之下,比丘林才30年不缀笔耕,专心于学术。

在北京的第九届使团即将期满之际,俄国外交部花了很长时间计划选拔新一届使团的人员,以免重蹈第九届使团的覆辙。新一届使团必须由一个在经历与个性上与亚金夫神父完全相反的人主持。修士大司祭彼得到北京后受委托就地调查,以确定修士大司祭亚金夫的罪责。

1821年5月15日,包括修士大司祭亚金夫和他的5名随从在内的第九届使团离开了北京，于8月1日抵恰克图，在这里待命一个月，11月初抵伊尔库茨克，11月11日沿固定的通往彼得堡的雪橇路出发。学生列夫·季马依洛夫患热病留在了伊尔库茨克。1822年返回彼得堡后，所有成员都被送上法庭，沙皇命彼得堡宗教事务所审理，除后来被亚历山大涅瓦修道院接纳进入教职的教堂服务人员亚菲茨基外，其余全部被认定有罪，圣主教公会1823年2月19日确认了宗教法庭的判决，对全部受审者的判决为：修士司祭谢拉菲姆发往瓦拉姆修道院服劳役4年；修士司祭阿尔卡季发往韦坚斯基奥斯特罗夫斯基修道院改造1年；修士大司祭亚金夫剥夺教职，但仍保留教士身份，发往索洛韦茨基修道院严加监管。沙皇后来以改派地点减轻了对亚金夫的惩罚（把索洛韦茨基修道院改为瓦拉姆修道院）。修道院严格的制度对他的性格影响很大。1826年10月，乐于研究东方的专家希林格伯爵偶然在瓦拉姆结识了比丘林，回到彼得堡后便开始为比丘林奔波，此前比丘林一直经受着严格的宗教惩罚。沙皇命令调比丘林至亚历山大涅瓦修道院，使之运用其汉语和满语知识成为对外务委员会有用的人。1827年，比丘林的薪俸定为每年1200卢布，同时外务委员会再发300卢布。这样，亚金夫神父在服刑的环境中和在现今的情况下醒悟过来，明白自己所处的位置和应该做的事。除了翻译职务要做的事情外，亚金夫神父着手一系列学术工作，翻译和著述。从此直到去世，他的固定住所都是大修道院，在这里他有充分的自由。他经常整年整年地被政府派去出差，其中最重要的，是1829年随希林格伯爵前往贝加尔地区确定边界，以及1835年前往恰克图开办和主持汉语学校。有时他去亲戚莫列尔家住几个月，在彼得堡或彼得堡郊外的别墅区穆里诺，但这要经大修道院院长的允许，并且在一定程度的监督之下。

  回到彼得堡后，亚金夫神父便开始了他紧张的学术创作，几乎到他生命的最后一刻，持续时间超过26年，成果丰硕。在比丘林的那些著作中，重要的有《俄汉词典》（Русско-Китайский словарь），而其《中华帝国详志》（Статистическое описание Китайской империи）更是得到了一些行家的认可，如亚金夫神父之后以学者身份而闻名的、杰出的修士大司祭帕拉季对之便赞赏有加。在休金（Н. Щукин）看来，总的来说亚金夫神父的著作翔实可靠，可能亚金夫神父的结论和见地不能说服所有的人，但他的著作所涉及的材料数量之巨、范围之广，使其至今仍不失学术价值而被研究中国的学者广为利用。

通过亚金夫神父的孙女莫列尔（Моллер）（祖孙之间有直接接触）的文章[《俄罗斯古风》（Русская старина），1888年8月和9月号]和休金的文章[《彼得堡公报》（Петроградские Ведомости），1853年第130期]，可以了解亚金夫神父的个性。用他们的话说，亚金夫神父不是一个好司祭，没能遵守教士的生活戒律。他承认自己的弱点，在1830年请求圣主教公会允许他还俗。尽管圣主教公会对此同意但沙皇却不予确认。可以推断，他对于"十二月党人"的思想倾向并不陌生。据亚金夫神父自己讲，"十二月党人"别斯图热夫（Бестужев）是他的朋友，亚金夫神父一直怀念他。别斯图热夫做的一串念珠，上面挂着用别斯图热夫的镣铐做的一个小十字架，他一直戴在身上，甚至睡觉时也不曾摘下。这串念珠对于比丘林来说是珍贵的回忆。沙皇本人和皇室的其他人都知道比丘林。彼得·奥登堡亲王曾造访过他。从个性上说，比丘林是一个非常善良的人，他总是尽其所能地帮助每一个人。他对穆里诺的居民态度极其友善，现在他们还记得"亚金姆神父"（当地居民这样称呼比丘林——译注）。但同时他个性偏激，有时甚至很粗鲁，说话也不谨慎（有时骂人），这是他自年轻时就有的毛病，在认真的同时也有点儿轻率。他的外表有点儿像亚洲人：长脸，颧骨略高，眼睛窄且略呈楔形，胡须是一窄条，下唇很厚，头发黑灰，生动聪慧的双眼上是浓密的眉毛，身材又高又瘦。

1838年12月，沙皇对他由日文翻译的《中国钱币》（Описание монет Китая）十分欣赏。1828年他出版了《蒙古札记》（Записки о Монголии）、《准噶尔和东突厥》（Описание Джунгарии и Восточного Туркестана）和《北京志》（Описание Пекина）。第二年出版了《成吉思汗家族前四汗史》（История первых четырех ханов из Чингизова дома），1834年出版了《厄鲁特人或卡尔梅克人历史述评》（Историческое обозрение ойротов или кальмыков），1840年出版了《中华帝国详志》（Статистическое описание Китайской Империи），1842年出版了《中国的居民和习俗》（Китай в гражданском и нравственном состоянии），1851年出版了《古代中亚各民族资料汇编》（Собрание сведений о народах, обитавших в Средней Азии в древнейшие времена）。亚金夫神父还出版了译自汉语的《三字经》（Сань-цзы-цзин, или Троесловие）。亚洲司文件中未出版的亚金夫神父的作品有《中国文人的信仰》（Описание религии ученых китайцев）（该书后来由东正教使团出版）。亚金夫神父的所有作品均由

敕令出版，堪称图书史上罕见之事。其中《北京》《中华帝国详志》《中国的居民和习俗》和《三字经》，以及《汉文启蒙》（先曾石印），由北京东正教使团再版，也可以从北京东正教使团买到。亚金夫神父的学术著作观点敏锐、分析细致、论据翔实。

1853年5月11日早晨6点，76岁高龄的亚金夫神父在亚历山大涅瓦修道院去世，被安葬在位于圣母报喜教堂圣堂附近的旧拉扎列夫斯基墓地（旧拉扎列夫斯基墓地以安葬着18—20世纪俄罗斯的文化历史名人及著名活动家而闻名，俄罗斯科学、艺术、文化的代表罗蒙诺索夫，作家冯维辛，著名将领谢列梅捷夫元帅，雕塑家舒宾，画家博洛维科夫斯基等都安葬在这里。——译注）。慢性疾病折磨比丘林近两年，在生命的最后4个月比丘林已经瘫痪，在去世前他曾几次忏悔、施圣礼、涂圣油。5月14日，北京的修士大司祭固里主持了比丘林的安息祈祷仪式和安魂仪式。

十四、修士大司祭彼得和第十届俄国东正教驻北京使团（1821—1830）

修士大司祭彼得，世俗名字为帕维尔·伊万诺维奇·加缅斯基（Павел Иванович Каменский），下诺夫哥罗德主教区神职人员之子，生于1765年。下诺夫哥罗德神学学校毕业后考入莫斯科大学，修逻辑、数学、世界历史和法学课程。后到彼得堡育婴堂工作，教授代数、公民生活准则。在索夫罗尼任团长的第八届使团组成之际（1793年），加缅斯基作为学习汉语和满语的学生转入外务委员会，随该届使团前往北京，并在京生活至1808年。在中国的岁月使加缅斯基学习了中国人的语言和风俗。因拉丁语娴熟，他多次为清廷翻译由欧洲发来的涉及中欧关系的信函。1795年，他"像照顾一个柔弱的婴儿那样"筹建了使团图书馆。返回俄国后加缅斯基在外务委员会第二司担任满汉语翻译，在仕途奔波了近12年。当时，对学术一直很感兴趣的加缅斯基成为彼得堡科学院通讯院士，巴黎亚洲协会、哥本哈根北方古物爱好者协会、科学与艺术爱好者自由协会会员，最后还被推举为俄国"圣经学会"会长。

适逢俄国政府对第九届使团团长和成员的行为不满，试图寻找以后规避这种错误的途径，加缅斯基受命草拟第十届使团的计划和工作指南。加缅斯基熟知使团传教士工作的环境，提出尽可能改善使团教士活动的环境。加缅斯基草拟的并经最高圣命于1818年8月4日确认的工作守则如下：第一，使团的经费由原来的6500卢布改为16250卢布；第二，拥有学术资历的使团成员在返回俄国后使团的年薪将转为退休金，使团成员期满回国后升任主教教职，修士司祭自入使团起获赠最高圣命颁发的胸佩金十字架，回国后可升任修道院院长，使团的世俗学生自加入使团起获得官职，尽职期满回国后提升官职并获赠勋章，进入外交部担任翻译；第三，明确确定包括世俗成员和神职成员在内的使团每一位成员（他们在俄国均拥有相应的受教育程度）的学习内容，学习是每一位成员的义务，神职人员要学汉语，大学生除学汉语外还要学满语和蒙语；第四，组建由团长主持的使团管理委员会，委员会由两名司祭、医生、一名大学生组成，学生担任秘书。委员会关注使团的内部和外部境况：监督使团成员的活动，确定奖惩措施，细心合理地与中国人交往，监督保管教堂财产和国家为使团提供的作为使团经费的财产，注重支持雅克萨俄罗斯人的东正教信仰并在当地的中国人中牧教。

加缅斯基是履行这些守则的最佳人选。他被指定承担领导第十届使团的职责，并为该届使团甄选成员。接受这一使命后，八等文官加缅斯基于1819年5月6日在亚历山大涅瓦修道院接受彼得堡米哈依尔都主教的亲自剃度，获神职名号"彼得"，6天后获修士辅祭职，而后获修士司祭职，5月30日即获作为使团团长应有的修士大司祭职，获赠一级修道院主教才能挂在胸前的圣母小像、金线缝制并缀有宝石的主教金冠。在天使日，即6月29日，修士大司祭彼得被授予圣安娜二级勋章，获赠镶钻胸佩十字架，除原有600卢布外，终身享受1000卢布的退休金。

使团全体成员的选拔都十分成功。彼得堡神学院的大学生韦尼阿明（莫拉切维奇）被选为团长助手，同时升任修士司祭。财务监督由亚历山大涅瓦神学学校哲学班的学生达尼尔（西韦洛夫）[Даниил（Сивиллов）]担任，同时升任修士司祭。涅瓦神学院的旁听生伊万·韦列坚尼科夫（Иван Веретенников）被选为修士辅祭（教名伊兹拉伊尔）（Израиль）。该修道院另一名旁听生阿列克谢·伊萨阿科维奇·索斯尼茨基（Алексей Исаакович Сосницкий）被选为教堂服务人员。另一名教堂服务人员尼古拉·伊万诺夫·沃兹涅先斯基（Николой Иванов Вознесенский）是彼得罗帕夫洛夫神学学校的学生，以大学生身份进入使团担任教堂的高级服务人员。从外科医学院选拔了修完医生课程的约瑟夫·米哈依洛维奇·沃依采霍夫斯基（Иосиф Михайлович Войцеховский）担任使团医生，并予以九等文官待遇。另外该校选拔瓦西里·基里洛维奇·阿布拉莫夫（Василий Киррлович Обрамов）作为随团大学生，并予以十二等文官待遇。从彼得堡神学院选拔科德拉特·格里高里耶维奇·克雷姆斯基（Кодрат Григорьевич Крымский）作为随团大学生，并予以十二等文官待遇；彼得堡师范学院的扎哈尔·费多罗维奇·列昂季耶夫斯基（Захар Федорович Леотьевский）作为第4名随团大学生派出，并予以十二等文官待遇。该届使团中只有辅祭伊兹拉伊尔和大学生阿布拉莫夫没能熬过在北京的9年期限。

启程前的所有准备完成后，使团的一部分成员于12月初与亲人告别，从彼得堡出发。使团团长率另一部分成员于1819年12月28日出发。

临行前获圣命诏见。使团全体成员在喀山会合，之后继续行进，于1820年2月20日抵伊尔库茨克。西伯利亚军政长官斯佩兰斯基非常热情地接待了使团，并将自己译自拉丁文的金碧士①（Фома Кемпийский）的《效法基督》（Подражание Христу）的最好版本赠予使团团长、修士大司祭彼得，同时他还委托修士大司祭彼得把第八届使团翻译瓦西里·诺沃肖洛夫（Василий Новоселов）用蒙语所编《三合便览》（Сань-хэ-бань-бань）译成汉满俄3种语言。使团由伊尔库茨克向恰克图行进，于6月1日到达了蒙古山脉之间。在恰克图使团修整了两个月，以准备余下的旅途。西伯利亚军政长官早在5月就向库伦的中国官员告知了使团的下一步行程。外交部的一位官员——八等文官季姆科夫斯基（Е. Ф. Тимковский）担任使团的监督官，拉兹吉尔杰耶夫（Е. И. Разгильдеев）担任辎重官，蒙语和满语翻译是弗罗洛夫（А. П. Фролов），辎重团长旗下是29名西伯利亚哥萨克。使团在伊尔库茨克换上了10驾带篷三套马车，另有85峰骆驼将使团辎重从恰克图运到张家口。这些骆驼有些是买来的，有些是布里亚特人捐献的。8月31日，在驮子的带领下，64峰骆驼跨过国界，其余的骆驼储备起来。布里亚特人自愿无偿进献了150匹马和28头肉牛，另有6驾双轮轻便马车用于运送使团成员的易损物品。一路上，使团监督官向中国各级长官赠送了不少礼品——伏特加、呢绒、烟草、画饰、托盘、勺、剪子、刀、叉、绣花靴子、香膏、香水等。到张家口两个半月的路程，湿寒异常。一路上人困马乏，偶有牲畜死亡，所以需要在张家口整休。一部分辎重留在察哈尔巴音察干以备返程之用。12月1日，前一届使团的两名大学生西帕科夫和季马依洛夫到北京郊区迎接新使团，他们还带来了4辆上好的中国大车，并给监督官带来一匹好马，新使团可以乘这4驾车进京。新使团在安定门附近向安息在俄罗斯墓地里的同胞默哀后列队沿四牌楼街进入北京。修士司

---

① 多玛斯·金碧士(Thomas à Kempis, 1380—1471)原名为多玛斯·希玛勤(Thomas Hemerken)，在德国科隆附近的肯培(Kempen)出生，早年参加共济会，其一生的大部分时间在荷兰度过，以92岁高龄辞世。金碧士一生以写作为主，其书脍炙人口，《效法基督》是其中之一，又译作《遵主圣范》。此书令许多基督徒在属灵生命上得到很大的鼓励，如南丁格尔(Florence Nightingale, 1820—1910)在晚年时就向她的护理学生强调一定要读这部书；现代的灵修经典之作《属灵操练礼赞》也深受金碧士这部著作的影响。全书共分4卷：第一卷，培灵之道；第二卷，论内心生活；第三卷，论内心的安慰；第四卷，论圣餐。书中鼓励基督徒按"新灵修"运动的灵修历程即"由基督的人性得激励—发现基督的荣耀神性—最后得以与神契合"发展完善自身，以至神人契合之境。——译注

祭谢拉菲姆、阿尔卡季和唱诗班的亚菲茨基在奉献节教堂的大门口迎接新使团，原使团团长、修士大司祭亚金夫在内室迎接。一行人被安排在俄罗斯馆的中国平房里，房间的窗户上装有云母，里面的陈设简单，半欧半中式，石铺地面，房内有取暖用的火炉，烟囱伸出屋外。

第二天，在奉献节教堂安排了感恩祈祷，接着新来的人向原来的人了解情况，开始准备繁复的中式服装，或是把新来的人身上的欧式服装换下。然后去正式拜见中国官员，互赠礼物，交换公文，由理藩院带领参观北京城，拜会和接待天主教传教士。随后是使团的财物、圣器、田产等的交接。最后，原使团的成员把他们不想带走的书都赠给了使团图书馆。1821年5月10日原使团成员开始收拾，准备上路。5月15日修士大司祭彼得会同主持了侍主圣礼，然后是送别祷告。在大家共进午餐之后，下午两点原使团成员上路。先是由30峰骆驼和5辆大车装载的使团辎重，由5名哥萨克押运。一个小时以后使团这样行进：哥萨克长官在先，身后是排成3列的9名哥萨克，接着是原使团团长修士大司祭亚金夫、修士司祭谢拉菲姆和阿尔卡季的轿子。每乘轿子都由高级哥萨克护卫，再后面是哥萨克中尉，然后是使团监督官带着辎重、翻译、大学生西帕科夫和季马依洛夫以及教堂服务人员亚菲茨基。两名哥萨克军士断后。除了3位神职人员坐轿外，其余人都骑马，且衣着隆重正式。修士大司祭彼得和新使团的所有成员紧随在最后。很多好奇的汉族人和满族人聚集在俄罗斯馆，直到把俄罗斯人送到安定门，有的甚至送到俄罗斯人墓地。天气炎热，北京巡捕房依上司吩咐在街道上洒水降温，并一个街口一个街口地整顿围观人群秩序。一行人在城外的俄罗斯人墓地停了下来，返程归国的人与留在北京的新一届使团成员就在这里——在同胞的墓边告别。

修士大司祭彼得全身心地奉献于使团事务。作为一名教士，他的生活堪称楷模。他是一位值得称道的牧教人，待人接物很有分寸，也是一位勤奋的学者。他最关心的事是与中国官员保持良好的关系，很多中国官员都是他的朋友。蒙藏活佛经常光顾他这里，还有些僧人也是一样。使团在中国的权势显贵中广交朋友。使团的内部秩序方面，修士大司祭彼得从数量极少的雅克萨俄罗斯人教徒入手整顿。这些雅克萨俄罗斯人已经被严重汉化，对东正教态度漠然。修士大司祭彼得用简洁、充满感情的话传教，说服雅克萨俄罗斯人放弃异教的堕落习俗，全身心地热爱自己原本的东正教，虔敬地面对圣像。他经常温和地鼓励他们，走访他们家里，特别友善慈祥。修士司祭韦尼阿明也像彼得这样做。他住在北馆，在俄罗斯佐领那边，即圣母安息教堂附近。雅克萨俄罗斯人已经开始来光顾教堂了。他和他们交谈，并做到用中文向他们传播上帝的福音。在彼得的筹备下，在俄罗斯佐领中开办了学校。学校还附设寄宿学校，有10名雅克萨俄罗斯人子弟在这里学习，以后他们将成为为同胞传教的教士。每个孩子每月得到3卢布的奖励。过去已经堕落的成年雅克萨俄罗斯人又回到了教堂，一共有53人，还有16名中国人也先后受洗。中国政府宽厚地对待这一点，尽管当时天主教传教士已遭驱逐。当时各地天主教那些精美的教堂都被捣毁，彼得则设法保全现在的俄罗斯教堂。1826年，奉献节教堂修葺一新：用艺术学院的作品装饰出一面圣像壁，价值6500卢布；墙上的4幅历史画作，是彼得堡艺术学院教授安德烈·伊万诺夫的作品，价值8000卢布，现在仍保留在那里。教堂的屋顶覆了新瓦，并做了铜质金色圆顶。第二年圣母安息教堂也被重建和装饰，教堂周围面积被扩大，并加设坚固围墙。在10年期的最后，等待新使团到来的时候，奉献节教堂的院子扩大到40平方俄丈，修建了房子，并在这些房子旁边建了新房以安置即将到来的代表团的成员。

　　从团长到教堂服务人员，全都尽职尽责，成绩显著。在学术方面也很努力，如修士大司祭彼得把按蒙文字母顺序排列的《三合便览》译成了汉满俄文；编写出一部按拉丁文字母排列的汉语同义词词典；把《天主实义》一书由汉语译成了俄语；编了两部词典，一部按俄文字母排列，一部按蒙文字母排列；撰写了《雅克萨俄罗斯人札记》（Записка об Албазинцах）。司祭韦尼阿明除了常向迷途羔羊牧教（他为近百人施洗）、讲解教理和其他经书外，还被选为清理藩院满人学校的俄语教师。司祭达尼尔把下列经文译成了汉语：晨祷文，德米特里·罗斯托夫斯基忏悔文，圣体身礼祷文，圣格那季百章决议。他还准备出版中国文选和介绍北京奉献节教堂的材料。大学生科德拉特·克雷姆斯基准备发表《中国哲学评述》（Обозрение китайской философии）。大学生列昂季耶夫斯把卡拉姆津的《俄罗斯国家历史》（Истории государства Российского）翻译成了汉语，并把《康熙字典》译成俄语（未译完）。教堂服务人员沃兹涅先斯基写了《中国记》（Замечения о Китае），并编了汉满词典。医生沃依采霍夫斯基经常出诊，在中国宫廷里很有名气，学习了中国的语言、哲学和医学，对植物学和自然史都有研究，编写了12卷的词典。

使团按亚洲司的要求收集了中国农业信息、粮草播种信息、园艺信息，收集了草药、花卉、葱蒜的种子并介绍这些植物的栽培知识，收集了家庭和工场、纺车、丝绸加工、织物印染信息，收集了各种地图，报告中国国内大事、饥荒、暴乱、瘟疫信息。这些报告常常是在夸赞和诚恳地评价使团状况和使团成员工作情况时发出的，在彼得堡很受好评。

在履行圣命时，修士大司祭彼得把用官方经费在中国为外交部亚洲司图书馆选择购买最有用的书看成一项重要职责。他预想到天主教的传播在中国很快要受到压制，以后一本书也没处买，于是不惜钱财想方设法尽可能多地收集由欧洲语言译成汉语、满语和蒙语的基督教书籍，包括传教士用中文撰写的著作。这些书的大部分都赠给了帝俄北京图书馆。就这样形成了全面、罕见的经书收藏。这座图书馆也经常购买新书，在1900年前一直存在，义和团起义期间被烧毁。

使团10年期满后，修士大司祭彼得指定韦尼阿明为继任者，于是韦尼阿明留在北京担任第十一届使团的团长。1830年11月18日新一届使团成员到达北京，1831年7月6日，修士大司祭彼得带着朋友们的美好祝愿离开北京。朋友们给他往俄国写信，希望和他保持交往。彼得的使团离开北京数日后，呼图克图给彼得寄了一封告别信，他请彼得为他在恰克图购买俄罗斯轻便马车，通过库伦章京运到北京。总司令部中校拉德任斯基（М.И.Ладыженский）担任监督官，在北京生活了7个月，撰写了详细的《1830年12月起的日记》（Дневник, веденный с декабря 1830 г.），摘录发表在使团后来主办的《中国福音报》（Китайский благовестник）上。

1831年11月到达彼得堡后，修士大司祭彼得和他的同伴得到了政府的关注和高度评价。修士大司祭彼得得以觐见沙皇，圣赐以前所未有的殊荣——一级圣安娜勋章。修士司祭达尼尔升任修士大司祭，担任莫斯科兹拉托乌夫修道院院长，1837年调到喀山先知修道院，以教授的身份主持喀山大学和喀山第一寄宿学校汉语教研室。达尼尔神父按自己的授课内容出版了《汉语文选》，并出版了他由中文译成俄文的《中国哲学典籍（四）》即《明心宝鉴》（драгоценное зеркало для просвещения ума）、两卷本《中华帝国历史》（История китайской империи）以及《拉伊夫沙漠记》（Раифская пусныня）。19世纪50年代，修士大司祭达尼尔在西伯利亚担任色楞格斯克圣三一修道院院长，编写了《历史札记》（Историческое описание），1870年在罗斯托夫鲍里索格列布修道院退休，并在那里去世。监督官拉德任斯基升任上校，后来担任了托波尔斯克省长。医生沃依采霍夫斯基在总司令部担任医生，后来担任了喀山大学教授。克雷姆斯基在返回俄国的路上留在了恰克图，应恰克图商界的要求，在那里担任新开办的汉语学校的教师，工作了30多年，直到1863年去世。列昂季耶夫斯基留在了外交部。索斯尼茨基后来在喀山大学担任汉语讲师。沃兹涅先斯基在恰克图海关担任翻译，并在那里去世。

修士大司祭彼得拒绝了去阿斯特拉罕担任主教的殊荣，希望退休并前往下诺夫哥罗德主教区的戈罗杰茨基费奥多罗夫修道院。离开彼得堡时，亚洲司他的世俗同事们中间有传言说他的汉语不好，账目做得乱，这使他有些不快。不过，他离开彼得堡时还是非常荣光。一年后，他得到圣赐价值3000卢布的镶钻戒指，他把这份财产用在了修葺修道院上。他退休金的三分之二用于资助姐妹以及孤儿教育。另外三分之一，2000卢布，用于救济穷人。1833年到达费奥多罗夫修道院后，他出资5000卢布修葺修道院，并花不少钱进行装饰。在这个修道院度过的12年间，修士大司祭彼得远离尘世静心读书、思考，留下了日记，这些日记成为撰写他的传记的资料（见Можаровский А. Русская Старина. 1896 г. №2-4）。

修士大司祭彼得于1845年5月17日去世，他的陵墓坐落于大教堂圣堂之后。

十五、第十一届俄国东正教驻北京使团
（1830—1840）

　　早在1824年，第十届使团的一位成员——司祭韦尼阿明（Вениамин Морачевич）同意在北京再滞留10年。当时俄国政府已着手新一届使团成员的选拔和培训。外交大臣涅谢尔罗德（Нессельрод）伯爵[在给圣主教公会总监督官戈雷津（Голицын）大公的信中提出新一届使团成员的人数选拔，应不少于10人]把他们逐渐引向中国之行，所以入选人员每周应集训两次，这样的安排是必要的，集训时他们可以互相认识，听曾去过中国的亚洲司官员西帕科夫、利波夫措夫和亚金夫神父为他们讲授汉语课。这一设想是否落实不得而知，但使团的一些成员确实曾提前一年在外交部登记在册，这一年间的确按要求为使团准备了34部经书和25幅标着12大节日的铁皮圣像。在收到中国朝廷的应允意见后，圣主教公会于1829年12月19日赐予司祭韦尼阿明"高级神职人员"名号，在诵经时有权佩戴主教金冠、修士大司祭的胸前十字架和方形织锦补子。

　　修士司祭韦尼阿明，沃伦主教区神职人员之子。1817年毕业于沃伦神学校，转入彼得堡神学院学习，1819年尚未完成学业便被吸收为俄国东正教使团成员，同年9月14日在亚历山大涅瓦修道院进入教职，9月26日成为修士辅祭，9月28日由主教米哈依尔授修士司祭职，1820年在前往中国途中的伊尔库茨克被授予锦章，抵达北京后被任命为团长助手。1822年至1831年间主持雅克萨俄罗斯人子弟学校。1832年被授予金十字架。1825年秋天起担任北京满人学校的俄语教师，1829年经沙皇确认担任第十一届使团团长，1830年获圣安娜二级勋章。1831年在中国朝廷的举荐下（1830年12月20日沙皇令）获得价值600卢布的镶宝石修士大司祭十字架和修士大司祭圣服，圣服上刺绣着主进圣殿节和圣母安息节的画面。1833年，韦尼阿明又被授予含头冠的二级圣安娜勋章。

　　1830年年初，新使团的全部成员到位：两名司祭——阿瓦库姆（切斯诺依）[Аввакум(Чесной)]和费奥菲拉克特（基谢列夫斯基）[Феофилакт (Киселевский)]，一名辅祭波利卡尔普[图加里诺夫（Поликарп）]，教堂服务人员格里高里·米哈依洛维奇·罗佐夫（Григорий Михайлович Розов），医生波尔菲里·叶夫吉莫维奇·基里尔洛夫（Порфирий Евдокимович Кириллов），三名大学生——库尔良采夫（Курляндцев）、叶皮凡·伊万诺维奇·司切夫斯基（Епифан Иванович Сычевский）和阿列克谢·伊万诺维奇·科瓦尼科（Алексей Иванович Кованько），画家安东·米哈依洛维奇·列加舍夫（Антон Михайлович Легашев）。

司祭阿瓦库姆，特维尔教区神职人员之子。1825年神学学校毕业后被派往彼得堡神学院，并于1829年毕业，获高级学士学位，同年被吸收为使团成员。11月9日在神学院教堂发愿进入教职，11月20日由主教费拉列特（Филарет）授予修士司辅教职，21日晋教士衔，得证书和教士十字架。到达北京后担任使团团长助手。1831年起在主安息教堂侍奉，并主持雅克萨俄罗斯人学校，同时学习语言——汉语、满语和一点儿藏语。1833年获得圣弗拉基米尔四级勋章，1837年获得圣安娜二级勋章。

司祭费奥菲拉克特，波尔塔夫教区神职人员之子。1827年沃罗涅日神学学校毕业后进入彼得堡神学院学习，学业未完成便于1829年成为北京东正教使团成员，11月9日剃度进入教职，21日被授予修士辅祭一职，22日成为修士司祭。抵京后担任使团财务监督，1835年11月前在奉献节教堂，后来在主安息教堂。学习了汉语和蒙古语以及道教和佛教。1833年被授予圣安娜三级勋章，1837年被授予圣瓦西里四级勋章。

辅祭波利卡尔普，原在彼得堡神学院学习，未及毕业（有关他的情况请参见第十二届使团）。

唱诗生罗佐夫，诺夫哥罗德教区教堂服务人员之子。1829年诺夫哥罗德神学学校毕业后成为北京东正教使团唱诗生。抵京后担任教堂执事助手和雅克萨俄罗斯人学校管家。1833年身份转为使团大学生，并获十二等文官衔，1836年成为十等文官。

医生基里尔洛夫毕业于外科医学院，以十等文官身份进入使团。

大学生科瓦尼科，矿山测量员，即矿山官员，从乌拉尔矿山厂进入使团。

大学生司切夫斯基，布里亚特人，曾在伊尔库茨克中学学习。

画家列加舍夫来自彼得堡艺术学院，为十二等文官。

陪护使团的监督官为总司令部中校米哈依尔·瓦西里耶维奇·拉德任斯基（Михаил Васильевич Ладыженский）。与之随行的还有科学院派出的植物学家本格（Бунге），以及后来成为德普特大学著名教授的数学家弗科斯（Фукс），弗科斯还曾是普尔科夫天文馆天文工作者，还有喀山大学硕士科瓦列夫斯基（Ковалевский）。另外，从边界到库伦，喀山大学蒙古语教研室教授波波夫（А.В.Попов）也随行使团。

1830年1月20日，使团成员从彼得堡出发。在伊尔库茨克，以及到恰克图前的一路上，他们一直在波波夫、科瓦列夫斯基和亚金夫神父的带领下学习蒙古语。亚金夫神父与使团一同到达伊尔库茨克。一行人从伊尔库茨克分两路行进，一路穿过贝加尔湖，包括基里尔洛夫、科万科、库尔良采夫和列加舍夫在内的另一路则沿贝加尔湖岸行进。全体人员于8月30日从恰克图启程，9月20日从库伦启程，1830年11月18日到达北京。

韦尼阿明神父的管理并非风平浪静。从第十届使团离京开始，不和睦的气氛就显现出来。事情的起因还要早：前一届使团的大学生列昂季耶夫斯基和克雷姆斯基已在新使团进入使团管理委员会的成员中埋下了反对韦尼阿明神父的情绪。以协助团长为目的的管理委员会，一下子就拿起了观望和批评的恶意姿态。韦尼阿明不善于消解不利于自己的意见，他处处遇到刁钻的要求和顶撞，而他自己又惯于弄权、嫉贤妒能。他刚愎弄权的行为令管理委员会成员愤怒，最不起眼的小事也会引起轩然大波。管理委员会成员向伊尔库茨克省长告状，说团长不让管理委员会参与使团经济事务。此说的起因是为医生基里尔洛夫找中国教师，官费聘请教师经费不足，团长不想给补贴，而医生也很傲慢，不愿自己出钱。另一个问题是关于奖励雅克萨俄罗斯人的孩子来教堂做礼拜，也是纷争不断。管理委员会多次开会，把这一问题直接捅给了亚洲司。最后，这些不和导致使团成员情绪低落，生活气氛日益沉闷。1832年，大学生库尔良采夫"因病"回国，不久科万科也回了俄罗斯，但科万科是1836年被亚洲司"召回"的。1831年，一些成员被派到北馆，有司祭阿瓦库姆、辅祭波利卡尔普和唱诗生罗佐夫。这种勉强维持的状态持续了5年。这一时期，使团成员的私人信件中谈到团长都很不客气。费奥菲拉克特神父和波利卡尔普神父则难过地抱怨说，韦尼阿明神父几乎从他们被派往北京的那天起就想把他们提前遣送回俄国，这种念头使患病的费奥菲拉克特更加虚弱，波利卡尔普神父则担心自己的未来——神学院的课程没学完，自己的生活全被毁了。最后，在亚洲司朋友的支持下，使团成员占了上风，亚洲司给韦尼阿明传来训诫，告诉他应如何行事。韦尼阿明神父的回应是请求解除他的使团团长的职务，特别是他已经看到自己在下属中的威信完全扫地。结果是，1835年6月3日，亚洲司发出命令，委托司祭阿瓦库姆管理使团事务，但这一命令对外严格保密。给中国朝廷的所有公文都仍以韦尼阿明神父的名义。韦尼阿明神父在中国朝廷中结交广泛，很有影响力。至于与中国人的关系，无论是过去还是以后，从未有哪届使团获得这么高的评价。最高级别的达官显贵都光顾俄罗斯馆。这是由于韦尼阿明神父善于与中国人打交道，在他管理使团的5年间，经他手送给中国人的官配礼品价值6000多卢布，后来，仪表堂堂、医术高超的医生扬名于那些有名望的患者之中，几乎整个北京的名流都找画家列加舍夫画像。反对派的核心阿瓦库姆神父使教士们的生活平静下来，他带领他们学习、研究，但也并没有放松对韦尼阿明神父的监视。在葡萄牙传教士事件上就体现出这一点。包括葡萄牙传教团在内的天主教传教团，自1826年起遭到驱逐。由于欧洲传教士干涉了中国的政治，中国皇帝降旨，将他们驱逐出中国。在北京，政府允许留下的只有疾病缠身的年迈的主教毕学源（Пирес Перейр）。天主教传教团的财产被卖，在修士大司祭彼得时期，俄国东正教使团购买了一些，而他们丰富的中文和西文藏书则赠给了我们的图书馆。体弱多病的毕学源主教下令留下的还有一座教堂、两处墓地和一些债务。命在旦夕的主教希望委托老友韦尼阿明神父处理，事实上是指定他（确切地说，是俄国东正教使团）为其遗嘱执行人。韦尼阿明神父有时去看望病中的毕学源主教，认为以应有的仪式为他举行葬礼是自己应尽的义务，但阿瓦库姆神父担心这会给使团带来不幸，认为可能会引来坏人的嫉妒。亚洲司为此对韦尼阿明神父很不满意，特别是他不避讳地让自己的中国仆人——烤圣饼的工人偷偷给藏在毕学源主教处的法国传教士送信。毕学源主教去世后，使团管理委员会在阿瓦库姆神父的主持之下在新一届使团到达北京时清理了葡萄牙主教的财物。1841年4月15日日志详细地记载了清理财产的全部条令。

　　按使团成员上交亚洲司的总结，包括神职人员和世俗人员在内的使团全体成员，在北京的活动如下：

　　在第十一届使团，无论是使团团长还是使团随行者都不爱谈及修士大司祭韦尼阿明的论著。我们只能从韦尼阿明本人的总结中了解。1842年他向亚洲司报告了自己在华20年的活动，没有提到他的任何学术论著，但使团的所有开创性工作、所有杂事都落在了他身上，所以使团成员的成绩都得益于他（间接地）。回想关于第十届使团之前的传教士生活环境的描写，说他们忍受的寒冬和酷暑，令人震撼。所以整修使团两处驻地——南馆和北馆设施的责任就落到了韦尼阿明神父身上。他不得不去买地，了解中国建筑的基本情况，买材料，和包活儿的人打交道。第一个10年期中，这种不得不进行的施工中间只停了两年，即1828年和1829年。两座教堂——奉献节教堂和主安息教堂都焕然一新，还为第十一届使团成员新建了一些房子。远离信仰的粗野雅克萨俄罗斯人总是惦记着生活在他们之中的韦尼阿明神父。韦尼阿明亲自在雅克萨俄罗斯人子弟学校执教8年，使雅克萨俄罗斯人开始来主安息教堂做礼拜，学生们也来参加。基督徒们为了谈天和听福音来到这里，甚至有不少异教徒也来。15年间，韦尼阿明神父必须到城市的另一端给满俄学校上课，为此他还必须学习满语。尽管除夜间外，他再没别的时间学习汉语书面语，但韦尼阿明神父在实际生活中很快掌握了汉语口语，这使他得以同中国人接近，结交广泛。的确，这也带来很多麻烦，很耽误时间，因为来访者登门拜访时使团里要整装以待。但与中国朝廷及要人的亲近关系巩固了使团对俄中谈判的进度和调子的影响，丰富了俄国关于中国国家治理方式、边远省份统计资料、很难进入的上流社会生活等方面的信息。同时这种途径也使中国人能正确了解俄国和其他国家，另一方面减少对中国政治和宗教生活的大量偏见。在担任翻译时积累了统计资料、地理学、法律、社会习俗、中国人的生活方式等方面的资料。韦尼阿明神父过去和现在都非常关注中国的农业，他把近百种中国粮食和园艺植物的种子及12种农具模型运回俄国，并筹划编辑关于中国农业的专门文集。《满族人在清朝建立之前的历史》（Истории царства Маньжурского до завоевания оного Китаем）和《中国割据时期史》（История Китая в его удельный период）两部书的翻译都是从韦尼阿明神父开始的。北京的法国传教士所编的最好的汉语词典之一也是经韦尼阿明之手译成了俄语留在使团的北京图书馆。韦尼阿明对葡萄牙传教士留下的财产的侠义安排，在中国人和欧洲人面前为俄罗斯人争得了荣誉和尊敬。此外，修道院的经济往来和各种琐细事务，使团其他成员都认为事不关己，全都落到了韦尼阿明神父一人身上。在总结报告的结尾，他说，回忆在北京度过的岁月，他的头脑中总是浮现出不辱使命的满足感。

修士司祭阿瓦库姆在头5年住在北馆，在主安息教堂奉教，多与雅克萨俄罗斯人和中国基督徒在一起，后5年负责管理使团。初期他大量学习汉语，先是从比丘林翻译的《三字经》学起，后来读了"四书"和"五经"。这一时期他还专门研究了中国人在婚嫁、祭祖和出殡时常用的萨满教礼仪。后来他翻译了《清朝家族前四汗史》、《1223年蒙古西征进犯欧俄夺取梁赞和图拉城的蒙元统帅传》(《苏步特传》)。他按满文翻译的作品有康熙时期的《热河志》(Описание Жохэра)和乾隆时期的《奉天志》(Описание Мукдена)。在藏语方面，他研究牍牒信函，翻译了两部手稿小说，留下一部《藏语语法》。

修士司祭费奥菲拉克特起初学习汉语非常用心，尽管使团的经济事务常常打断他的学习。从1835年起，他代替阿瓦库姆神父前往主安息教堂奉教。费奥菲拉克特神父为牧教活动把大量经文译成汉语，有费拉列特简要教理问答、两本传教手册以及两本科切托夫指南——《神学》(О законе Божием)和《教民义务》(Об обязанностях христианина)。1836年起他开始学习蒙古语和佛教，翻译了《佛陀传》中的几篇文章和《甘珠尔经》中的两部，并节录了书中关于东方各民族的历史和人种学的一些资料。但他却没能使用这些资料，因为他没能返回祖国——于1840年6月1日在北京去世。他翻译的《关于纸币的报告》(доклад комитета об ассигнации)发表在俄国东正教使团成员论著集第三卷上(第255—262页)。

修士辅祭波利卡尔普住在主安息教堂，履行教堂执事的职责。他勤奋地学习这三种语言。他找到了中文版的《甘珠尔经》，在1835年11月回国时把这份材料留给了费奥菲拉克特神父。波利卡尔普开始记录东突厥地理。在俄国，他因身患疾病，被赋予在他希望的城市——雅罗斯拉夫或莫斯科疗养的权利。

医生基里尔洛夫长于汉语口语和交往礼节。他广施医术，在皇族中享有盛名。他的一个患者，亲王夫人，送给他一株罕见的、带有叶子和果实的人参。在中国教师的帮助下，基里尔洛夫读了不少关于解剖和医疗方面的书，撰写了《中医解剖病理基础》(Анатомико-физиологические основания китайской врчебной науки)一书。另外，基里尔洛夫还进行星象观察，撰写植物标本集，在药店调教雅克萨俄罗斯人子弟学徒。

画家列加舍夫，除了在教堂绘画、绘制主安息教堂圣像壁，还为中国的显贵作了34幅肖像画和16幅素描画作为礼物。用水彩和油彩绘制了大量的服饰、农具、乐器以及北京风光的画作，他还研究中国墨、朱砂等颜料的生产。

大学生司切夫斯基从满文翻译了法律资料：《理藩院则例》（Палаты внешних сношений），东突厥、西藏的律书，清王朝官吏的命令等。他阅读了施密特（Шмидт）撰写的《蒙古民族史》（История Монгольского народа），并编写了中国律令集。

大学生罗佐夫，除履行唱诗生的职责和阿尔巴津学生一起咏诵外，还摘录了大量汉语的历史、地形测量方面的资料，把满文本《金史》译成俄语并对照汉文本校订，翻译了一些满语词典和满语语法资料。

大学生科万科，初期十分关注汉语口语，掌握了口语后阅读"四书"，编写技术术语词汇表，接触了关于制盐、制作中国墨的书籍，翻译了《授时通考》和其他关于农业、园艺的书，并找到了丝绸染色的秘方；学会汉语官话后，编写俄汉字典，已完成3个字头的内容。他还进行磁力观测和地质构造收藏，并自认为完成了自己在中国的任务，也因此于1836年被召回俄国。

除了在北京的这些活动，使团成员返回俄国后仍继续其中的一些工作，在回国的途中也是一样。

1841年6月9日，在监督官柳比莫夫（Любимов）的带领下，第十一届使团成员结束任期离京，于7月29日抵达库伦，8月9日抵达恰克图。

回到彼得堡后，使团全体成员都得到了临行前允诺给他们的津贴，韦尼阿明神父和阿瓦库姆神父提升为修士大司祭，每人都获得了二级修道院院长的权力。韦尼阿明在库尔斯克教区一所修道院担任修士大司祭，后任亚历山大涅瓦修道院副院长。阿瓦库姆留在亚洲司担任顾问，获圣弗拉基米尔三级勋章，后来随普提雅廷伯爵和阿穆尔斯基伯爵海上旅行。医生基里尔洛夫在伊尔库茨克的谢尼亚维那工作。罗佐夫在外交部做翻译。为去世的费奥菲拉克特神父的兄弟一次性发放抚恤金500卢布。

十六、第十二届俄国东正教驻北京使团
(1840—1849)

　　韦尼阿明神父管理之下的第十一届使团内部生活并不平静。这使亚洲司开始寻找能够减少未来错误的方法，甚至产生了让世俗人员管理使团的念头。在亚洲司的官员中大概有愿意主持使团工作的，因为1835年亚洲司负责人就此事前往恰克图咨询当时住在那里的亚金夫神父。亚金夫神父回答说，因为按照同中国人签订的条约，世俗人员必须作为见习修士才能主持使团，因此要主持使团的人必须先在谢尔盖隐居修道院住一段时间，让有经验的修道院院长（可能指的是伊格纳季·布良恰尼诺夫）带一带，然后在北京就可以佩戴十字架。但这一想法并没有实现，因为找到了更合适的使团团长人选——修士辅祭波利卡尔普，1836年就有了这个打算，圣赐他1500卢布用于治病。也有一说认为斯佩兰斯基在伊尔库茨克为波利卡尔普活动。从1838年起，外交部开始详细准备第十二届使团派出所需的一切，再次衡量使团成员，并进一步补充经费，用于给中国患者买药、请藏语教师、购买书籍、医生出城去收集药用植物、购买好的圣器、购买礼品[包括望远镜、电机、给朝鲜大臣带的气泵、北京呼图克呼要的精巧俄式马车（他去世后马车送给了库伦的王姓官员）]。用于购买礼品的金额共计7000卢布，使团的经费改为每年17750卢布。另外，1842年又拨了13500卢布用于在北京修建图书馆。与此同时波利卡尔普再次进入彼得堡神学院学习（从1838年1月起），在这里他找到了自己的同伴——修士司祭英诺肯季·涅米罗夫（Иннокентий Немиров）、固里·卡尔波夫（Гурий Карпов），修士辅祭帕拉季（Паладий），大学生约瑟夫·戈什克维奇（Иосиф Гошкевич）、弗拉基米尔·戈尔斯基（Владимир Горский)和伊万·扎哈罗夫（Иван Захаров）。戈什克维奇推荐了自己的好友、绘画技艺高超的画家科尔萨林（Корсалин）。除这些成员外还另请了两位：医生亚历山大·阿列克谢耶维奇·塔塔里诺夫（Александр Алексеевич Татаринов）和派到使团来的喀山大学硕士瓦西里·帕夫洛维奇·瓦西里耶夫（Василий Павлович Васильев）。他们所有人都需要学习语言（汉语和满语），必须

在亚洲司参加考试。一位大学生被派到普尔科夫天文站进修天文观测实践，另两名大学生在科学院博物馆接受培训。亚洲司的学习于1839年8月开始，从9月起使团全体成员都开始领受津贴。世俗人员开始有了相应的文官的职位，科尔萨林不再属于纳捐阶层，得到了十四等文官的职位。修士司祭都得到了沙皇办公厅授予的胸前金十字架。1840年年初，一切准备妥当。大约在1840年1月20日，使团全体成员来到了喀山，等候下一步的旅程安排。行李共约445普特（1普特约为16.38千克——译注），装满125箱，1箱银锭约125普特，10月4日，在监督官尼古拉·伊万诺维奇·柳比莫夫（Николай Иванович Любимов）带领下的使团顺利到达北京，甚至可以说是一路舒适。给柳比莫夫的工作条例中，谈到了使团的名誉、葡萄牙传教士的钱款、语言学习计划、使团成员的行为；谈到了政治问题：雅克萨俄罗斯人子弟学校对于使团的意义、阿穆尔河通航、缩短使团在京的期限，处理这些问题时甚至可以对中国人做一些让步；谈到同英国人的矛盾以及向中国边境派出俄国大使的可能性；谈到贸易和商品，给出了中国的详细资料，可以购买的珍稀物品，之后可以从一条新的线路经努鲁克图回国。监督官在京期间，英国人由于被中国人没收了鸦片，以围困中国相威胁。此时在把财物、事务交给刚到来的新使团后，决定给使团每位成员派发4俄磅银锭（团长加倍），用于盛夏时节去郊外避暑的费用。

在描述使团的活动之前，必须先介绍一下使团成员的生平资料。

修士大司祭波利卡尔普（图加里诺夫），39岁，雅罗斯拉夫教区神职人员之子。毕业于雅罗斯拉夫神学校，1820年进入彼得堡神学院学习，同时被吸收为东正教驻北京使团成员，在北京生活了5年后返回了祖国。1838年再次进入神学院学习，8月获修士司祭职，1839年结束课程获硕士学位并被任命为东正教驻北京使团团长。8月16日被提升为修士大司祭，获三级修道院院长权力，1840年2月8日授予他一级修道院院长称号。

修士司祭英诺肯季·涅米罗夫，29岁，雅罗斯拉夫教区罗曼-鲍里索格列布斯基县教堂执事之子。1834年毕业于神学校，获大学生称号，在高级僧侣学校学习一年，1835年进入彼得堡神学院，1837年在这里成为修士并被授予修士辅祭职，修完了神学硕士课程。

修士司祭固里·卡尔波夫，26岁，萨拉托夫大教堂神职人员之子。1836年毕业于萨拉托夫神学校后在萨拉托夫神学中学教了一年拉丁语，1837年进入彼得堡神学院学习，1838年在这里成为修士，并于8月1日被授予修士辅祭职，1839年11月20日被授予修士司祭职，12月9日获赠沙皇办公厅的金十字架，12月15日获神学学士称号。

修士辅祭帕拉季（卡法罗夫），23岁，喀山教区奇斯托波尔斯基县大司祭之子。1837年进入彼得堡神学院，1839年被吸收为东正教驻北京使团成员，8月11日成为修士，8月16日被授予修士辅祭职，进入东正教使团担任修士辅祭。

到达北京后，司祭英诺肯季承担起纠正南馆的教堂礼仪和礼拜的任务；司祭固里负责他所在的北馆即主安息教堂的财务和诵经；辅祭帕拉季掌管圣器；大学生戈什克维奇当唱诗生，同时负责图书馆、磁性天文站和磁力观测。瓦西里耶夫与固里神父、帕拉季神父一起住在北馆，以便于同相邻的唐古特寺庙的喇嘛交往，学习蒙古语和藏语。波利卡尔普神父接替了韦尼阿明神父在满人学校教俄语的工作，他接受这项工作时的仪式非常正规。

上一届使团离京后，新一届使团的生活就进入了日常状态——按照外交部的事先规定，主要是学习语言。修士大司祭波利卡尔普作为团长不可能有时间学习语言，他的所有时间几乎都用于与清廷打交道、收集中国的信息、从报纸上摘录一些政治问题。不久在南方发生的中国人同英国人的战争为波利卡尔普的外交报告提供了充足的内容。这些报告一般都很客观。波利卡尔普身上表现出一个细心的政治人物和谨慎干练的人的特点。另外，他还完成了亚洲司布置给他的一些任务，这对于理顺同中国的关系很有作用。向俄国发出公文的次数由过去的一年一次增加到一年6次，亚洲司总是焦急地等待着他两月一次的报告。这里我们按照时间顺序，只提几件波利卡尔普神父报告的各种情报中最重要的内容。比如，起初出现了从水路经天津将茶叶运送到恰克图的问题，在中英战争结束之前不能走这条路线，尽管当时中俄边界海关交验货物的工作已经齐备。走私的鸦片甚至从南方传到了北京。博格达汗册封了西藏的新喇嘛。一个中国人状告他的一个寡妇亲戚，这寡妇的亡夫是基督徒，去世后留下了圣像和经书。因为当时基督教是被禁止的信仰，而寡妇就住在北馆附近，所以密报的人就把这些话写在石头上扔进了东正教使团的菜园，这会令中国政府怀疑我们东正教使团在传教。为了证明这种怀疑是被冤枉的，只能费些周折，还要花一些钱。波利卡尔普为这件事付出了不少精力，最终总算有所回报，了结了此事。1842年，波利卡尔普神父报告说，英国人在中国沿海示威奏效，中国人同英国人签订了丧权辱国的条约；清政府对官吏的判决和惩罚；官吏被发配伊犁。这一年使团收到了俄国商品的样品：印花布、呢绒、被服、桌布。需要重新为这些样品定价，它们不符合北京的市场。同时还报告说，英国商品也没有销路，定价也不合适。建议通过恰克图而不是欧洲搞靛蓝，并保证这要便宜许多，能够推动俄国的纺织工业。接着谈到了从西藏来京的贸易使团和上等茶叶价格上涨的消息。波利卡尔普神父建议恰克图商人不要压低茶叶价格，尽管茶叶的货源充足。还提到鸦片价格一度下降，白银紧缺，中国政府不知如何应对这一状况。更令中国政府紧张的是，民众中酝酿着暴动风潮和想要改朝换代的情绪。1842年11月11日沙皇令每年给使团拨款4000卢布用于购置新的地产，拨款300卢布用于修缮俄罗斯人墓地。这一年12月亚洲司指令教雅克萨俄罗斯人子弟俄语，以便能够通过他们得到关于中国的情报，购买新版的《理藩院则例》，介绍小布哈拉。

这一年使团遇到了一桩奇事：使团成员官职晋升一级，由十四等文官官制晋升为九等文官官制。晋级的权利赋予了使团，但使团过于急切地要实现这一权利，结果很滑稽，亚洲司责备使团操之过急，并解释说，工作守则中所说的三年为期不是从上次任命时起，而是从抵达北京算起，但也并没有废止已经做出的决定。后来波利卡尔普神父请求外交部收回赋予使团的提升官职的决定，因为他们很难操作。大家都住得很近，像一家人一样，奖励一个，就得奖励另一个。于是，提升官职不是发生在使团期满时，颁发勋章是在1846年，修士大司祭波利卡尔普获圣安娜二级勋章和胸佩圣母小像；修士司祭英诺肯季和固里获得圣安娜三级勋章；修士辅祭帕拉季也获得圣安娜三级勋章；医生塔塔里诺夫、大学生戈什克维奇、瓦西里耶夫、戈尔斯基和扎哈罗夫都获得圣斯坦尼斯拉夫三级勋章。另外，塔塔里诺夫提交了医学学士论文，后来在亚洲司的举荐下获得了学位。1847年年底，塔塔里诺夫、戈什克维奇和瓦西里耶夫晋升为八等文官。

在1843年的圣诞节期间，固里神父在奉献节教堂指挥雅克萨俄罗斯人子弟学生的合唱引起了轰动，大家都感动得热泪盈眶。后来举行的考试也说明，雅克萨俄罗斯人子弟学校办得很好，孩子们在汉语、俄语阅读和歌唱、代数方面成绩出色。这些报告给亚洲司，固里得到了奖励，孩子们也得以在斯拉夫式教堂礼拜时来诵经。

为了巩固与中国的良好关系，俄国外交部给中国政府赠送了百余页俄国地图和大量俄罗斯书籍，内容涉及天文、数学、自然科学、技术，还赠给满人学校的学生一些教材，作为回礼，中国赠予俄国一幅新刊刻的中国地图。1844年使团开始以正式的信函讨论缩短俄国传教士在华工作年限的问题，1846年达成一个令人难以想象的结果：工作年限缩短为5年。当然第十二届使团已经享受不到这个条件了。

1844年，波利卡尔普向亚洲司报告了贸易问题以及同英国竞争的可能性，发出了蚕丝绵样品和英国产品样品——呢绒和纸制品。报告中说，中国继续加强其海上防卫，已经从湖北造船厂订购了按欧洲运来的模型制造的轮船；中国北部沿海也将有舰队；法国、西班牙、葡萄牙、美国的使臣抵达广州，要求自己国家也应拥有英国人按条约所拥有的权利；当时在北京盛传允许传教士住在北京，这并没有得到证实。"传教士只可以在对欧洲开放的5个港口传教。有一次，一位法国传教士偷偷来到了张家口，但被抓捕后遣送回了广州。我们使团向南方派出了信使，去收集俄国需要的蚕种和茶的种子。"

1845年，波利卡尔普强烈要求回国，起因只是缘于一些流言。亚洲司对此态度坚决，同年3月更坚决地通知他要留在北京。这件事说明外交部对波利卡尔普的评价很高。

第二年一整年都在调查北京、天津、广州及其他城市的运费。雅克萨俄罗斯人子弟学校的教师捷列金赢得了每年100卢布的退休金，这笔钱在他去世后交给了他的家人。由于久坐埋头学习语言，使团很多成员都生了病，甚至医生本人也病倒了一段时间，他感到很绝望。1847年春，弗拉基米尔·瓦西里耶维奇·戈尔斯基因痨病去世。戈尔斯基为人友善，勤奋好学，大家都很喜欢他。戈尔斯基之死对大家打击很大，特别是波利卡尔普神父，他再次提出了使团提前轮换的问题。沮丧情绪笼罩着使团所有成员。此时亚洲司必须开始与中国朝廷交涉使团成员轮换，召辅祭帕拉季回彼得堡，任命他为下一届使团团长，发放装备费700卢布。帕拉季于4月离开北京，此时已在考虑下一届使团来京后的房舍问题。房舍改建持续了两年，直到1848年才完工。此时东正教使团接收了葡萄牙图书馆的天文学藏书，这是波利卡尔普神父作为使团团长做的最后一件工作，因为第二年就收到了使团轮换的通知。波利卡尔普没能提交大部头的学术著作或译作。

司祭英诺肯季写下了这样的结论："处理那些明显违背福音书意图之事。"[见《中国福音报》（Китайский благовестник），1916年3—4月号]英诺肯季神父在北京期间,一直翻译《康熙字典》,但最终并没有完成,译稿也不知去向。

司祭固里将教务工作看成是自己的职责:管理雅克萨俄罗斯人子弟学校,支持雅克萨俄罗斯人中的东正教信仰。尽管在异教徒中传教是被禁止的。由于担心政治方面过于复杂,亚洲司也没为使团规定传教任务。语言方面的著作应提到修订旧译的传教书籍,还把一些书译成汉语:《雅科弗主教文集》《圣餐礼仪式规则》《教会简史补编》《彻夜祈祷和圣餐仪式规则》《圣徒传和学生用新约史》。另外,固里神父还翻译了中国的《佛教信徒的誓愿及中国人发誓的仪式》[见《俄罗斯东正教驻北京使团成员论集》(Труды членов Русской духовной миссии),第二卷,第117—225页],一些汉学家认为这篇译文证明了译者扎实的佛教知识,是对欧洲相关材料的重要补充。

辅祭帕拉季也曾专门研究佛教,并上交了两篇译文:(1)《迦毗罗论》(Учение Капилы),这篇文章常常被佛教研究者引用;(2)《佛教诸神》(Очерк буддийских божеств),这部书的内容非常复杂,配有非常精细的插图,罗列了佛教所有最主要的佛及其象征物,甚至还介绍了偶像的制造规则,怎样修复,过程中需要伴随什么样的仪式。

医生塔塔里诺夫在研究中医(《俄罗斯东正教驻北京使团成员论集》,第二卷,第215—261页)的同时,从大量典籍中专门做了摘录(前揭书第三卷,第73—81页):《中国人的兽医学》(Ветеринарная медицина у китайцев)、《育儿经》(Способ воспитания детей)、《接种天花》(Прививание оспы)、《小儿病》(Детские болезни)、《几种药用物品和植物根》(Описание некоторых лекарственных веществ и корней)、《大学生戈尔斯基之死》(О смерти студента Горского)、《中国针灸》(Лечение уколом иглой в Китае)、《人参》(Корень женьшень)、《暴力致死特征的研究方法》(Способы исследования признаков насильствений смерти)等。在植物学方面,塔塔里诺夫上交了收集的风干植物和在京郊山间旅行时画的带剖面的近400种花和果实的图画。

大学生戈尔斯基学了4种语言(汉语、满语、蒙古语、藏语)。他的两部著作——《满洲王室的崛起》(Начало и первые дела Маньчжурского дома)、《论当今统治中国的清朝的始祖及满族的起源》(О происхождении родоначальника ныне царствующей в Китае династии Цин и имени народа Маньчжу)

都刊登在《俄罗斯东正教驻北京使团成员论集》的第一卷（第1—114页）上。

大学生约瑟夫·戈什克维奇研究农业问题，写了几篇文章，后来都刊登在使团成员论集上：《丝绸业与养蚕》（《俄罗斯东正教驻北京使团成员论集》，第三卷，第226—250页）、《中国墨的制作》（《俄罗斯东正教驻北京使团成员论集》，第一卷，第219—222页）、《灭蝗》、《早熟麦》、《中国的两种薯类》（《俄罗斯东正教驻北京使团成员论集》，第三卷，第69—73页）、《中国算盘及珠算四则运算》（《俄罗斯东正教驻北京使团成员论集》，第二卷，第99—117页）。戈什克维奇还为葡萄牙传教士藏书做了目录。

大学生伊万·伊利奇·扎哈罗夫在戈尔斯基去世后承担起诵经士的职责，留下了以下译文和文章：《青海的和硕特及其对中国的态度》（Хошоты в Хухуноре и отношение их к Китаю）、《土尔扈特（卡尔梅克）及其迁往伏尔加河地区》[Тургуты (калмыки) и переселение их на Волгу]、《中华帝国的西部边疆》（Описание Западного края Ктайской империи）、《中国人口问题史评》（Народонаселение Китая）（《俄罗斯东正教驻北京使团成员论集》，第一卷，第141—219页）、《中国土地所有制问题》（Позмельная собственность в Китае，第二卷，第1—57页）、《巴尔喀什湖及其支流》（Описание озера Балкаш и рек, из него вытекающих）。

画家科尔萨林在赴华沿途特别是途经贝加尔湖时大量取景作画，抵京后他整理这些草图，还创作了几幅朝廷官员人像画。他最重要的作品是带周边风景的万寿山全景油画。北京的气候和生活环境使他感到严重不适，不久他就病了，并于1843年返回俄国。

瓦西里耶夫通过喀山学区督学将自己的成果交给了喀山大学。

1849年5月25日，亚洲司发出了使团轮换的通知，同时还有秘密训令——试探取得与中国西部边界贸易的优惠权。亚洲司嘱咐波利卡尔普神父不要忘记向新一届使团团长转交密报用的"可爱的"无色墨水和密码。

就这样，第十二届使团在北京生活了9年。使团于1850年5月2日离京，7月抵达恰克图。恰克图官员和所有俄国居民以宗教游行的方式出迎，恰克图东正教界鸣礼炮隆重欢迎。

使团成员抵达彼得堡后，一个特殊的委员会受委托鉴定他们的成果，并对他们的奖励和补贴提出意见。补贴情况如下：修士大司祭波利卡尔普每年1500卢布，固里650卢布，司祭英诺肯季500卢布，医生塔塔里诺夫700卢布，扎哈罗夫和戈什克维奇每人500卢布。他们的未来去向如下：修士大司祭波利卡尔普被安排在雷宾斯克附近尤戈尔斯基修道院；司祭固里留在基辅洞窟修道院；英诺肯季提升为修士大司祭，掌管旧俄修道院；塔塔里诺夫和扎哈罗夫随科瓦列夫斯基在塔城签订条约，后来分别在伊犁和塔城担任领事。1855年塔城的中国人烧毁了商栈，塔塔里诺夫返回俄国，后再次被派往中国，陪同普提雅廷伯爵直至《天津条约》签订，之后作为信使派回彼得堡，并于1859年再次随特使伊格纳季耶夫来到北京。扎哈罗夫留在塔城，与中国人商定烧毁塔城商栈的赔偿金，后回到伊犁担任总领事。戈什克维奇随普提雅廷前往日本，被英国人俘虏，回国后出版了日语词典，并被派往函馆担任领事。瓦西里耶夫代替去世的沃依采霍夫斯基担任喀山大学汉语教师，后随汉语教研室一起转到彼得堡大学担任教授，直到去世。

十七、第十三届俄国东正教驻北京使团
（1850—1858）

  1846年6月24日最高圣命确认俄国外交部的建议，调辅祭帕拉季由北京返回彼得堡为履行第十三届使团团长的职务做准备。1847年4月27日，帕拉季神父离开北京，回程经蒙古商道过萨伊尔兀鲁思时，记下了关于游牧察哈尔人、哈尔钦人、喀尔喀蒙古人的人种学记录。5月28日抵库伦章京处，年底便已住在亚历山大涅瓦修道院，草拟新一届使团成员学汉语的计划。为此，亚洲司拨款4000卢布。

  1848年3月8日，辅祭帕拉季升为司祭，直辖于亚洲司，继续自己的活动。当时外交部正准备将使团的工作年限确定为在京6年。如果按这一年限，薪金将减少三分之一，根据使团提议可提拔的官衔也只限于九等文官。使团团长的鉴定对于在华驻留期满结束领受薪金一事有决定性意义。帕拉季神父的同行者9人，主要从彼得堡神学院选拔而来，自1848年秋天起他们在亚洲司的所有活动都在帕拉季神父的领导之下，主要是认读《三字经》中的汉字，然后学汉语成语。

  下面是第十三届使团成员信息：

  司祭帕维尔（Павел），俗名彼得·茨维特科夫（Петр Цветков），28岁，阿斯特拉罕教堂差役之子。阿斯特拉罕宗教学校毕业后进入阿斯特拉罕大教堂做神职人员。1847年妻子去世后考入彼得堡神学院，1848年10月16日发愿。

  司祭叶夫兰姆皮（Евлампий），俗名叶利谢伊·伊万诺夫（Елисей Иванов），26岁，波尔塔夫教区神职人员之子。波尔塔夫宗教学校毕业后于1845年进入彼得堡神学院，1848年发愿，10月30日按手授司祭衔。

  辅祭伊拉里翁（Илларион），俗名米哈依尔·奥沃多夫（Михаил Оводов），21岁，阿尔汗格尔斯克教区神职人员之子，阿尔汗格尔斯克宗教学校学生。于1847年进入彼得堡神学院，1848年10月16日发愿，10月31日按手授辅祭衔。

  大学生尼古拉·伊万诺维奇·乌斯宾斯基（Николай Иванович

Успенский），特维尔教区教堂执事之子，24岁，1845年进入彼得堡神学院，神学硕士。

大学生尼古拉·伊万诺维奇·涅恰耶夫（Николай Иванович Нечаев），1849年加入使团。

大学生米哈依尔·达尼洛维奇·赫拉波维茨基（Михаил Данилович Храповицкий），使团唱诗手，24岁，诺夫哥罗德教区神职人员之子，1845年入彼得堡神学院，神学硕士。

大学生康斯坦丁·安德烈耶维奇·斯卡奇科夫（Константин Андреевич Скачков）。

医生斯捷潘·伊万诺维奇·巴济列夫斯基（Степан Иванович Базилевский），完成医学院学业。

画家伊万·伊万诺维奇·奇穆托夫（Иван Иванович Чмутов），来自艺术学院。

帕拉季神父在1848年11月2日晋修士大司祭衔时32岁。

整个1848年一直在进行准备工作中。直到12月，使团的第一批成员才离开彼得堡前往喀山的集合点。1849年1月24日集合，2月8日全体一起启程，2月17日抵达叶卡捷琳堡。接着他们一边赶路，一边做人种学考察。赶往伊尔库茨克集市的行人使这段路途有声有色，适逢谢肉节，俄罗斯东方边陲的外国人衣着各式各样。2月26日抵达托姆斯克，3月3日—4日抵达克拉斯诺亚尔斯克，12日抵达伊尔库茨克，18日从伊尔库茨克出发，3月21日抵达恰克图。这样，使团每天行进125俄里，一共走了10000俄里的路程。在恰克图一边等待中国的官员，一边为未来的生活做准备，一待就是3个多月。使团监督官科瓦列夫斯基上校在这期间赶到，带来了使团经费和亚洲司发布的使团守则。在这里卖图腾饰品的商人马列文斯基（И.А.Малевинский）向使团捐赠4口大钟，其中一口重3普特的挂在驿站，每逢节日祈祷，蒙古草原上都回荡着来自这口大钟的教堂钟声。直到现在使团仍在使用这几口大钟，挂在北京附近的十字架节隐修院的钟楼上。伊尔库茨克省长也来到恰克图，省长大人认为欢送使团出国应隆重一些。

1849年6月19日清晨，当地所有教士和使团所有成员一起在圣三一萨夫斯基大教堂完成隆重的大祭礼仪，礼毕后在当地居民的伴送下全体高举十字架、圣像、神幡等，一路以宗教游行阵势走向使团大车队，在车队旁完成了饯行祷告，为驮载的所有物品洒圣水。所有仪式完成后，使团车队便迈向买卖城关卡。而神职人员、使团成员以及出席送别仪式的官员则去当地一名商人那里出席饯行宴会。宴会结束后，约在下午5点，大家一起走向关卡大门。使团成员在这里参观了恰克图扎尔固齐的房子。在栅栏门口，恰克图官员、海关关长和戍卫大尉将车队如数交给护卫使团的中国军士和官员。大车队包括8驾板车、2辆载货大车、18辆双轮车、50匹马、60峰骆驼、65头公牛和50只羊。中国官员和驻边长官从恰克图一直护送使团到达第一站扎兰诺尔（Гилан-нор）的伊罗（Иро）河畔。宿营，顺利渡河，大家在这里告别。接着使团便按理藩院的文牒要求随商队一同行进，于8月2日抵达库伦，停留5天后，与中国官员互换文书，于9月27日进入北京。

抵京后开始熟悉北京城，拜见官员和私人朋友，交接财产，核查数目和出租的地产房产。1850年8月前，一座造价3000卢布的使团图书馆完工。新一届使团成员职务和活动分工如下：司祭叶夫兰姆皮负责使团财务、奉献节教堂的教务，同时研究中国古代史。司祭帕维尔住在北馆圣母安息教堂，负责东正教学校和雅克萨俄罗斯人教民，他的任务还有研究中国习俗。辅祭伊拉里翁担任使团录事，学术兴趣集中于佛教和藏语。医生巴济列夫斯基研究中国医学，编撰自然史。大学生斯卡奇科夫筹备地磁天文站，安装新运来的器具，进行地磁观测，阅读农业方面的中文典籍。大学生乌斯宾斯基管理图书馆，学习满语和中国元代历史。大学生涅恰耶夫和赫拉波维茨基一起管理使团内务，学习满语，并研究清朝律例。涅恰耶夫和乌斯宾斯基身体欠佳，勤奋和天生好学又使他们积劳成疾，这都是他们英年早逝的原因，尽管为挽救他们的生命已经做了一切努力。1850年夏天他们是在西山度过的。11月，帕拉季神父请恰克图边防长官把落在那里的晴雨表带到北京来，同时再带来一个便携药箱。12月，乌斯宾斯基死于肺痨。涅恰耶夫也在1853年2月去世。大学生赫拉波维茨基负责唱诗，同时学习满语，研究中国法律。画家奇穆托夫整理完自己来华途中的速写画稿后便开始翻新两个教堂的圣像壁。在学汉语的过程中他了解了中国人的风俗习惯，画了一些日常生活场景画，有时也画一些肖像画。

修士大司祭帕拉季的所有时间都用来与亚洲司通信，收集中国时事的信息，按照工作守则，有时就一些突发事件提供大量密报。这些突发事件都对中国不利。在第十三届使团在京期间，中国起义风潮不断，到处是暴乱、战争。两次与欧洲人发生重大冲突，道光皇帝驾崩，咸丰登基，国家财政完全陷入崩溃。高官更迭变换屡见不鲜，致命的干旱，黄河决口，大清帝国面临覆灭。北京总是处于对暴乱的恐惧之中。这一切都明确地反映在帕拉季神父的密报之中，亚洲司每一班信使都带着他标着详细编号的密报。在保存在外交部档案馆的这些文件中，纯粹的使团活动报告最少，内容是使团成员的活动以及他们的健康情况。1850年报告了雅克萨俄罗斯人子弟学校和雅克萨俄罗斯人——共有99名，其中有10名学生在跟一名老师学习，辟出了不大的一块地作雅克萨俄罗斯人墓地。雅克萨俄罗斯人想读他们看得懂的《圣经》，想学俄语。这些内容还附有为数不多的报告：有关使团成员奖励的，有关于给理藩院官员和信差送礼物的，有关于建设修缮工程的，还有因为出租地产和一些鸡毛蒜皮的小事打官司的。密报特别关注各类政治问题：关于阿穆尔河的航行问题，关于通往新布哈拉和突厥地区的中国西部通商口岸的开放，暂时只是研究这些问题，以便将来能够顺利解决。茶叶贸易，特别是白毫贸易，为躲避张家口海关和边境贩茶证数量的压制，同时也由于中国滨海沿岸的混乱争战，考虑寻找经蒙古和恰克图的交通路线，即经山西内陆和经呼图克图到乌鲁木齐和科布多（Кобдо），这样每年也有如恰克图一般的茶叶贸易量（约15000箱）。由于样式不合适，价格过高，难以同欧洲货竞争，俄国的呢绒制品已经出现大量滞销，尽管欧洲货的质量差些。关于海关的信息提到，一些中国海关如山海关，由于岸上看护费用很大而出现亏损。由于起义军占领了长江和大运河中段地区，漕粮沿大运河北运已经停止，这引起了驻扎在北京附近的满洲军队的愤怒。以饷银代替军粮大大削弱了国库，清政府的崩溃势不可当。增发大额纸币、银角子和铜币没有达到预期效果，因为私人票号主大多为山西人，他们急于把自己的金属货币（银锭）回笼。在周边地区寻找银矿的结果不容乐观，因为含量不高，提炼费用高昂，必须生产铁币。在张家口，俄金的价格只是银价的14倍，而北京的银价折算成文钱的话，已经上涨了3倍。在福建沿海各城市和广东半岛，地震持续了38天，恐慌中的沿海居民由南方涌向北方，逃难潮已达44次。海盗守卫要塞，进行岸边护防，因而航行自由。他们暂时未与欧洲船只相遇。

1850年李开芳在南方发动的起义，很快就波及广东、广西、浙江等省。起义军同官军作战，占领了南京、汉口、镇江、扬州、福州，逼近天津。起义是全国性的，历史上被称为太平军起义，甚至一些小的蒙古部落也蠢蠢欲动。在塔尔巴加泰，俄罗斯人的商栈被烧毁。1850年登基的咸丰皇帝，起初雄心勃勃地镇压起义军，热衷于变法，最终却因身体衰弱难支，于1861年命殒归西。那些最忠心耿耿、才华横溢的大臣，没有实际经验，处处受挫，只能期待外援。但中国人一直拒绝欧洲人帮助镇压起义军。在穷途末路之中，他们只好在1858年6月1日签订了《天津条约》。

条约签订后不久，英法舰队骚扰，中国人试图保住天津的防御工事。但在沙洲上停着俄国的快速帆船，这些帆船载着俄国特使普提雅廷一行从阿穆尔河赶来。中国人在北方边境拒绝普提雅廷入境，不考虑普提雅廷提出的从俄国运来军事装备和大炮帮助中国人的建议。当军事机遇再次背叛中国人时，普提雅廷伯爵为中国政府和欧洲人居间调停。帕拉季神父在这方面对他帮助很大。他前往大沽与伯爵会面，让大学生赫拉波维茨基留下翻译合同文本。帕拉季神父两次通过使团监督官向中国政府提出建议，这些建议都被上呈给中国皇帝。当中国朝廷粗暴拒绝俄国请求中方接待俄国特使（普提雅廷伯爵）的照会，穆拉维约夫（阿穆尔斯基）（Муравьев Амурский）从伊尔库茨克赶来，采取了敌对中国的措施，加强了捷亚河的守卫人员，以应对中国从瑷珲城发起军事行动。此时帕拉季神父劝说俄国外交部要克制，不要激化矛盾，因为宣战毕竟是又增加了一件坏事，和平谈判解决更有利于达到目的，况且俄中特使的目的正在趋近实现。中国人极其谨慎，以致和平调停非常难。这一点从下面几个方面可以看出来。1857年普提雅廷第一次来天津之前，我们的传教士是不可以自由外出的，总是有人监视，两名使团成员赶往天津与伯爵会面的尝试失败——理藩院发公函要求将他们从通州遣回驻地。另外，一些事件的发生阻断了和平谈判的可能。1856年中国普通百姓在广东杀死100名英国水手，俘获驻扎在朝鲜境内的英法舰队投放在岸上的4名间谍。形势急剧恶化，甚至大沽港沦陷，登陆人员坐小船完成了军舰通往天津通道的探查。在伯爵努力减少苛刻条款的时候，帕拉季神父竭尽全力说服中国代表放弃其根深蒂固的执拗，做一些让步以减少冲突，以免使中国蒙受更大的屈辱。最后在双方的共同努力下，调整协议，俄国得到了欧洲人用武力得到的所有权益。同时普提雅廷伯爵还在协议中特别给俄国增加一个条款，这一条款也使欧洲传教士能够自由地在中国传教。使团经历了长期的紧张压力，这场政治波折的结束使他们如释重负。一连串的政治波折导致使团的任期比预期延长了4年，耽误了新使团的到来，使团的精神力量和物质力量消耗殆尽。有一篇关于过往沉重岁月的回忆说，北京居民弃城而逃，亚洲司则要求即使有屠杀发生也不得放弃使团财产，似乎使团财产比传教士的生命更有价值。精神上的高压，再加上司祭帕维尔去世和后来辅祭伊拉里翁去世，使团成员的身体状况和工作能力每况愈下。一篇这样的回忆就足以令人战栗，令人神经崩溃。大学生斯卡奇科夫的疾病使他1857年4月跑回俄国，向伊尔库茨克省长报告了使团正在耗尽最后几个银锭的催人泪下的情形。此时第十四届使团因普提雅廷的命令而正在伊尔库茨克坐等，随使团派来的备换乘的马匹，在消耗了所有的饲料之后四散而奔。

就这样，第十三届使团直到1859年5月25日才得以离开北京，即在京驻留整整10年。在抵达彼得堡后，使团监督官、高级文官佩罗夫斯基（Перовский）在1859年12月24日致亚洲司司长科瓦列夫斯基的信中，认为使团成员立了大功，请求给他们提高薪奖。他自己得到了晋升官级，获薪金600卢布，授予圣斯塔尼斯拉夫一级勋章的嘉奖，修士大司祭帕拉季获薪金2000卢布，授予圣弗拉基米尔三级勋章。

以下是使团其他成员的论著清单和他们的受奖情况：司祭叶夫兰姆皮，进行中国习俗和古代史的比较研究，在帕维尔神父去世后在圣母升天教堂任住持并主持雅克萨俄罗斯人的教区圣礼。他的文章有《回忆南京之乱》（Воспоминания о будствиях Нанкина）、《记北京发行纸币》（По поводу выпуска государственных ассигнаций в Пекине），翻译了《一个中国人往安南游记》（Путешествия в Аннам одного китайца）[载于《东方论集》第一卷，第67—149页（Восточный Сборник. Т.1, ст. p.67—149）]，还有关于竹简和中国人日常习俗的典籍。获薪金400卢布，被授予圣安娜二级勋章。

司祭帕维尔研究中国哲学、道教，于1855年11月27日去世，留下的手稿刊于《俄罗斯东正教驻北京使团成员论集》第三卷：《论盐的生产》（О соляном производстве）、《祭天》（Жертвоприношение Небу）、《7世纪的涅斯托利教碑》（Несторианский памятник VII века）、《论道教》（О секте даосов）、《中国人家庭礼仪》（Домашние обряды китайцев）、《中国人的信仰》（Повери китайцев）、《中国的基督教》（О христианстве в Китае）、《中国古代学校》（О древних школах в Китае）。

辅祭伊拉里翁研究中国佛教的形式，翻译对俄、蒙、藏事务公文和满人征服雅克萨的公文。《中央政府与西藏关系史》（Очерк истории сношений Китая с Тибетом）发表于《俄罗斯东正教驻北京使团成员论集》第二卷（第261—285页）。他还写了《俄国与中国的交往》（О сношениях России с Китаем）和《俄罗斯佐领在中国的产生》，翻译了佛教典籍中的《入佛门礼仪》（Обряд поступления в монашество）、《喇嘛教简规》（Сокращенный кодекс ламаитских исповеданий）。1854年，奖励他金表一只。1857年死于肺积水，财产全部用于慈善。

医学博士巴济列夫斯基翻译了中国名医的书《植物蜡在中医中的应用》（Употре бление растительного воска в китайской медицине）、《蝴蝶》（Описание бабочек）、《鱼和鸟》（Описание рыб и птиц）、《中国的疾病》（О болезняз в Китае）、《中医的历史起源》（Историческое начало китайской медицины）；关于中国地理的文章有《长江和黄河的流向》（Течение рек Ян-цзы и Хуан-хэ）、《山脉及其盆地》（Горные цепи, определяющие их бассейны）；在植物学方面，他收集了甲骨、植物、种子、麝香、宝石样本。回国后获得八等文官官阶，获薪金700卢布，被授予圣安娜三级勋章。

大学生斯卡奇科夫提交了几篇文章：《磁力天文观察站的位置》（Описание местности магнитной обсерватории）、《中国历学的意义》（Значение астрономической науки в Китае）、《瓷器的生产》（Фабрикация фарфора）、《茶》（О чае）、《养蚕业》（О шелководстве）、《中国天文与历学》（Китайская астрономия и календареология）、《神农的传说》（Сказание о Шен-нуне）、《孔子传》（Биография Конфуция）、《北京风尚与习俗》（Пекинские нравы и обычаи）、《天相比较》（Сравнительная карта неба）、《熟地》（Опытное поле）。1857年4月因病离开北京，回国后获得塔城领事职位和薪金400卢布。

大学生赫拉波维茨基将《彼得一世朝》（Царствование Петра I-го）译成了满语，还将《明末围困北京》（Об осаде Пекина в конце Минской династии）译成俄语发表于《俄罗斯东正教驻北京使团成员论集》第三卷（第1—58页）。他发表的文章还有《中国北方靛蓝颜料的生产》（Производство индиго в северном Китае）。译成满语的还有《尼古拉一世朝》（Царствование Николая I-го）、《钱币典》（Постановление о монете）和《阿穆尔州记》（Записки об Амурской области）。赫拉波维茨基回国后获薪金500卢布，被授予圣弗拉基米尔四级勋章。

画家奇穆托夫提交了日常生活题材的画册，中国画、贵族妇女生活场景、风景画，收集了中国画家画作。为奉献节教堂高处位置创作了多幅圣像和巨幅《圣母像》，创作了多幅肖像画和其他精心完成的作品。回国后获薪金500卢布，被授予圣安娜三级勋章。

十八、第十四届俄国东正教驻北京使团
（1858—1864）

　　曾随修士大司祭波利卡尔普的第十二届使团赴华的修士大司祭固里（Гурий）被选为第十四届使团的团长。1850年再次来到中国后，他被授予圣弗拉基米尔四级勋章。他离开亚洲司，进入圣主教公会，负责向使团管理层下发指令。根据最高圣命，他被授予修士大司祭衔，实际的受衔时间是1851年2月21日，而10月12日便承担起亚历山大涅瓦神学学校校长的职务。1855年，固里获得神学硕士学位，1856年8月25日被任命为北京东正教使团团长。如下人选应他邀请进入使团：司祭伊萨亚（波利金）（Исаия, Поликн）——彼得堡神学院毕业生；司祭安东尼（留采尔诺夫）（Антоний, Люцернов），来自诺夫哥罗德孀居的神职人员家庭，任前为亚历山大涅瓦神学学校财务人员；硕士阿法纳西·费拉旁托维奇·波波夫（Афанасий Ыерапонтович Попов），九等文官；喀山神学院大学生康斯坦丁·帕夫利诺夫（Константин Павлинов），十等文官；大学生姆拉莫尔诺夫（Мраморнов）；彼得堡第三学校教师、九等文官德米特里·阿列克谢耶维奇·佩休罗夫（Дмитрий Алесеевич Пещуров）；画家列夫·斯捷潘诺维奇·伊戈列夫（Лев Степанович Игорев）和医生彼得·阿列克谢耶维奇·科尔尼耶夫斯基（Петр Алексеевич Корниевский）。任命参政院官员、五等文官彼得·尼古拉耶维奇·佩罗夫斯基(Петр Николаевич Перовский)担任使团的监督官。

　　按1856年9月4日的报告，每年为使团成员个人提供经费17750卢布，餐食费2000卢布，给监督官俸银3普特（"普特"是俄制重量单位，又称"俄担"，1普特约等于16.38千克。——译注），中国人的礼品费5000卢布，另有1000卢布用于购买官窑的瓷器。

　　固里的活动从为使团成员进行语言培训开始，为此租用了瓦西里岛八线上的房舍，没有家具，共9个房间，带厨房、仓棚，每月租金50卢布，租到1857年4月1日。外交部配备家具、看门人和杂役，另外，还提供直到使团启程时的所有费用，拨款共3000卢布。修士大司祭主持的培训进行了5个月，由于指导有方，效果很好。

使团于4月从彼得堡启程，经喀山（5月初离开喀山），6月22日抵达伊尔库茨克。在伊尔库茨克时固里神父说，使团在伊尔库茨克见不到特使普提雅廷伯爵和省长穆拉维约夫。普提雅廷已从海路赶赴天津；而穆拉维约夫则赶往捷亚河（Зея），要为瑷珲城之战准备前哨部队，因为与中国的关系非常紧张。从北京来的大学生说，中国人对普提雅廷伯爵的接待情况很好，只是突然来了秘密指令，便粗暴地拒绝其入境。有两名中国官员在边界迎接新使团，他们把斯卡奇科夫送到恰克图。在北京的旧使团穷困至极，经费耗尽，现在已经生活不下去了。帕拉季神父请求邮来哪怕少量的廪银也好。固里在10月25日的信中说，不知使团要在边界等到什么时候，生活费已用光，天气渐冷，需添冬衣，但却没有钱，请求按在彼得堡时的标准拨给租房费用（团长50卢布/月，成员30卢布/月）。还谈到使团成员的活动，说参观了地理博物馆，用汉语读"四书"，还在学满语，在东西伯利亚省长翻译希什马列夫（Шишмарев）的指导下，每周学习两次。没有教材，只好从恰克图抄来。佩休罗夫在进行天文观测。伊戈列夫作画的颜料不够，存放颜料的行李已经运到了恰克图。使团监督官佩罗夫斯基还是在夏天时给亚洲司司长科瓦列夫斯基写的信，说使团经济状况贫困，很难想象能在冬天穿越蒙古草原，说他不反对返回彼得堡。1858年1月，固里神父在给科瓦列夫斯基的信中表达了尽快结束"伊尔库茨克久坐"的愿望，请求寄来收支簿和使团决算报告表。5月10日他从恰克图密报说，使团成员还在学习汉语，帕夫利诺夫在学习满语，留在伊尔库茨克的病人已恢复健康。直到7月25日，一切波折都告终。170辆大车组成的使团车队，在48名哥萨克和10名卫兵的护送下走向国界。伊尔库茨克主教叶夫谢维主持了临行祷告，所有居民和在圣三一萨夫斯克驻扎的4个团的俄国步兵出席了仪式。使团于1858年9月28日抵达北京。

11月，固里神父谈到与中国人的关系变得冷淡，中国人已不接受帕拉季神父的礼物；谈到中国人在天津附近为防止英国人入侵修起防御工事；谈到上海的税率合同、高官的变动、山海关和张家口的海关率、银价已涨到正常价格的3倍；等等。

在华传播东正教的问题也与这一时期有关，它是由俄国特使普提雅廷伯爵提出来的。伯爵在1857年第一次入天津受挫后，转向南方，并在香港过冬，在上海造访了欧洲传教团，包括基督新教的和天主教的。他特别注意到徐家汇和上海的天主教会，其秩序、设施和成就都使他非常兴奋。

在谈及对俄国的设想时，伯爵提出在阿穆尔河的中国人中开放传播东正教的想法，认为这是对邻国实施良好影响的有力手段。圣主教公会总结说，最好在尼布楚开设类似机构。在《天津条约》签订后的第二年（6月1日）（在伯爵坚持下加入了在中国自由传播信仰的条款），伯爵又为海军上将作了关于尽快组织在中国、朝鲜、日本传播东正教的必要性的报告，提出了以下观点：（1）《天津条约》签订后在华传播基督教的障碍已经解除，欧洲传教士应利用这一有利时机扩大其活动，行动要快；（2）以后再开始传教事业会为时过晚；（3）必须为在华使团募集志愿捐助；（4）将一批神学书籍译成通用汉语；（5）使团的4名神职人员现在就可以开始宗教教学活动；（6）学校的花销应纳入宗教管理拨款范围。这些通信持续近一年，最后圣主教公会号召及时展开传教，建议传教措施要谨慎，不要有损于未来的事业。圣主教公会为修士大司祭固里下发了也是这个调子的补充工作守则，由驻办公使伊格纳季耶夫（Игнатьев）带往北京。

任命俄国驻华公使，由此将建立有别于东正教使团的外交公使馆之事提上了日程。自东正教使团设立之初起，外交使命就与之不可分离。如第一届使团由托波尔斯克新任主教圣约安按彼得一世的旨意组织，第二届使团虽然按圣主教公会的命令由来自教会和教会学校的人员选拔而来，但由于使团的经费是由政府发放，用于使团为完成其政治目的而服务，并为使团提出工作守则，所以东正教使团在整个第一时期的整整150年间一直是为政府服务的机构。

使团的这种状况是以外部情况为条件的，因为中国人不接受欧洲国家的常驻使团，与俄国的交往只限于商贸合同和接待携毛皮制品的私人商队。当法国和美国向中国派出公使馆时，俄国也同样派出公使馆，后来就出现了使团的外交功能分离为公使馆，东正教使团只从事传教活动。

俄国政府各部在这个问题的沟通上出现两个问题：划拨经费和主教问题。划拨经费的问题：使团所有世俗人员转入外交公使馆，使团原构成中用于他们的费用只拨付一半，而其余的8875卢布则用于东正教使团。

为使团回国拨款18700卢布。1863年8月1日，沙皇命令："自1864年1月1日起，第十四届使团所有神职人员转入宗教机构，宗教机构确定谁将留京。世俗成员归亚洲司领导。给神职人员和世俗人员每人增加费用1000卢布，从北京到恰克图300卢布，从恰克图到彼得堡的两段需牲畜驮载的路段按实际情况，行李运过边界是免税过境，但其他费用由每个人承担。"

关于第二个问题，彼得堡都主教的意见是，在北京的使团成员由主教、3名司祭、1名服务雅克萨俄罗斯人的神职人员、2名辅祭、2名副辅祭和由12名雅克萨俄罗斯人组成的唱诗班组成。但国务委员会决定，仍由修士大司祭担任团长，按传教事业的发展，授予当地人教职，每次为此专门拨款，作为派准备接受教职的人前往最近的西伯利亚主教处的费用。至于使团的奉献节教堂，决定废除，代之以在北馆设立附属于雅克萨俄罗斯人教堂、直属东正教总局的一级修道院。1861年博格达汗将把我们神职人员的称呼"大喇嘛"改为"掌院修士"，大学生改称为"学生""文士"。

在履行外交职责方面，固里神父收集了一些政治信息和社会经济信息，并发给了亚洲司。1860年固里密报说，中英谈判已经停止。1867年的密报说，中国人期待俄国在条约中允诺的帮助（指提供武器和军官），说法、英使臣已经来到北京，中国人已经收到了俄国发来的公文。固里神父提议捍卫俄国的荣誉，认真、坚定地同中国人谈判，甚至可以派来2000名士兵以彰显声势。接着还谈到中国报纸介绍皇帝的病情，起义军已逼近北京，谈到英、法对中国官军的帮助。有一次，起义军获得胜利后，京城内一片恐慌，法国使臣准备去蒙古地区躲避。中国工人也躲避英国人。后来固里神父非常关注俄国商队去往天津的通行证问题以及要求俄商在北京换领事证的问题。佩休罗夫被派往天津担任商务代表。我们东正教使团将葡萄牙使团图书馆和天主教墓地都还给了天主教主教孟振生（Мули），并把自己的图书馆搬到了北馆。

这一时期固里神父得到了两个大的嘉奖：圣安娜二级勋章（1860年12月10日获得）和点缀着价值650卢布钻石的胸佩圣母小像（1861年1月17日获得）。他请求奖励司祭安东尼和伊萨亚，还有佩休罗夫，后来也为他们颁发了奖励。

我们以伊格纳季耶夫伯爵（Н. П. Игнатьев）信中的话来结束对固里神父外交活动的介绍："我真挚地热爱、尊敬和高度评价的固里主教，在我1859—1860年间在北京时，他作为东正教使团的团长，是我完成同中国官员——肃顺和瑞常进行谈判这一艰难任务时最主要的助手。固里神父的满语和汉语知识给我带来很大益处。在北京与他们朝夕相处，离京后仍同他们保持相互信任的个人通信……上帝助我逆中国皇帝的旨意离开北京，同当时与中国开战的国家——法国和英国的使臣和军事指挥交往，参与他们的谈判，为双方提供帮助，最终挽救了北京，使敌对者走向和平谈判，北京免遭军队和那些外交官的惊扰。利用对中国政府的一时的影响，我于1860年11月2日同他们签订了有利于俄国的《北京条约》，坚持不仅阿穆尔河左岸属于我们，整个乌苏里和连带弗拉基米尔岛的滨海边疆区也都属于我们，确定从天山起的整个陆路边界线都可以开展陆路贸易。固里神父的翻译、对中国习俗的了解以及丰富的满汉语知识给了我很大帮助。"

大主教固里不爱谈自己的功劳，在其朋友圈子中谈到这一重要事件时总是用诙谐的语气说："在英法围困北京时，在盟军和中国人眼中我都是个有威望的人物。而且我注意到，中国人对我很信任，甚至很尊敬，可能是因为我的大胡子。大胡子总是引起他们的惊讶。在第一次到中国时，当时我还很年轻，刚出校门，但也有大胡子。很多中国人都问我：'你怕是有100岁了吧？'但问题的本质不在胡子上。北京被围困时期，围困北京的人和被围困的人，都很害怕。围困北京的人怕进北京城，这是有原因的，上百万人口的居民会不会揍死这些蛮夷（不错，就是野蛮人）；被围困的人不由得怕大炮、火枪，这是他们从来没见过的。在这个令双方——英法联军和中国人沉重的时刻，他们找到我居中调停，让他们讲和。所以我就想到，讲和的前提是给我们让出阿穆尔地区。"冲突解除了，中国人很感谢俄国使团的团长，开始充分信任他，所有为难事都跑来听他的建议。这样很快就缔结了和约。英国人提出修铁路，因为他们看到其中于己有利之处。"中国人来问我的意见。我给他们解释英国人这一'善举'的目的，并希望中国人能长时间记得我的建议，不与这个自私的民族打交道。而英国人则不敢提出把中庸的帝国横一下竖一下地用铁路割开让自己变成中华帝国的主人。"

下面是使团成员在京6年期间各自的活动。修士大司祭固里审阅先前为传播东正教而翻译的基督教神学书籍，全译了《圣经·新约》，并在北京以中国方式刊刻，即用雕版印刷，长期保存在使团图书馆。他翻译的宗教类书籍有《赞美诗》（Псалтирь）、《正教和它的礼仪程序》（Требник）、《正教祈祷仪式讲解》（Служебник）、《福音义解》（пространный катехихис）、《教理问答》（Разговор между испытующим и уверенным），出版了《简明旧约圣史》（Священная истори Вьетхого Нового с краткою церковной историей）等。

司祭亚历山大研究中国的主流宗教，编写了民间宗教礼仪和迷信方面的书：《巫术和咒语》（Книга чар и заклинаний）、《中国风水》（О китайском Фэн шуйе）。将《中国人的婚姻》（Брак у китайцев）由汉语翻译成俄语。

司祭伊萨亚批判地研究儒家思想，阅读北京政府的报纸。他编写和出版的有《雅克萨俄罗斯人俄汉词典》（русско-китайский словарь для албазинцев）、按俄文字母顺序编排的《汉俄声调词典》（5000字）（китайско-русский словарь по русскому алфавиту）、《关于森林和中国的林业》以及《武装起义和起义军》（Инсуррекция и инсургенты）一文的导读。

司祭安东尼研究农业典籍，读完了两部关于养蚕业的著作，摘录了中国户部关于代役租耕土地数量的条例，记录了关于房屋兴建、榨油业者、面粉厂、灌溉土地、瓷器制品、纸、墨、漆器、木雕和牙雕的信息，材料、零工和计件工的参考价格。找到了几种农具的样品。

大学生波波夫关注国家经济和统计信息，写了几篇关于日常生活的文章，翻译作品居多，如《张鹏将军游记》（Путевой журнал генерала Чжан-Пэна）、《禁食鸦片的六种情况》（Шесть обстоятельств, воспрещающих курение опиума）、《咸丰皇帝的身体状况》（проводы тела）、《云南的矿物》（Горное дело в провинции Юнь-нань）、《北京和天津对于俄国商队贸易的意义》（Значение Пекина и Тяньцзина для русской караванной торговли）、《海关盐税》（О таможенном соляном сборе）、《安知非福》（Нет худа без добра）、《来自张家口的三条消息》（Три известия из Калгана）、《中国的新年》（Новый года в Китае）、《1862年的霍乱》（Холера 1862 года）、《指相掐算》（Гаданье на пальцах）、《俄国贸易规则》（Правила для русской торговли）、《俄国商人证书的形式》（Форма свительства для русских купцов）、《中国人使俄日记》（Дневник китайца во время похода в Россию）、《北京的民间传说和信仰》（Пекинские народные предания и поверия）、《中国谚语》（Китайские пословицы）、《中国人做梦和释梦》（О сновидениях и снотолковании в Китае）、《法英公使进驻北京》（Въезд французского и английского посланников в Пекин）、《中国人的热河之行》（Поездка китайца в Жэ-хэ）等。

大学生帕夫利诺夫研究中国历学和法律，上交了如下文章和译作：

《中国朝贡者入宫》（О приезде китайских данников ко Двору）、《中国针对突厥的律例》（Китаское уложение для Туркествана）、《各部则例》（Уложение кабинета министров）、《中国政府位置人物词典》（Словарь правительственных мест и лиц в Китае）、《大清皇族》（Императорский Дайцинский дом）、《国家书刊》（Описание государственных печатей）、《给藩属朝贡者的回礼》（Описание подарков вассалам）、《乌苏里江和图们江的水系》（Описание речных систем Уссури и Тумань-цзянь）、《清代中国人论俄国及与俄国的交往》（Исследование китайца о России и о сношениях с Россией при Дайцинской династии）、《1862年北京政府报纸摘译》（Переводы из пекинской правительсьтвенной газеты за 1862 года）、《皇帝和皇后的朝服》（Описание церемониальных одежд императора и императрицы）、《西北各民族则例》（Уложение о Туркестанцах, Бураках, Кайсаках и индийских пелменах）、《关于国家和行政地方建制》（Записки о государственных и административных места）、《皇帝的战服》（Описание военной одежды богдыхана）等。

大学生姆拉莫尔诺夫在雅克萨俄罗斯人学校教授俄语，并从1862年起在天津领事馆任秘书，研究中国典籍，完成了《俄汉术语词典》，他交上的成果是《元史》（История царствования дома Юань）。

大学生佩休罗夫上交的文章有《中国人的古代历法》（Древняя астрономия китайцев）、《明代中国地震资料摘录》（выписки о землетрясениях, бывших в Китае в эпоху Минской династии）。他于1861年起担任驻天津商务代表。

医生科尔尼耶夫斯基上交的研究成果是《论中医》（О китайской медицине）、《地方病及其防治》（Местные болезни и стредства излечения）以及《1859年在京医治病人记录》（Отче о лечении больных в Пекине за 1859）。

画家伊戈列夫在伊尔库茨克和恰克图都画了肖像画（在恰克图为扎尔固齐画像），在伊尔库茨克还拍了照片。他学习汉语口语，收集中国钱币，研究训诫画。为理藩院官员和各类中国人画肖像，包括王爷和其他官员。为南馆和北馆画了肖像的草图。留下的作品有用于奉献节教堂的刻有耶稣受难像的十字架和盖圣体的细麻布；为圣母升天教堂画了圣像壁；为东淀安村的很多地方作画。

第二部分

使团的第二时期
（1864—1902）

十九、独立于外交公使馆的东正教使团

我们将谈一谈固里神父刊于《中国福音报》1912年第2期第6—13页的总结报告中的话，介绍第十四届使团传教士的著作。

使团1858年年底抵达北京后，委托司祭亚历山大就近监督和照顾圣母安息教堂不大的教区。自10月末尚未为我们堂区内的人举行过一次施洗祷告①，也时常有一次为几个人施洗的情况，圣诞节时一次受洗的人数就达30人。到1860年复活节之前，又有30人受洗。复活节后不久，司祭亚历山大由于身体不好，不再负责这个教区，由司祭伊萨亚接替。伊萨亚于1860年4月初来到北馆从事教区事务。新教徒受委托向有知识的人传播东正教。有受洗愿望的人可以体验洗礼仪式，这就要求（施洗者）至少要会背诵一些知识，如信仰象征、十诫和向上帝发的誓言。上学的孩子只有在学会了教理问答和日课后才能够受洗。到1860年年底，司祭伊萨亚已为30人施洗，还有50人准备受洗。

1861年，传教活动按部就班地进行。教规在雅克萨俄罗斯人和已准备受洗的人中间固定下来。6月修士大司祭利用机会离开南馆，住到了北馆。9月起进入教区，进行教理问答，同时继续进行1859年就开始的《圣经·新约》翻译。起初修士大司祭固里与教民的谈话相当频繁，每周有3次。但由于这样会占用大量时间，影响他进行《圣经》翻译这件重要的事，于是，大家一致同意，决定自1862年复活节起只在每个礼拜天的下午进行教理谈话。

教理谈话是纯粹意义上的关于教理的交谈。在礼拜天，一般由一个孩子讲述这一天在教堂里用斯拉夫语诵读过的、教理讲解师在圣餐礼时用汉语讲过的福音，然后开始介绍说福音的内容就归结在教规中，可以把福音贴近应用于生活中。所有人都参加的这个谈话就属于这种应用，提出一些疑惑，提出在融合日常习俗与福音书要求时遇到的困难等，然后，如果

---

① 这里祷告只在礼拜天和节日进行。

还有时间①，则再读一段教理问题或圣史，或宗教内容的其他有汉语文本的材料。很自然，阅读只是谈话中的一个环节。读过的内容马上就可以成为谈话的主题，马上就可以准确、充分地用普通的话语讲解。在普通的日子，每周会面3次，内容则不是读福音书，只是继续以往的阅读和阅读中的讲解。就这样从1861年到1864年间，读完并讲解完的书有：（1）《简要教理问答》；（2）《旧约圣史》；（3）《我们的上帝基督的一生》；（4）《关于斋期、祷告、忏悔和圣礼》；（5）《适用于不同情况的祈祷文》；（6）《完成七礼时的仪式和活动知识》；（7）《夜课、早课、圣餐和最终的祷告文》；（8）《直到当代的简明基督教会史》。

看到来教堂的人都勤奋、专注，这真是令人欣慰。这种勤奋和专注不仅能为每个参加者个人带来好处，对于传播东正教事业来说也大有裨益。直到现在，对受洗人的信仰劝诫都是由雅克萨俄罗斯人来完成的。对劝诫者来说，理解信仰的世界使他们感到向未受洗的人传达信仰并不是一件难事，这样能够推动东正教的传播。

现在，传教活动已经超出北京的范围，不只局限于这一个城市。在距北京50多俄里的东淀村（码头屯）（Дун-дин, Матоу-тож），有我们东正教徒10人，都是男教徒，他们属于一个大家庭。这家的家庭成员中妻子、小孩（除了那几个在俄罗斯馆做事的或官费上学的）大多未受洗。有一次，我们的司祭亚历山大偶然来到这个村子，得知农村基督徒没有任何基督教书籍，也没有人能够帮他们学这些书，马上派捷列金（以往的教理讲解员，现已去世）的儿子莫伊谢伊这个年轻但很能干的人带着书和劝诫入教的任务，每周两次出现在村子里。他带回消息说，这个村子里很多人都对基督教有好感，但沃尼法季的妻子（村中族里我们基督教徒中最年长的）坚决反对基督教。1861年10月末，当可以确认地里的农活儿快干完的时候，司祭伊萨亚前往东淀安为愿意并准备受洗的人施洗，事先不让这个老太太（沃尼法季的妻子）知道消息，并关注我们的基督徒日常生活中的邻里关系，想办法巩固当地的基督教信仰。教理讲解员伊万和教师尼基塔随同伊萨亚前往，他们能使伊萨亚司祭与村民的谈话更顺利。回来后伊萨亚司祭向使团团长报告，说他已理顺村里的情况，村民待他很热情，听讲解很认真。前来受洗的人很多，但他只为30人施了洗，他想等村民对基

---

① 约好不超过两小时结束谈话。

督教有更多的认识后再为他们施洗礼。还说他建议村民找弗拉基米尔了解信仰的教规（弗拉基米尔是该村一个农民，小时候曾在北京我们的学校里学习过两年）。伊萨亚司祭还在想有益也可行的办法，就是在这个村子为孩子们开办一所学校，这样成年人也可以从孩子们那儿学到点什么。学校可暂时委托弗拉基米尔管理。伊萨亚司祭还介绍，他已为他施洗的教徒中的一名老太太授圣餐，这个老人身体极度虚弱。暂时未曾给任何人主持婚礼，因为没得到相应允许，也没有相应的教堂用品，让新娘新郎进城举行宗教婚礼是不可能的。

弗拉基米尔几乎是紧随伊萨亚司祭之后来到北京，我们跟他简单交换办学的想法后，弗拉基米尔被说服，同意担任未来学校中的教师。委托弗拉基米尔召集一些男孩，教他们祷告、识字、写字。给他几册《圣约》和教理问答书，答应他付出的辛劳会得到奖励，给他雇人干地里的活儿，另外也会有一些钱补贴学校的花销①。这样，从1861年11月中旬起，在东淀安村便开办了东正教学校，有6名男孩和1名女孩在这里学习。

事实上，使团团长向伊尔库茨克主教帕尔费尼汇报过司祭伊萨亚的上述想法，请求赐予使团圣餐布，以便在东淀安村举行圣餐礼，恩准在教堂之外的村子里举办婚礼，提供圣像和领洗的教子以备急需。同时修士大司祭固里在给亚洲司司长的信中也提到需要圣像和教子。

11月底，有5个男人从村里来到使团驻地，令人意外的是同来的还有5个妇人。他们都刚领洗不久，来行斋，完成圣礼。男人们被安排在馆里住下来，妇人们则被安排到了女修道院，那里有年长的女教师和保育员，能同她们进行有益的谈话。这些新入教者实际上整整祷告了7天，他们都很认真。还安排了教理问答，去雅克萨俄罗斯人那里看了看。看来，他们对看见和听见的一切都很感兴趣，对这一切都很满意。使他们特别动心的是那种关切之心，传教士在教育孩子时就是这样关切，这一点在他们离开之前，在履行了基督教程序之后，已明确地告知他们②。

在圣诞节前夕，按照惯例，从那个村子里来了几个以前受洗的人。使

---

① 约每年50银卢布。
② 男孩子上学的学校在中国并不稀奇，但女孩子上学的学校就完全是新鲜事物了。不能说中国人不教育女儿，也教女孩子一些东西，但那只是富人在自己家里教，像秘密教似的。官费支持的、面向所有女孩子的学校大多是给那些贫穷、愿意学基督教的女孩子办的，特别是要教家庭生活中必需的女工，这在中国的确是新鲜事，不能不让中国人心动。

团团长感谢这些老人接待伊萨亚司祭，帮助他为一些人施洗；同时请他们注意，他们的家里对于完成圣事来说都有些狭小和不够整洁，建议他们共同想一下能不能找到一些支持，在他们村子修建一个哪怕是不大的祈祷场所。大家都为这个想法感到高兴，但是设想起来容易，到哪儿能找到建一间哪怕是不大的祈祷堂的钱，却完全不知道。但是几位老人答应考虑这个建议，至于结果会怎样，却只字未透露。

1862年以一件对于使团来说十分幸福的事件开始。1月底，帕尔菲尼主教寄给英诺肯季的大包裹到了，是一块用于移动教堂的圣餐布。3月10日举行了一次大祭礼。帕尔菲尼主教还说，固里神父要的圣像和领洗用的教子，已经委托一位大司祭去各个教堂收集，等准备够一定的数量，就带到北京去。3月，足够数量的圣像和教子果然送来了[①]。同时给亚洲司司长的那封关于使团需求的信也有了回音。亚洲司在6月回复说："向皇后禀报了使团需要圣像和教子以便发给新入教的人后，皇后马上降旨，由皇后个人出资制造这些东西并寄往北京。"9月收到了邮件，两个箱子里装了65块字体漂亮的铜板圣像，200枚银镀金的教子，25个金质银边儿珐琅像。这些礼物做工精致，价值不菲，是真正的皇家工艺。使团接受这些基督教功课必用的礼物时的感激自不必说。传教士们将之看成是上帝的垂青、传播上帝福音的上天保障。

同以往一样，1862年一直持续宣扬上帝的福音和施洗，尽管成效逊于以往。不过，这也是以往使团通过雅克萨俄罗斯人将活动扩展到他们那些未受洗的亲戚、邻居、熟人之中的结果，即或多或少地营造了气氛；现在，使团面临着前所未有的全新局势，比如，使团遭遇的困难更多，虽多次付出巨大努力但收效甚微。在这方面有这样一个例子：恩爵爷家族自1861年开始接触基督教，现在不光是主人，而且他们所有的仆人（约40人）都想受洗，一切准备就绪。但老辈人不敢说自己是基督徒，怕影响少爵爷的仕途。博格达汗的谕旨"不因信教而遭责罚"也不能缓解他们的担忧。已故王爷的第一个妻子说，发生万一的情况时很容易找到别的借口，所以你们（指俄国东正教使团）还是保护不了我们。今年夏天，上帝帮助

---

① 很遗憾，有几帧圣像在路上损坏了，另一些由于尺寸太大而不适合在房间里用，但大部分都很合用，可以发给需要的人。不清楚是不是很久才找到这些东西。不过，如果能够保持这种方式的话，那将是很有用的。

这家的一个女人即已故王爷的第二个妻子受洗。在霍乱最肆虐的时候这位妇女捎来话说，她想领洗，但是得悄悄进行。所以想请求派一名妇女去为她暗暗地施洗。修士大司祭固里宽容看待人性的弱点，派了女校一名年长的女教师玛丽娅去为王爷夫人施洗，并叮嘱她方便时第一时间来教堂完成涂圣油礼。12月初，王爷被派驻守皇陵。赴任时他必须带着所有家眷，因为他要在皇陵工作至少三年。已受洗取教名玛丽娅的王爷夫人急忙履行其承诺，不只是自己来到俄罗斯馆，同来的还有她的姑母，受洗后取教名"安娜"。这样，经过两年的疲劳忙碌，拯救的却只有两个人！但还是要感谢上帝，疲劳忙碌但却一无所成的事情也时常发生。

  3月初，在1862年大斋期的第三周，司祭伊萨亚前往东淀村，随身带着举行大斋祷告和圣餐礼所需要的一切物品。此行的目的是为当地那些不能亲自到俄罗斯馆来的基督徒结束斋期，顺便给想领洗的人施洗，并了解一下当地东正教的情况。村民之间发生了争执，好像是因为给村民弗拉基米尔用于学校开支的钱的事。应当弄清楚这件事并马上做出决断。到达出事地点后，司祭伊萨亚了解到这种传闻在一定程度上是有道理的，但事情远没有达到严重对立的程度，事情的解决最终也让大家感到满意。

  这次只给4人施了洗，但对于巩固东正教在这个村的影响来说却是向前迈了一大步。伊萨亚司祭提醒村民修建祈祷室的必要性。有了祈祷室，所有的教堂侍奉和圣礼都可以方便体面地在祈祷室进行。这加强了村民做这一善事的决心。沃尼法季老人为设想中的祈祷室捐出了自己的田产，其他人依自己的能力捐了钱，还有人在修建时提供马匹用具和用工，而完全贫穷的人则提出在修建时出力。还能再要求他们些什么呢？"如果上帝保佑我们修建祈祷堂，那不仅我们的侍奉会得到回报，特别重要的是，这个祈祷堂将是上帝保佑的标志，是下一步让其他居民走向基督的可靠支撑。"伊萨亚司祭回到俄国后，将同意农民修建礼拜堂一事向上级汇报，他谈到村民的捐助，还谈到祈祷堂的修建（祈祷堂带一个不大的特殊的顶，有为来访司祭准备的房间）大致需要500银卢布。于是使团在俄罗斯大家庭中寻找慈善家。当时在北京有一些恰克图商人，使团请他们加入修建工作，他们乐于捐助此事。另外，常驻公使巴留杰克（Л.Ф.Баллюзек）为中国的东正教徒捎来他从伊尔库茨克得到的253卢布。就这样，渐渐地，算上材料，一共得到1500卢布。4月5日开始垒墙，两个星期便告完工，图纸上显示，教堂建筑约2俄丈宽，5俄丈长，普通的中国房子样式，上面画着十字，大门旁竖着巨石，上刻"求拜天主圣所"。墙上和天棚上都糊了墙纸，门窗刷了油漆。同时还用圆木修了院墙、门房和钟楼。教堂的装饰布置全部完成：画家伊戈列夫画的圣像壁，用白色油漆装衬，有的地方还涂了金色；钟楼用中国式朱砂漆涂，上挂3只小钟。6月14日举行了隆重的祈祷仪式，第二天以伊尔库茨克英诺肯季主教的名义为教堂祝圣，并举行了第一次圣餐礼。

从使团活动的这一介绍中可以看出，使团根据自身能力在异教徒中传教，在不利的条件下，3年间得以为200人施洗。固里神父向圣主教公会建议采取措施巩固传教事业，并建议圣主教公会参与其中：（1）鼓励具有传教号召力的人；（2）委派其中一人承担教区司祭的职责；（3）加强圣书的翻译；（4）出版这些译本；（5）传教士的劳动生活；（6）传教士的工作守则；（7）中国人的教阶；（8）为男孩办学校；（9）为女孩办学校并已于1859年开学；（10）为走诊的中国人提供医疗援助，建一座哪怕只有6个床位的医院；（11）使团团长应具有主教教阶，这样在各种情况下都可以授予相应人选教职；（12）为增加使团财产，购买地产和不动产用于出租。考虑到这份报告的内容，圣主教公会将之知会了新一届使团团长。

1864年1月，固里神父向外交部密报，说尽管使团全体成员身体健康，但已不能正常工作，返回俄国的期待搅得人心惶惶。同年6月，固里神父请求短暂休假。但当时（6月24日—29日）圣主教公会已决定召回原有使团成员，任命修士大司祭帕拉季为新一届使团团长。

也是在这一时期（8月5日），最高圣命为北京女校拨款2000卢布，这笔款项交给了新一任使团团长。

讨论原使团的年限问题时决定，原使团中应有教士留在北京。早在1862年2月，雅克萨俄罗斯人就提出使团换班时应留人继续翻译圣书和牧教。同年3月，女校教师请求留下固里神父。外交部的答复是，现在每次使团轮换时都会从教士中留下一人，而那些最有才华的人甚至希望永远留在中国。从各方面来看，司祭伊萨亚就是这样有才华的人。伊萨亚司祭同意留下，但请求让他回祖国一趟以处理家事。安东尼司祭暂时代替他留在中国，特使弗兰加利委托安东尼继续监督一些修建工程。

回到彼得堡上交总结后，使团成员得到了薪金和奖励。修士大司祭固里被授予圣弗拉基米尔三级勋章和薪金1500卢布，司祭伊萨亚、安东尼[①]各获得薪金500卢布和圣安娜二级勋章一枚。当时圣主教公会派固里神父担任直属莫斯科西蒙诺夫修道院院长，4个月后（1866年1月26日）被任命为驻罗马教堂堂长。同年5月11日，他又被任命为切鲍克萨尔主教、喀山教区助理主教。切鲍克萨尔主教按手就职仪式于6月5日在亚历山大涅瓦修道院举行。由于大主教阿法纳西患病，固里神父代管喀山教区一个月。在他的努力之下，喀山成立了固里主教兄弟会。第二年固里调往西姆费罗波尔主教区任独立主教，1869年被授予圣安娜一级勋章，1874年获圣弗拉基米尔二级勋章。大主教固里管理塔夫里主教区15年，一直到1882年3月17日去世。固里主教以英明的管理者和有能力的传教士而留名后世，他的硕士论文《教务管理级别》（О богоуырежденной иерархии）以教会改革派的错误为主题。1875年固里主教出版了《顿河军团的莫罗勘教徒研究》（Исследование о молоканах Донского полка），1877年出版了鸿篇大作《阉割教派学说及其后世情况》（О скопческом учении по последним о нем известиям）。大主教固里亲自投身于传教实践，鼓舞了一批传教士的热情。他把他们团结在自己周围，领导着他们，坚定地号召他们积极投身传教活动。即使是在现在，固里主教在西姆费罗波尔大教堂的陵墓仍在向他的同道者传道授业，教导他们坚定地捍卫东正教和自己的职责。

---

① 司祭安东尼作为修士大司祭后来担任亚历山大涅瓦修道院副院长。

二十、第十五届俄国东正教驻北京使团
（1864—1878）和帕拉季神父的学术著作

第十五届使团团长是曾任第十三届使团团长的修士大司祭帕拉季神父。由于帕拉季神父作为使团团长和学者已牢固地拥有较高威望，返回俄国为他展开了在较高宗教职级上工作的广阔舞台。但是一向谦逊不好名利的帕拉季神父，只心悦于俄国驻罗马教堂堂长的职务，以便在罗马可以不受干扰地展开强烈吸引着他的学术工作。1860年8月他被派往罗马，4年的罗马生活，他学会了意大利语，在《宗教对话》（Духовная Беседа）上发表了研究基督教古代史的《罗马信札》（Письма из Рима）。由于在罗马的工作成绩，他被沙皇办公室授予宝石十字架。然而，1864年重组北京东正教使团时，帕拉季神父再次被任命为使团团长（1864年7月29日）。他同意了，并于1865年3月25日第三次来到了他熟悉的北京。

他的同事，除上一届使团留下的伊萨亚司祭外，还有如下人员：（1）司祭谢尔盖（阿尔塔莫诺夫）（Сергей, Артамонов），原在彼得堡神学院负责账务。（2）司祭格龙季（列维茨基）（Левицкий），来自库尔斯克宗教学校，38岁，曾在基辅洞窟修道院苦修，后来到了阿福纳，又被调到亚历山大涅瓦修道院，在被派赴华前被沙皇办公室授予胸前金质十字架。（3）谢尔盖神父回国后，鳏居的神父约安·拉欣斯基（Иоанн Рахинский）接替了他的位置。拉欣斯基曾为诺夫哥罗德宗教学校学生，后来在村里担任神父，妻子去世后，他便在彼得堡神学院教堂做事工，同时完成了神学院的学业，成为宗教学校的校长，后来又在尼古拉耶夫州的乌格洛夫卡火车站一位领主的教堂做堂长。（4）司祭弗拉维安，贵族尼古拉·尼古拉耶维奇·戈罗杰茨基（Николай Николаевич Городецкий）的后代，生于1840年7月25日，在奥尔洛夫中学接受教育，听过莫斯科大学的法学课程，作为彼得堡神学院的大学生学习了一年，于1863年10月由彼得堡神学院去了莫斯科西蒙诺夫修道院任见习修士，1866年4月9日发愿取教名"弗拉维安"(Флавиан)。1867年，年轻修士弗拉维安接受按手礼晋升为司祭，并被调往喀山救世主易容修道院，1868年被调到西姆费罗

波尔担任塔夫利克高级教士学校的司祭，并很快成为西姆费罗波尔主教区女校的督学，1872年任巴赫奇萨莱圣母安息修道院院长（仅两个月），1873年6月6日被派到使团，1874年抵达北京。

在使团半年的费用5300卢布下拨后，经帕拉季神父的争取，一些款项的不足可以用另一些款项的节余来补足，并得到圣主教公会于1864年的确认。同年8月10日沙皇确认，使团每位成员的旅费数额为一年的薪酬的标准，从彼得堡到恰克图的驿马费按每个职务薪酬的2倍，从恰克图到北京的驿马费为每人300卢布。帕拉季神父所确定的工作守则，现在仍在使用。9月21日，最高圣命确认了圣主教公会关于每年为雅克萨俄罗斯人子弟女校拨款2000卢布的决定。1866年12月12日，沙皇确认从1867年开始拨发这笔款项，并作为常规款项永久拨发。这一年女校还收到东西伯利亚省长的个人捐款1109卢布，从俄罗斯人中选拔女校校长的报告被圣主教公会以没有相应的1500卢布的费用为由拒绝。

帕拉季神父的使团抵达北京后不久，库伦领事希什玛廖夫就提出了在领事馆修建教堂的问题。1865年建成了木制教堂。圣主教公会认为，既然是教堂就应当配备教堂人员，于是就从北京东正教使团中临时派出一名司祭。9月1日，司祭谢尔盖被派往库伦。9月30日，领事向圣主教公会密报，说当地俄罗斯茶商决定修建石制教堂，大家已经同意为此从库伦运往恰克图的茶叶交税，白毫的税为每箱25戈比，砖茶的税为每箱15戈比，从1865年9月1日到1867年1月1日间征收，这笔税收的数额将会很大。另一方面，谢尔盖却陷入了极度的贫穷之中，他几乎是住在领事馆的过道里。帕拉季神父听到的传闻对谢尔盖非常不利，说谢尔盖司祭在库伦连一年都活不过去，因为他有喝酒的毛病。1866年夏天，只好把谢尔盖直接派回伊尔库茨克，听候帕尔菲尼主教的处置。在伊尔库茨克，谢尔盖神父得知自己被遣离使团后非常吃惊，向圣主教公会写长文证明自己的清白，并无论如何不承认自己有错，其中清晰地描述了自己在库伦的生活。由于司祭约安·拉欣斯基拒绝去库伦，1866年11月，司祭格龙季被派往库伦代替谢尔盖，并在库伦大概一直生活到1880年。关于格龙季司祭在库伦的活动没有留下书面材料，但据说他在那里时修建了俄罗斯人墓地，并为墓地修建了围墙，还为在这个著名的喇嘛教核心地区传播东正教做了不少努力。1880年1月，格龙季司祭被莫斯科波科罗夫斯基修道院接纳，在那里一直生活到1897年去世。

同时，使团在北京的生活在每个人有条不紊的工作中静静地向前推进。帕拉季神父继续深入自己的学术研究，把牧教工作甚至使团一些不复杂的管理工作都交给了司祭伊萨亚神父。伊萨亚神父同时继续自己在汉语方面的研究和把教义、赞美诗等译成汉语口语，关心宗教学校、寄宿学校的工作，试图建立一些手工业作坊（装订厂、刻板厂、汉语印刷厂）。司祭拉欣斯基在公使馆教堂做事工并参与学校的教学。我们的传教士略微单调但有条不紊地生活着，他们远离北京的欧洲人，偶尔与其他宗教使团的交往使使团生活丰富一些。比如，1866年5月，热情的英美传教士想联合俄国和英国的教堂，他们来到我们的使团，向帕拉季神父借希腊教神学书籍。圣主教公会收到报告后令向北京寄送希腊语全套神学书籍，这批书籍后来及时寄达。

广阔的乌苏里地区和滨海地区并入俄国引起了天主教传教士的注意，他们准备向这一地区扩展天主教力量以实现和平征服。满洲的天主教大主教，在与俄国公使弗拉加利少将的私人会晤中表达了要在乌苏里地区和阿穆尔地区传播天主教的意愿。为此公使弗拉加利愤怒地发出了公函，但未能奏效。天主教士固执地重复说，已有大量天主教教民生活在阿穆尔和乌苏里地区，要求给予这些天主教士在这些地区从事活动的权利。但统计数字表明并入俄国地区的所有男女天主教教民总共有491人，数量并不大。所以1869年，彻底拒绝了天主教士的这一想法，答应从俄国派出波兰天主教士为住在尼古拉耶夫岛的天主教教民主持圣礼。

与此同时新开发的广阔地区引起了俄国政府的注意，必须尽快改造这些地区，但对这些地区的自然资源情况、民族繁杂众多的情况都不十分明了。所以俄国地理学会派帕拉季神父对南乌苏里地区进行为期一年（1869—1870年）的学术考察。这次考察的成果是关于该地区和人种学及地理学的报告和文章。比如，满洲地区考察之后帕拉季神父给省长科尔萨克的报告谈到满洲地区粮食价格昂贵、牲畜发疫病，谈到主要由东干回民构成的红胡子。从尼古拉斯克回来后帕拉季神父提醒说，在尼古拉斯克岛上的中国居民、工场主，人数已达5万，如果发生暴动，后果不堪设想。帕拉季神父离京期间，使团由伊萨亚神父主持。伊萨亚神父主持圣礼时尽量用汉语白话，伊萨亚神父生动机敏，很受欢迎，事事出谋尽力。中国人本不喜欢这种性格的人，但伊萨亚神父少见的善良和直率，得到了中国人的爱戴，教民的心里对伊萨亚神父的回忆都是最美好的。帕拉季神父考察归来后不久，伊萨亚神父便去世了（1871年11月12日），他被隆重地安葬在俄罗斯墓地。伊萨亚神父的弟弟——彼得堡大学的学生科尔尼利司祭（Корнилий），也准备投身于北京东正教使团的事业，但不幸于来京的途中，在距北京只有12俄里处去世。

1874年，司祭弗拉维安的到来使东正教使团得到充实。弗拉维安勤奋学习汉语，先是在中国先生帕维尔·史（Павел Ши）的指导下，后由长期帮助我们的传教士——有翻译经验的龙先生（Лун）指导。汉语达到一定水平后弗拉维安神父受帕拉季神父的委托翻译《福音书要义》。该书的前半部分由帕拉季神父审阅和校订。在固里神父的译本中，帕拉季神父也做了一些有助于理解的改动。圣主教公会俄文版赞美诗集的前半部分也经过帕拉季神父的审阅。下面谈谈帕拉季神父的学术论著。

1875年，在俄国特使提议下东正教使团编制调整扩充，扩大薪酬和其他开支预算。1876年12月7日，国会确认使团每年的经费为15600卢布，使团建筑统一维修的费用预算为16500卢布，这些钱用于为使团成员修建新居所、钟楼、图书馆、男校院墙和一些附属房屋。弗拉维安监督建筑工程，并履行圣器室执事的职责，管理图书馆，进行公文管理，还教几个中国孩子读写俄语，并多次去天津和张家口为俄商主持圣礼。

1878年中期，修士大司祭帕拉季心脏病严重，按医生的建议他应立刻离开北京从海路返回欧洲。帕拉季神父10月2日动身，将使团管理事宜移交给司祭弗拉维安神父。从往来电报得知，帕拉季神父得到为期一年的带薪休假。但这份照顾却没能派上用场，很快电报传来噩耗，帕拉季神父于12月6日因心力衰竭猝死于马赛。在他去世的第二天，马赛希腊教堂的希腊神父为他举行了安魂礼。1879年2月2日遗体灵柩从马赛隆重运往尼茨，由希腊神父将遗体安葬在俄罗斯墓地。在举行葬礼时，希腊宗教界尼茨教堂的大司祭刚利维茨基被调往法国赴职，而新任教堂堂长谢尔盖·普罗托波波夫（Сергей Протопопов）司祭也正在赴任的途中。帕拉季神父身后留下的财产有几千法郎，但没有留下遗嘱。陵墓位置花去600法郎，大理石墓碑花去3500法郎，包着紫色天鹅绒、镶银饰的豪华棺椁也价值不菲。这位伟大勤奋的人的最后一个奖励，是1873年4月8日授予他的圣安娜一级勋章。1875年，为表彰他对地理学的贡献，国际巴黎地理知识代表大会授予他二级奖章。

关于修士大司祭的学术论著，我们只看其中使他进入一流汉学家之列的最主要的部分。按时间顺序，第一篇文章是1852年发表于《北京东正教使团成员论集》（Труды членов Пекинской духовной Миссии）中的《佛陀传》（Жизнеописание Будды），该文后来被译成德文发表。在帕拉季的头脑中有批语的思想，他不会一味地简单重复别人那些明显存疑的关于佛祖释迦牟尼生平的传说，而是特别注意佛祖涅槃的条件，因此帕拉季神父的文章是当时主导着印度的道德和风尚的印度佛教哲学学说的综合概观。文章最后以佛祖的学说及当时的生活条件为基础对佛学进行总体评价。作为伟大的东方学家，帕拉季神父的第二部宏论是第一篇文章的自然延续，同样内容厚重，这就是刊登于《北京东正教使团成员论集》第二卷的《古代佛学的历史概观》（Исторический очерк древнего Буддизма）。该文是作者对问题进行深入扎实研究的结果，为我们揭示了佛学状况的总体画面，自佛祖圆寂到耶稣降生，佛学存在的前3个时期，在时间上跨越了近6个世纪。向读者阐述佛教的组织和性质、佛教各种门派的划分，以及其中最主要的门派、其文献和对同时期非佛教学说和社会的态度。

我们要提到的第三篇不是紧接着第二篇问世的，但在重要性上看可以排在第三篇，这就是珍稀典籍《元朝秘史》的翻译，该译文刊登在《北京东正教使团成员论集》第四卷上，题为《关于成吉思汗的蒙古古老传说》（Старинное монгольское сказание о Чингис-хане）。帕拉季神父之所以这样确定文章标题，是因为该书不涉及窝阔台分治的蒙古后期，专门记述蒙古帝国缔造者的生平和功勋。以成吉思汗之前的传说为基础编写的这段历史，由于元史正史中诸多的错讹、空白而显得非常重要，成为珍贵的历史文献。《元朝秘史》作为传说的记录，语言特别，翻译难度很大。另外，译本丰富的解释性注释，需要译者拥有渊博的背景知识。在《北京东正教使团成员论集》第四卷中翻译了长春真人丘处机1221年应当时在印度边界的成吉思汗之邀西游。该译文除具有地理学意义外，还可以满足读者极大的好奇心，从中了解到散布于丘处机诗作中的道教教条（诗作译文精美），了解到丘处机在北部中国时的境况。成吉思汗对道士个人威望的尊重，使得丘处机的名望进入极盛。1877年，《东方论丛》（Восточный Сборник）第一卷刊登了帕拉季神父的《关于成吉思汗的蒙古古老传说》，介绍了这位孜孜不倦的征服者的个人征战史。作者力求厘清贫乏的、蒙古帝国初期的典籍资料，尽管传记内容不尽完备，但翻译艰难，需要有较强的汉语和汉文献功底，才能阐明和补正那些对于中国人来说也不易弄懂的难点。在这一卷的《东方论丛》中还可以读到帕拉季神父的独立研究《基督教在中国的古代遗迹》（Старинные следы Христианства в Китае）（第1—67页）。这篇文章是作者从中国的大量中文原始信息中收集整理了关于中国唐代和元代确实存在基督教的观点，并对此做出最公正的评价。其中涉及中国的一些宗教如寒山教、摩尼教、犹太教。

除上述重要文章外，帕拉季神父的大量文章和研究成果还发表于俄国皇家地理学会论丛和消息中，在《海事文汇》（Морской Сборник）及其他一些期刊上，内容庞杂。如《中国及其属国的商路》（О торговых путях по Китаю и подвластных ему владениям）[载《俄国皇家地理学会论丛》（Записки Императорсского Русского Географического Обществ），1850年第四卷，第224—259页]、《北京日记节选》（Выписки из дневника, веденного в Пекине），其中作者作为见证者描述中国与列强签订条约前发生的各种事件，以及那些条约的签订（《海事文汇》，1860年，八、九月号）。还有《论中国的穆斯林》（О магометанах в Китае）、《从北京到布拉戈维申斯克行记》（Дорожные заметки от Пекина до Благовещенска)(Записки Императорского Русского Географического общества, 1872 г. Т.4）、《马可·波罗北中国游记》（Elucidations of the Marco Polo's Travels in North China，Journal of the North China Branch of the R. F. S. vol. X. 1876 г.）、《乌苏里边区历史概貌》（Исторический очерк Уссурийского края)(Записки Императорского Русского Географического Общества. 1879 г. Т.8. вып. 2）等。

1871年，从南乌苏里学术考察归来后，帕拉季神父用8年的时间专注于汉俄词典的编纂，他将之看成是自己多年在华生活得到的中国的知识的总结。编写按发音排列的词典的主要蓝本，是以下一些中国字典：《诗韵音义注》，同样很有用处的《韵综》（与《诗韵音义注》同类，但篇幅上小得多，以《康熙字典》和《佩文韵府》为基础编撰，刊刻于1804年）、《佩文韵府》（康熙于1705年敕令刊刻的韵书，共106卷）。还有一些篇幅也不小的词典：镇江人虞闻子于1676年刊刻的十四卷《骈字类编》，江西瑞州人于1774年刊刻的《字贯》。另外，帕拉季神父还参考了阿瓦库姆神父的手稿词典和江沙维的《汉洋合字汇》。但关于中国3种主要宗教的状况是一个非常繁杂的问题，这些词典在这方面则不能提供什么参考，而全是帕拉季神父多年研究中国生活的代表性成果。

弗拉维安神父花了整整一年的时间，没做任何改动，誊写帕拉季神父留下的手稿。后来，经一些有权势的人的帮助，如外交部同道弗兰加利（А. Г. Влангаль）和亚洲司司长季诺维耶夫（И. А. Зиновьева），他们了解和敬重帕拉季神父，最高圣命特批词典出版经费，驻北京公使馆翻译波波夫（П. С. Попов）承担起编辑的工作。出版工作在北京持续了两年，于1889年完工。

二十一、第十六届俄国东正教驻北京使团 (1879—1883) 及其出版活动

1879年1月9日，至圣的圣主教公会将修士司祭弗拉维安（Флавиан）提升为修士大司祭，任命他为第十六届使团团长。按都主教伊西多尔（Исидор）的意思，由于当时弗拉维安就在北京，所以晋升仪式不用去别处举行，他可以为自己戴上那些标志，完成教职晋升。

起初弗拉维安的使团中只有老迈的司祭拉欣斯基一人，1881年，拉欣斯基因年迈而获准退出使团，得薪金433卢布。两名候补人选可以使用使团中3个修士司祭的空缺：一个是33岁的修士司祭尼古拉，喀山市辅祭长之子，原名是彼得·斯捷潘诺维奇·阿多拉茨基（Перт Степанович Адаротский），喀山神学院副博士，1874—1880年间曾为维也纳俄罗斯教堂的诵经士。1882年1月28日被任命为修士司祭，拿到金字十字架和差旅费。另一个是修士司祭阿列克谢，原名亚历山大·维诺格拉多夫（Александр Виноградов），教士的儿子，在彼得堡宗教学校完成学业，曾在彼得堡神学院考古学院和艺术学院学习一年，获得杰米多夫贵族法律学校法律副博士学位。1881年5月25日，由九等文官被任命为修士司祭，12月19日抵达北京。

另外，1882年又来了一名成员——教士米特罗凡·纪（Митрафан Цзи），曾任教义解答人员和学校老师。在弗拉维安的举荐之下，1881年11月7日，圣主教公会确认他可以担当教职。1882年6月29日，尼古拉主教在日本为其授予教职。米特罗凡·纪是第一位得到教职的中国人，尽管他从1864年起就作为使团成员从当地人那里领取每年500卢布的薪酬。

使团的新任团长非常重视在教堂做礼拜和宣教。伊萨亚神父用汉语做礼拜仪式，收效甚微。于是礼拜仪式又同过去一样，仍按守则规定（第13、23、24条）用斯拉夫语进行。宣教时仍然是莫名其妙地不出声，当然也没有好的宣教手册。

弗拉维安神父决定用汉语主持礼拜后，就征集需要的人选准备相关的手册。在龙先生的帮助下（龙先生去世后是曾任教义问答教师后成为

司祭的米特罗凡·纪的帮助，再后来是诵经士帕维尔·王的帮助），修士司祭伊萨亚的译本得到订正、润色和补充，整理了日课经、马拉戈圣礼记、祈祷书。祈祷书几乎是全部重译，重译的还有大神父的主要部分，歌颂耶稣、圣母及圣徒（ангель хранитель）的颂歌。后来又整理了《主日八调》、《十二庆贺日赞词》（служб всех двунадесятых прозников）、复活节前一周和复活节期间的祈祷书、祭祷书（чинопоследование понихиды）的新译本。除祈祷仪式用书外，还翻译了道德训诫用书，如莫斯科英诺肯季都主教的《通向天堂之路》（Указание пути в царство небесное）、大司祭瓦洛布耶夫（прот.Н.Валобуев）的《基督教理简本》（Краткое изложение христианской веры）等，还编写了《东正教礼拜仪式》（Объяснение богослужения провославной Церкви）并译成汉语。就这样，在米特罗凡·纪神父从日本回到中国后，在弗拉维安主持使团的这段时间，东正教使团确定用汉语进行礼拜仪式。

同时，过去的一些书，特别是那些仍保留着版样的书重新再版，如固里神父的《新约》印了50本，《圣功释要》印了100本，《教理问答》（固里神父编）印了50本，伊萨亚神父译成口语形式的《圣教理问答》（都主教菲拉夫特的详细的教理问答）印了30本，伊萨亚神父翻译了这部教理问答，并在去世前不久刻制了木版。应帕拉季神父游乌苏里之需少量地印了一些，但帕拉季神父觉得书中的语言太粗俗而中止了印刷，并让龙重译，语言要文雅。龙译完后，帕拉季神父很满意。后来还出版了伊萨亚神父编的一些材料：《圣史纪略》和简要的宗教问答《圣教会要课》各100本，《日诵经文》300本，还印了由帕拉季神父亲自编辑和校订、带简短注释的《注解玛特斐乙》。

修士司祭尼古拉神父在1884年《东正教评论》（Правосланое обозрение）上发表的文章中详细地介绍了使团出版活动，我们从文中引述下列详文：

"到1882年年底，东正教北京使团除团长外还有3名成员，他们通常在北馆和外交使团这两处教堂举行圣礼和主持礼拜。另外，团长或一位神职人员有时也去北京城外东南部50俄里远的东淀安村主持礼拜或圣礼，在那里有一座以伊尔库茨克的英诺肯季主教名字命名的小教堂，周围住着一些从19世纪60年代起在伊萨亚神父的影响下（参见1863年的《宗教对话》）信仰东正教的中国家庭。那里长期没有固定神职人员，教徒的宗教生活错误百出。在另外3个中国的贸易点，也是这样定期地举行圣礼的礼拜仪式，那就是在北京西北方200俄里处的张家口、在北京以南150俄里处的天津和在北京以南1500俄里处的汉口，在这些地方住着东正教徒——俄国的一些茶叶公司的代表。在汉口，在波特金（Боткин）先生和其他茶叶公司的一些老板的资助下，修建了一座小教堂，在这里由波特金先生推荐，经圣主教公会允许，由北京东正教使团的一名成员定期主持圣事祈祷。

"为了向教徒传播真正的东正教，北京东正教使团开办了两所学校。学生在东正教使团刚成立时起就建立男校，当时学生还不到15人。1859年，又开办了女校，学生有近30人。女校中有3名女教师和1名助手，男校分为高级部和初级部，授课者是上文提到的米特罗凡神父，教师是曾考取功名的奥西亚•张（Осия Чжан）、该校毕业生英诺肯季•方（Иннокентий Фань）。两校的教学都是以传统的诵读的方式，诵读背熟记在一些卡片上的中国字，诵读中国典籍（刚开始时很枯燥），这些典籍是民间流传的谚语和箴言，只在男校的一个部里教授。后来男校的初级部和高级部学生都接触东正教入门的基督教概念和那些汉译东正教书籍，女校学生则不接触这些内容。俄国东正教使团10年一换，成员更迭，在使团成员的指导下，由中国人教师和教理讲解师翻译这些书籍。从圣主教公会正教院总监事过去的工作总结中可以知道这些书。这些工作总结吸收了东正教使团团长每年的报告中关于东正教驻中国使团的消息，报告中有时也提到在使团中工作的、主要的中国人的名字。圣主教公会为北京东正教使团制定的准则第23、24条规定，最好的学生和唱诗人学用斯拉夫文诵读礼拜经文，要学俄语。当然远不是所有的唱诗人和诵诗人都懂礼拜经文，其俄语知识也远远不够。

"后来，奥西亚•张、卡西安•林（Кассиан Лин）（宗教教理讲解师伊万•张的儿子）和列夫•海（Лев Хай），北京东正教学校的所有学生在使团负责人学习汉语方面都能做他们的教师。另外，使团自身也需要几个有才能的中国人。这些中国人中有两人的俄语很好，一位即是刚刚提到的可做'教师'的卡西安，是已过世的伊萨亚神父的学生，15年间每年都编写教堂日历；另一位是叶夫梅尼•于（Евмений Юй），是弗拉维安神父和司祭尼古拉的学生，由于他俄语很好，所以现在是使团的翻译。

"北京学校的青年学生帕维尔•王（Павел Ван）是教堂祈祷仪式难得的教理讲解师，他在教堂礼拜仪式中，常诵读过去的使团成员同中国教师一起编的训诫词，他们也常常对这份教理进行补充。在使团图书馆所藏过去的教士们留下的各种词典和书籍中，从19世纪40年代起就保存着两部宣教稿，这是由过去的使团成员、汉语专家、修士大司祭阿瓦库姆留下的《主日赞辞》（на Введение во храм и Рождество Христово）和司祭费奥菲拉克特的两部训诫《基督降生辞》和《圣尼古拉日辞》(поучения на Рождество Христово и день св. Николая Чудатворца)。这些材料的作者或教理讲解师是否宣讲过这些宣教稿，现在无从得知。在伊萨亚神父之后，以教理讲解师伊万·张记录下来的教理训诫的形式讲解过晨祷和圣餐式。另外，伊萨亚神父写过宣读用的训诫辞。伊萨亚神父的汉语口语非常过硬，他可能是第一个在教堂中讲自己的训诫的人。修士大司祭弗拉维安申请离开使团团长的岗位后留下来一些在每周不同的日子所作的训诫，这些训诫词的整理为使团工作了约30年的已故教师龙、米特罗凡神父和教理讲解师帕维尔完成的。

"在19世纪60年代以前，汉语的教堂祈祷和唱诗只有译自斯拉夫文的旧译本：《圣咏经》（Молитвы Господней）、《早晚经本》（Символа веры, утрених, вечерних и повседневных молитв, а также последования ко св. Причащения）。这些译本在（19世纪）30年代由司祭达尼尔编辑，（19世纪）50年代由使团团长即后来的主教固里编辑。整个祈祷仪式语言都是令中国诵读人和唱诗人感到生疏的斯拉夫语。上述我们提到使团成员伊萨亚·波利金神父首开了汉译东正教堂祈祷经文（1858—1871）的先河。他和中国教师龙一起翻译希腊语、斯拉夫语的经文文本，完成了部分日课经、礼拜祈祷曲谱简集（有颂歌、教理和赞美诗），还编了一个内容类似的手册，包括《十二庆贺日赞辞》（первой и последней стихиры, тропарей и песней кановов на 12 великой Четыредесятницы и св. Пасху. По переводу）。他还把赞美诗集译成了简单的汉语口语——俗话，并开始翻译祈祷书（彻夜祈祷和约翰·兹拉托乌斯特的圣餐式），译出了《颂歌集》《向圣母祷告》和《追祭用赞美诗》。在晚年，伊萨亚神父完成了文言和白话两种语言风格的圣安德烈·克里茨基的赞美诗，还和已故的最著名的汉学家、使团团长帕拉季神父（故于1878年）在1870年翻译了新年祈祷唱诗和《劝义篇》（о получении прошения）。在1860—1868年，他还编写了俄汉神学和教会用语词典（3300个词以上），帕拉季神父对这部词典进行了审订和补充。

"以这部词典、《圣经》和祈祷经文的新旧译本为基础，重新整理了教堂用语词典，词典中还指出了这些词的出处。这项工作是在修士司祭尼古拉的主持下由使团翻译叶夫梅尼·下完成的。1878年帕拉季神父把赞美诗中的12节从俄语翻译了过来，最后一节赞美诗是在教师龙的帮助下由伊萨亚神父翻译的，最后由弗拉维安神父完成。伊萨亚神父去世后，接替帕拉季神父位置的弗拉维安神父把他留下的手稿仔细地收集起来并反复阅读。弗拉维安神父使伊萨亚神父已开始翻译的译稿免于遗失，并和自己的中国老师龙一起对之进行了补充。但由于所受的神学教育的不足和希腊语知识不足，他无法解决斯拉夫语祈祷经文翻译过程中的一些难题。所以弗拉维安神父这方面的著作只是一些片段，但是他把伊萨亚神父引入祈祷中的汉语成功地保留了下来。

"在上帝的恩泽之下，在1883年3月至1884年期间，北京使团的成员开始翻译八重唱礼拜赞美诗全本，这是他们期望已久的。起初有6人参加这项工作：修士司祭尼古拉和阿列克谢负责核对斯拉文赞美诗与希腊文原文（修士大司祭季奥尼西1860—1862年所作，用于教堂祈祷，雅典版）；在仔细对照、订正斯拉夫文本的同时，几位司祭把所译文本的准确含义用俄语转达给弗拉维安神父，弗拉维安神父再用简单的汉语说给米特罗凡神父听，米特罗凡把得到的斯拉夫文本的含义用汉语书面语（文话）表述出来，然后教师奥西普编辑加工汉语文本，使之符合汉语的结构，最后翻译叶夫梅尼纠正、检查米特罗凡神父和教师奥西亚翻译得是否准确。对于伊萨亚神父已开始翻译的部分，因当时翻译得比较匆忙，现在也进行了这样精细的加工。使团成员齐心协力用这样的方法翻译的八重唱礼拜赞美诗全本和一周晚课[含福音颂歌（стихираы евангельские экзапостиллария）等，但不含主日礼拜祷告文（каноны в субботние и воскресные полунощницы）]，上述提到的这些人又着手翻译十二大节日祈祷词（阿列克谢神父除外，他因要画圣像、使团布局图和另外一些材料而没有参加）。在这里洛维亚金（Ловягин）教授的赞美诗译本以及奥古斯汀都主教的斯拉夫文节日赞美诗改写本、弗拉季斯拉夫列夫神父的几种全本的十二大节日祈祷词，刊登在《益读》（Душеполезное Чтение）和《宗教谈》（Духовные беседы）上的（译自雅典版）祈祷辞全本都对翻译很有帮助。完成这些翻译并把译文按十二大节日汇编成册，伊萨亚神父和使团指定的几位成员及其工作人员着手补充修订伊萨亚神父翻译过的教堂其他祈祷经文，并翻译复活节前一周的祈祷经文、出席教堂内3次圣餐的经文（无需司祭祈祷，只是默默祷告）和祭祷经文。最后由司祭尼古拉按希腊原文校订，弗拉维安神父按赞美诗集、日课经再进行补充。对晚祈祷经文、晨祷、时课、大小晚祷都做了补充，特别是有的经文是重新翻译的，加入了圣四十日和圣灵降临节的祭祷歌、短赞美歌、十二节日歌，圣日和普通的节日的八重唱（圣母）赞美诗集。

"上述后一部分译文与前一部分有所不同，已故的主教在担任东正教使团团长时译成汉语的东正教文献主要是《圣经·新约》，福音书与原文差距较大，语言偏重于文言，审订者修士大司祭阿瓦库姆对此并不赞同。伊萨亚神父所用的语言介于文言与白话之间，但他晚年却走向了另一极端，倾向于白话。而且由于时间仓促，其译文中有不少不准确之处。在阿瓦库姆神父之后的帕拉季神父起初认为把《圣经》译成汉语是不可能的。尽管如此，在晚年帕拉季神父还是同自己的中国老师龙先生一起出色地翻译了十二大节日赞美诗和赞美诗集，力求译本绝对忠于原文。两人反复理解原文，尽量让大多数听众和读者能够理解汉语的祈祷经文。在司祭尼古拉的坚持下，旧约箴言的译本中主要有70段箴言（Тишендорфа的版本），同传统的斯拉夫经文十分接近，译者的辛劳没有白费。1876年，在弗拉维安神父的主持下，中国老师英诺肯季翻译了所有节日箴言和大斋期箴言。他的手头有一部当代汉学家瓦西里耶夫（проф.Васильев）教授并不看好的新教《圣经》译本，这部《圣经》由传教士舍列舍夫斯基（Шерешевский）（波兰犹太人）译自其母语犹太语，其中有多处与希腊文原文、斯拉夫译本差距很大。该译本译者在翻译晨祷仪式中的神启歌、大节日中的神启箴言和复活节前一周的神启箴言时遇到了很多困难。一些疑难之处只好转用描述性语言，俄语的《圣经》中也有这类情况，尤其是在翻译赞美诗（如圣灵降临节的赞美诗）时。一般翻译时常常在神学概念，特别是关于圣神降临节、圣礼体现等的教理方面十分困难。在这种情况下前述提到的伊萨亚神父和帕拉季神父的教堂用语词典就很有用处，译者们又在其中加入了一些新的术语。这时《圣经·新约》和《圣经·旧约》的字母顺序索引手册大派用场，帮助译者斟酌同义之处。各种词典，特别是1870年波士顿出版的希腊语英语词典（索福克拉Софокла词典）也是很有用处的。

"最后，到1884年年初，译好的文献已经有了几本，这一年的1月又重新抄写、核订、雕成木版。使团的这项开支超过了2000银卢布。北京东正教使团除其他的中译经文外，东正教祈祷经文已达20多本，每种印数为100册。此时，也皈依了东正教的日本人，因与中国人有着相似的民族起源关系，其书面语同汉字在字形和意义上都是相同的，只是在读单字时要加上起连接作用的字。所以，北京东正教使团也给日本的东正教提供了很大便利，1882年弗拉维安神父把祈祷经文手抄下来，这些经文很快就被由日本文人组成的日本东正教使团的成员译成了日语，用于日本东正教徒的祈祷中。在中国人和朝鲜人众多的堪察加教区，北京东正教使团（宗教道德方面的）成果也得到了利用。1880年，堪察加、基里尔、布拉戈维申斯克教区主教马尔丁安（Преосв. Мартиниан）收到北京东正教使团的中译文献，他非常感谢，并在教区内的中国教徒和朝鲜教徒中间传布，1881年北京东正教使团还专门公布了这个消息。

"从1883年5月起，司祭尼古拉开始定期教唱诗班的中国人唱五线谱。此前已故的修士大司祭固里也曾教过中国人在小提琴伴奏下唱五线谱，当时唱诗班一度由8—10人组成，人人都很有歌唱天赋，声音洪亮。但是现在，在世的不过4人，而且唱起来找不着调，只好乱唱。在东正教团找到一架手风琴后，组建一个20人以上的唱诗班也成为可能。从1883年8月开始，唱诗班的两组唱席和声歌唱——一席用斯拉夫语唱，一席用汉语唱。唱本是抄来的最优秀的宗教作曲家：博尔特尼扬斯基（Бортнянский）（柴可夫斯基的版本）、图尔恰尼诺夫（Турничанинов）、利沃夫（Львов）、巴赫梅捷夫（Бахметев）、罗日诺夫（Рожнов）等人的作品，这便有可能使那些唱诗班的人很快就掌握这些作品的五线谱。为了简单易唱，司祭尼古拉还把八重唱赞美诗集、日课经文月书以及其他教堂每年都唱的赞美歌都改编成了四声部。为与此相配合，在司祭尼古拉、教师英诺肯季·冯和卡西安·林的指导下，固里主教的学生以及唱诗人亚历山大·艾一起完成了四声部和声与唱诗班左唱席中文教堂曲的改编。平时的礼拜和节日祈祷常用巴赫梅捷夫的曲谱集（1869年彼得堡贝尔纳德印刷所出版），但由于曲谱过于简单并且有些地方与古代常用的曲谱不同，司祭尼古拉就试着修订了'1'（'哆'）、'3'（'咪'）的和声及唱"天主在呼唤"时的'7'（'西'），改为'2'（'来'）、'3'（'咪'）及唱'天主'时的'6'（'拉'）、'7'（'西'）。在第一、第四和复活节前一周的礼拜仪式上增加了颂歌、晚祷的赞美诗和赞辞，为唱诗班左唱席编写了颂歌和声与圣诞节、复活节、复活节前第一周和第四周的其他曲谱。另外，唱诗班的成员因为经常练习而把右唱席的新曲调唱得越来越好。经过25年教堂祈祷和唱诗的实践，司祭尼古拉能够毫不费力地给唱诗配上正确的曲调。为了自我检查，他经常与莫斯科教堂唱诗爱好者协会的三卷本教堂常用曲调集（莫斯科，1881—1883）核对。尼古拉司祭谱曲时，他的老师卡西安、歌手卡皮通（Капитон）都给予他不少帮助。卡西安把教堂赞美诗用漂亮的斯拉夫字体写出来，卡皮通则特地把曲调标志手工刻到骨头上，印在木版印刷的曲谱纸上，装订进巴赫梅捷杰夫曲谱集的相应位置。

"相对于两个敌对的传教团，东正教使团处于中立的位置，既不与天主教传教士发生冲突，也不得罪新教传教士，不引起任何一方的不满。因此，那两方对东正教使团的代表都很好，节日时互相走动。帕拉季神父在使团期间，神职人员和世俗人员都能受益于帕拉季神父的博学，他总是与各方人士分享自己的研究成果。新教传教士多次在他们的印刷所刊印我们使团前几任团长如固里和弗拉维安主教的译文。"

弗拉维安神父不爱夸耀自己的北京经历。在抵京之初他给他的庇护人固里主教写信说："现在我已经在北京生活3个月了，正在适应汉语和周围环境，尽管对您我不必隐讳，我很想念俄国，有时甚至为摊上这样一个差事感到难过。平心而论，同意来中国使我失去了很多。我在西姆费罗波尔的情况，即使是作为普通的佩十字架司祭，也拥有在北京工作无法相比的自主权，各方面的待遇都好得多，更不要说在巴赫齐萨莱隐修院做掌院了。但既来之……则安之，事情不可逆转，无论愿意与否，看来都得在这儿工作几年。想不出能做出什么成就，或许能得到一枚皇家十字架，为此耗7年并不值得。因此，我无论如何都不能设想在北京不仅要永远待下去，甚至下辈子也是在这里。最好能在一个修道院，要是三四年后能让我离开北京，我就太幸运了。不知道我的生命还有多长，不管怎样我还是开始学汉语了，学习勤奋。"弗拉维安神父稍晚些时候给朋友的信也是这样的笔触，这是在1876年的9月："我已经来北京一年半了，有点儿习惯了，但汉语会说的还不太多，这里的生活非常单调，总是待在家里，不能出去，走走，坐车去哪儿，都不行。我多想尽快回俄国，但'快'是不可能有希望的，还得在这儿熬不少年，要是不把命丢在这儿的话。我在这里的状况犹如一只被捕鼠器夹住的老鼠。比起现在的境况，我在西姆费罗波尔时简直是顺风顺水。在这儿可就完全相反了,回忆起西姆费罗波尔,我总是留恋又遗憾。凑合活着吧,我的身体虽然不算很棒,但也没什么毛病。这儿的气候让人烦闷,生活非常单调,作息严格。哪儿也不许去,只能面壁而坐。教堂只在节日时才行圣礼,很少见到人,每天的工作就是把俄语译成汉语。中国先生每天都来我这里,他丝毫不懂俄语,他是卢先生,我则是法神父。""我常感到头脑昏昏沉沉的,处于半睡状态。炎热潮湿的天气和潮湿的房间对身体有害。等看看天冷一点儿时会怎么样。"天冷了,另一个不好的事又来了:房间里安排得不好,特别是石板地面令人感到比炎热还难受。弗拉维安神父写道:"新炉子取暖完全不行,晴天时温度不超过10度,阴天时则只有7度,所以必须得生火,得有个铁炉子。"

对不习惯的气候和环境感到沉重使弗拉维安神父更加重视为使团修建完备的外部、内部设施,主持使团工作使得这种重视更加深了一层。修建学校、司祭居所、圣器室和图书馆,处理公文,教一些男童学习俄语,多次去天津和张家口,所有的工作都责无旁贷。弗拉维安神父超负荷地工作着,甚至不能抽出时间做他所喜爱的工作——翻译和出版书籍。操劳转化成了伤心、不得志,销蚀着他的身体和精神力量。他的耐心终于不够了,弗拉维安神父感到孤掌难鸣。他为使团的内部安排不善而失望悲伤,为使团外部地位不稳而失望悲伤。10年之后,1883年,弗拉维安神父感到疲惫至极,他决定请求离开使团返回俄国。他的请求被批准,1883年10月25日来了调令,但弗拉维安神父一直等待继任修士大司祭阿姆费洛希,在北京生活到1884年5月10日才经蒙古返回俄国。

返回彼得堡后他成为亚历山大涅瓦修道院的教士。1885年1月19日,最高圣命任命他为阿克萨区主教、顿河教区助理教务主教;同年6月29日,任命他为霍尔姆斯基的教务主教,封号为"留布林斯基"。1892年,他被调任华沙大主教,在任6年。1898年,弗拉维安大主教被调往高加索任格鲁吉亚教区长。1901年11月10日,调任哈尔科夫,同时保留圣主教公会成员的职位。1903年2月1日,被任命为基辅和加里茨基总主教、基辅洞窟修道院圣修士大司祭。在这里,弗拉维安神父于1915年11月4日告别了一生的操劳,在76岁高龄上完成了自己虔诚苦修的一生。弗拉维安大主教一生为圣教和祖国奉献,因此获得殊荣:镶宝石的主教胸佩圣母像(1896年)、佩戴在圣帽上的钻石十字架(1898年)、圣亚历山大·涅夫斯基勋章、佩戴在主教金冠上的钻石十字架（1903年）、钻石的圣亚历山大·涅夫斯基勋章（1906年）、圣弗拉基米尔一级勋章（1910年）、礼拜仪式用的手持十字架（1911年），还有最后的——圣安德烈一等勋章。

这是怎样的一个人，他怎样热爱着自己的祖国，从他弥留之际的话可以略知一二："在心灵与肉体分离的时刻，我为我亲爱的祖国担忧，为她而炽烈地祈祷。"他所有的财产，近50万卢布，大都用于在基辅洞窟修道院修建的教堂、医院，用于筹建在修道院馆藏丰富的图书馆。余下的5万卢布，他留下遗嘱，用于修道院的教育和慈善事业。安排好这些后，他在去世前两个星期才放心地说："上帝保佑，现在我没留下一个戈比。"弗拉维安大主教没有亲属，但却拥有很多朋友，赢得很多人与他真诚相待。

二十二、第十七届俄国东正教驻北京使团
（1884—1896）

　　1883年10月25日，圣主教公会下令，任命塔夫里教区巴拉克拉夫斯基格奥尔吉耶夫斯基修道院司祭阿姆费洛希（Амфилохий）神父代替申请回国的修士大司祭弗拉维安担任使团团长。

　　阿姆费洛希神父出生于库尔斯克省的贵族之家，世俗名为亚历山大·卢托维诺夫（Александр Лутовинов），完成莫斯科第一寄宿中学的学业后，在莫斯科大学学习了两年。1862年，在科连纳亚隐修院开始修士生涯，在库尔斯克教区的别尔戈罗德隐修院生活了3年，1871年入库尔斯克兹纳缅斯基修道院，并于1873年在此举行辅祭按手礼，后来又升为司祭。1875年，被调往巴拉克科夫斯基格奥尔吉耶夫斯基修道院，在此期间曾获法衣锦章。1878年，因爱丁堡大公主家庭教堂行圣礼而获沙皇办公厅奖励的至仁金质胸佩十字架。出任北京东正教使团团长后，阿姆费洛希神父于1883年11月14日晋升为修士大司祭，不久后在沃尔夫出版了他的《世界的天神之路》（Путь Промысла в развитии вселенной）一书。

　　1884年抵达北京后，阿姆费洛希神父全力投入汉语学习，甚至整个在华期间他一直为此不懈努力（近13年）。在他的管理下使团生活按部就班地进行着。使团的配置中，为每位成员提供了合适的薪水，但却没为传教活动拨发任何经费，所以传教活动只限于在修道院里，传教士们都在修道院内工作。会法语的阿姆费洛希神父空闲时间与法国公使馆的熟人来往。每年阿姆费洛希神父都向圣主教公会提交总结报告。他在1888年的年度报告中提到，这一年司祭3次前往东淀安村，两次去天津行圣。1884年在汉口圣化了一座石制教堂，但没有教士，因为教民提出希望有一位比以前来的牧师更成熟年长的。另一位司祭在公使馆的奉献节教堂做事工，在两所学校教授圣理和俄语，午后自己还要听汉语课。男校有学生23人，女校有学生26人。教理教师帕维尔·王在教堂祈祷时无偿讲经，为24人施洗，为3桩婚姻行圣礼，为6桩丧事行圣礼。每个学校都有两个学部。最后阿姆费洛希神父请求圣主教公会能利用使团构成的机动名额派一名能唱

诗的人来（所以1891年派来了司祭英诺肯季），有一段时间由在布拉戈维申斯克宗教学校完成学业的大学生帕尔运用加丘夫斯基·多布罗维多夫（Паргачовский Добровидов）基金指挥教堂合唱，这份基金创建于1887年。第二个运用这笔基金的人是格里戈里耶夫，他后来管理汉口的一家俄罗斯茶叶公司，很有名气。

1891年，阿姆费洛希神父前往汉口觐见东方旅行中从日本来华的皇太子，获赐镶钻胸佩十字架，陪同前往的中国人获赐银表一只，教堂获赐装帧华丽的圣尼古拉像一帧。

1892年，科捷尔尼科娃女士（гж. Котельникова）为使团捐了巨款——10000卢布，用于教堂建设，此笔款项被存放在香港和上海的银行以获得利息。同年圣主教公会尊重阿姆费洛希神父的提议，批准他派几名北京学校的优秀学生去伊尔库茨克宗教学校继续接受教育，由圣主教公会出资。但这一年学生们没能成行，因为他们的父母不允许。在日俄战争时期银价大幅下跌，阿姆费洛希神父向圣主教公会提出把拨款由白银计换成由黄金计，但财政部长维特（Витте）否定了这个提议。后来（1896年8月14日）又提出将使团经费编制提高到24000卢布的草案，但最终没能实现。1895年战争时期，储蓄、文件和比较值钱的圣器都被运到公使馆以确保无损。

在管理使团期间，阿姆费洛希有不少同工，但他们或是在使团停留时间不长，或是很少参与管理使团和参与发展使团的活动，而只是各自过各自的生活，所以我们在这里逐一介绍他们：

　　1.司祭尼古拉（阿多拉茨基）神父，曾服务于上届使团，本届期间继续汉译东正教书籍，管理使团的合唱团，但实际管理的时间并不长：在1886年2月他已经因病离开了使团取海道返回俄国，并在俄国开启了其显赫功名。同年8月16日，他得到了赫尔松奈斯基宗教学校督学的职位，第二年，又升职为修士大司祭，并担任斯塔夫罗波尔斯克宗教学校校长。1888年以"200年的北京东正教使团"为题进行了学位论文答辩，获得神学硕士学位。1890年，尼古拉神父被任命为诺沃米尔戈罗德斯基主教、赫尔松教区助理教务主教，就职按手礼仪式于5月11日在彼得堡举行。一年后获得圣弗拉基米尔三级勋章。同年被任命为阿列乌茨基（Алеуский）和阿良斯金斯基（Аляскинский）主教，但因病未能赴任。后又被任命为帕尔茨基主教、波多尔斯克教区助理教务主教。1895年10月，调任奥伦堡和乌拉尔独立主教职务，1896年10月26日在该任上去世，终年48

岁。除前面提到的硕士论文外，阿多拉茨基还留下了如下论著：《当代西班牙信仰自由问题的历史考察》（Исторический очерк вопроса о свободе вероисповедания в современной Испании）[载《东正教对话》（Православный собеседник），1876年]、《当代法国宗教界的社会活动》（Заметки об общественной деятельности соременного французского духовенства）（载《东正教对话》第9期）、《在华东正教使团的目前状况和活动》（Настоящее положение и современная деятельность Православной миссии в Китае）（载《东正教对话》1884年第8期和第9期）、《亚金夫神父》（Отец Иакинф Бичурин）（载《东正教对话》1886年第2期至第6期）以及《东正教和在华东正教使团》（Православие и перавославная миссия в Китае）[载《当代消息》（Современные известия）1886年第355期]。

2. 司祭普拉东，世俗名字是彼得·谢尔盖耶维奇·格鲁佐夫，莫斯科教区德米特罗夫市神职人员之子，1843年出生。在维凡斯基学校毕业后获得大学生称号（原文如此——译注），于1865年5月1日获得莫斯科尼古拉耶夫斯克教堂辅祭职务，一直在任。1881年被调往华沙圣受难者教堂，在辅祭职上工作了17年，妻子去世后于1882年成为莫斯科神学院的大学生，一年后转入彼得堡神学院，在这里于1884年1月14日发愿并举行任职按手礼，教名普拉东。大学四年级时（1885年10月11日），成为北京东正教使团成员，同时保留提交学位论文的权利。抵达北京后，从1886年9月起，使团团长推荐普拉东神父在东正教男校和女校教授教规课和俄语课。在北京勤奋工作7年后，普拉东神父被授予圣衣锦章和织锦补子、胸佩金十字架和圣安娜二级勋章。返俄后，普拉东神父于1893年1月被任命为萨拉托夫救世主易容修道院院长，并升任修士大司祭。在这一职务上他大举修缮教堂建筑和墓地。他还为修道院示范性地创建了两年制教区学校，并亲任督学。1895年，他被授予圣安娜二级勋章，并被调往彼得堡工作。在彼得堡被任命为穆罗姆斯基（Муромский）主教、弗拉基米尔教区助理教务主教，于1896年1月21日举行了任职按手礼。他在这一职位上工作了8年，一直到1904年2月27日去世。普拉东主教为人诚恳坦诚，待人和善，为弗拉基米尔教区的民众牧教教育做了大量工作。

3. 司祭皮苗（Пимен），世俗名字为彼得·格里戈里耶维奇·西皮亚吉（Петр Григорьевич Сипягин），是一位部长的亲戚，毕业于彼得堡大学东方系。1892年年底发愿并举行司祭任职按手礼仪式。似乎，他的出身和所受的教育决定他未来的教士活动会一帆风顺。但好景不长，他来到北京后不久就感到非常失望。沙皇允许他脱离教职和教士身份，保障他有生子教育后代的权利。后来西皮亚吉婚后被派往葡萄牙的一个领事馆任职。

4.司祭阿姆费洛希（小阿姆费洛希）（Амфилохий），西伯利亚人，完成了宗教学校的学业。初次到北京是在1886年4月，在1892年辞去使团工作之前一直是东正教使团成员，一年后又被吸收进入使团。1896年11月20日再次提出辞呈，1897年年初离开北京。第二年得到北京10年任职的薪金，每年433卢布，并被任命为伊尔库茨克教区吉连斯克圣三一修道院院长，同时担任男修道院院长职务。最后的岁月在阿尔泰东正教使团工作。

5.司祭英诺肯季（Иннокентий），世俗名字为亚历山大·奥利霍夫斯基（Александр Ольховский），西部边疆区宗教学校大学生，1889年举行任职按手礼仪式。抵达北京后勤奋学习汉语，取得显著成绩。英诺肯季很有才华，但性格喜怒无常。英诺肯季神父在华的大部分时间在汉口度过，1896年回国，回国后的经历乏善可陈。

6.司祭阿列克谢（Алексей）[维诺格拉多夫（Виноградов）]，上届使团留任人员。1884年，由于翻译东正教书籍得到圣主教公会的祝福。阿列克谢神父还负责画圣像和搭建移动教堂（圣像壁）。1887年他回俄国度假时得到了去基辅的驿马费。回到中国后，他继续自己的学术研究和工作。1892年，他向圣主教公会呈交了一系列出版著作：（1）《英美〈圣经〉和教会史》（История англо-американской Библии и Церкви）；（2）《在华西方基督教使团活动概况》（Очерк деятельности эападно-христианских миссий в Китае）；（3）《俄国东正教驻北京使团的中文藏书和成员论著》（Китайская библиотека и ученые труды членов Российской духовной миссии в Пекине）；（4）《东方〈圣经〉史》（История Библии на востоке）；（5）《古代俄罗斯教堂建筑文献》（О церковных памятниках древнерусского зодчества）；（6）《在华犹太人研究》（Исследование о евреях в Китае）。学术工作占去了阿列克谢神父的全部精力，1895年，圣主教公会将阿列克谢神父确定为"位居使团团长之后的第一号人物"。

7.教士尼古拉·彼得罗维奇·沙斯京（Николай Петрович Шастин），伊

尔库茨克教区巴拉干斯克市大司祭之子，毕业于神学学校，获大学生称号（原文如此——译注）。22岁时举行任职按手礼成为察吉尔传教教会教士，两年后获奖圣衣织锦，两次得到教区上司的正式褒奖。1893年（即30岁时）被派往俄国驻库伦领事馆教堂，在库伦这两年间，在库伦口译学校教授教规课。1895年，圣主教公会任命他为北京东正教使团成员并将他派往汉口教堂，一年后受命向教民募捐，但退休后有按职务得到薪金的权利。1897年，获得佩戴沙皇办公厅授予的胸前金十字架的权利。

8.中国教士米特罗凡·纪（Митрофан Цзи），上届使团留任人员，本届使团期间继续进行东正教书籍的汉译。1884年，凭多年的工作获奖圣衣织锦。米特罗凡·纪患有癫痫病，病情一年年加重，以至于到第十七届使团末期，他已经既不能在教堂侍奉，也不能工作。他已无法与人相处，一句话，已病入膏肓。圣主教公会出于对他以往劳动的尊重，给予他终身薪金每年240卢布。

当修士大司祭阿姆费洛希在华工作满10年时，他向圣主教公会提出回俄国休养，但由于在京没有助手接替工作而耽搁了3年多，到新一届使团团长——修士大司祭英诺肯季到来并交接使团事务时，已是1897年3月22日。在阿姆费洛希管理使团期间，商人巴图耶夫（М. Д. Матуев）在张家口蒙古边境修建了一座不大的石建筑教堂，就在过达邦隘口之后的商路上。使团为修建这座教堂也提供了少量的资助（近2000卢布）。

1897年3月25日，举行了热烈欢送阿姆费洛希的送别会。东正教使团和公使馆的全体成员送阿姆费洛希至城外的一处小庙，在这里共进早餐，互相道别。大家向在中国生活了14年的修士大司祭表达旅途祝愿，之后阿姆费洛希就坐进轿子前往天津上船，取海道返回俄国。

回到俄国后，阿姆费洛希神父被任命为莫斯科波克罗夫斯克修道院院长并兼任宗教事务所编外人员。第二年他在彼得堡以随笔的形式出版了他的著作《汉语口语语法入门》（Начатки грамматики китайского разговорного китайского разговорного языка）。

鉴于他在中国的工作，他获得了国家财务薪金每年833卢布，1899年获得圣安娜二级勋章。1902年4月6日，圣主教公会令任命他为圣主教公会格鲁吉亚-伊梅列金斯基分部成员、教区长司库。1905年，阿姆费洛希神父去世。

二十三、第十八届俄国东正教驻北京使团
（1896—1902）

　　第十八届东正教使团的团长是修士大司祭英诺肯季（Иннокентий），世俗名字为约安·阿波洛诺维奇·费固罗夫斯基（Иоанн Аполлонович Фигуровский），叶尼塞教区教士之子，生于1863年2月23日，在托姆斯克宗教学校接受最初教育，升入五年级后在1882年提出退学。第二年被派到阿琴区巴拉赫金主升天教堂担任唱诗员。1884年行任职按手礼成为德尔宾神启教伊利亚教堂教士，1886年5月被吸收为彼得堡宗教学校四年级学生，1888年在此完成学业后获得大学生称号（原文如此——译注），进入彼得堡神学院学习，1890年发愿获教称英诺肯季，1892年完成神学院学业后获神学学士学位。获司祭衔的英诺肯季被任命为亚历山大涅瓦宗教学校督学，1894年担任校长，并升为修士大司祭。1895年，修士大司祭英诺肯季获得二级修道院院长的权力。英诺肯季神父满怀着从事传教活动的热情，辛勤耕耘，为波克罗夫斯基修道院的传教事业奔波，只有这样，他才觉得无愧于自己的职务。但修士大司祭英诺肯季的这些追求直到得到新的任命时才得以实现：1896年10月3日，他被任命为驻华东正教使团团长。

　　出国前，修士大司祭英诺肯季拜访了霍尔姆斯克华沙大主教弗拉维安，听取他的教诲和建议。此前刚刚解决了曾困扰修士大司祭阿姆费洛希的问题，每年为使团传教事务拨款2600卢布。就在这一年的10月，修士大司祭英诺肯季收到驿马费2309卢布72戈比后，按照东正教总会会监波别多诺斯采夫（К. П. Победоносцев）的旨意，经欧洲从西路离开彼得堡，以便实地了解西方在传教方面的主要机构。他在伦敦考察了几个机构。牛津唯一的一所新教传教修道院引起他的特别注意。在这里，已成年的、有个人产业的年轻人自愿接受严格的修道院住宿学校的校规，汲取传教事业知识，以使将来前往遥远的地方——大多为非洲。在巴黎，他考察了为远东培养活动家的传教学校。在罗马，他考察了培养保持缄默的隐修士的特拉普修会修道院，这里的隐修侍奉和虔敬活动的组织令他感到惊讶。修士

大司祭从罗马赶往阿封，计划考察俄罗斯修道院招募传教志愿者的情况。但这一目的未能达到，主要是由于俄罗斯灵修的整体水平较低。修道院需要才华卓越的人以献身行为证明自己的才华，但这样的人才很少，而那些带有人性弱点的普通人，督学们自己不能推荐这样的人去国外。修士大司祭英诺肯季从阿封前往巴勒斯坦圣地朝圣，在那里汲取力量做一名勇于献身的传教者。接着乘法国船一路经过苏伊士运河、亚丁、科伦坡、西贡，体验了东方文化生活的气氛。他经历的第一个寄居着为数不多的俄国侨民的港口是上海，这里是中国与欧洲交往和进行贸易的活跃港口。修士大司祭乘通航后的第一艘汽船于1897年3月1日抵达天津市。前任使团团长——修士大司祭阿姆费洛希和所有俄国侨民已在这里等候。就这样，英诺肯季神父已对中国主要港口的所有俄国传教者及其生活方式有所认识，整个3月都是在熟悉使团事务、中国东正教民及其活动中度过的。

阿姆费洛希返回俄国后，修士大司祭英诺肯季在使团积极推行新举措。在圣母安息教堂每天举行（不无困难）礼拜活动，通过俄中银行以当地货币兑换俄罗斯银卢布提供使团侍奉人员的薪金，还有挑选固定唱诗员的活动。这样，在天津商人斯塔尔采夫（Старцев）的推动下开办了印刷所和装订厂，开始以整套铅字印刷的方式出版书籍。出版了科普季亚耶夫的《教理问答》（Диалоги），再版了伊萨亚和波波夫的《俄汉词典》。

这些活动由于使团团长生病而一度停了下来。在闷热多雨的夏季，间歇性发作的当地流行病疟疾，使得英诺肯季神父必须尽快前往日本。在日本，他住进了医院，之后又在疗养院休养了两个月。这件本来令人不愉快的事情，却为使团带来了好处：医生建议应当尽快在北戴河海滨疗养区附近给东正教使团辟出一角，这样灵修教士在夏天就可以躲避炎热，在海里游泳避暑。使团从商人巴图耶夫（Батуев）那里得到地皮，开始修建疗养院。这个疗养院为使团工作发挥了很大作用。

1897年，修士大司祭从日本返回后向圣主教公会提出从中国选派两人担任教职：帕维尔·王（Павел Ван）担任教士，英诺肯季·方（Иннокентий Фань）担任辅祭。这一提议因以汉语举行祈祷仪式的想法而起。米特罗凡·纪因患有心理疾病而不能继续主持圣礼，而东正教使团的俄罗斯成员的汉语既达不到主持圣礼的程度，也不符合使团团长的良好初衷。他们因不同意团长对住宿问题的看法，一开始就把同团长的关系搞僵了。使团派出的第一位司祭是小阿姆费洛希，1897年派出。一年后又派出了司祭阿列克谢·维诺格拉多夫（Алексей Виноградов），他于1898年9月离开北京。又过了一年，司祭尼古拉·德罗比亚兹金（Николай Дробязгин）也离开了使团。司祭尼古拉，世俗名字为列昂尼德·德罗比亚兹金（Леонид Дробязгин），海军贵族，二级上尉，在旧阿封开始发愿入教职。他于1896年11月18日举行任职按手礼（时年43岁）。1897年夏季，他取海道抵达北京，1899年离京。返回俄国后在大索利（Великий Соли）的修道院担任院长，后来担任俄国驻德黑兰公使馆教堂堂长。新吸收了两位新成员进入使团，分别是司祭阿夫拉阿米（Авраамий）和辅祭瓦西里·斯克里扎林（Василий Скрижалин），他们在喀山蒙古分部完成传教训练，于1898年9月30日经蒙古抵达北京。

司祭阿夫拉阿米，世俗名字为瓦西里·恰索夫尼科夫（Василий Часовников），顿河教区大主教之子，生于1864年。1888年在彼得堡皇家艺术学院和彼得堡考古学院完成学业，曾在诺沃切尔卡斯克市的阿塔曼斯克技术学校任教8年。之后在喀山接受了两年的传教训练，并在救世主传教修道院以"阿夫拉阿米"的圣名发愿，于1897年9月15日举行辅祭任职按手礼，10月11日升为司祭。1898年6月15日，圣主教公会2970号令确定他为北京东正教使团成员，有权佩戴沙皇办公厅授予的胸前金十字架。

教堂执事瓦西里·斯克里扎林（Василий Скрижалин），塔姆包夫斯基教区教士之子，在神学学校和梁赞教师学校完成学业，有9年的农业教师的经历。1898年6月15日被圣主教公会令任命至北京东正教使团成员缺上，接受了不婚执事教职的按手礼，并于1898年7月12日由切鲍克萨尔主教圣安东尼主持发愿仪式。

1898年深秋，小镇牛庄暴发了鼠疫。这里的板棚建筑中聚居着大量在营口—大石桥车段工作的俄罗斯工匠。他们精神颓废，没有寄托，以罪过的行为——酗酒来消愁。一有鼠疫引起的死亡出现，小镇的居民马上陷入极度的恐慌和混乱。俄国东正教总院监发电报，将司祭阿夫拉阿米派往牛庄。阿夫拉阿米在牛庄搭建了临时公共祈祷场所，让军队和工人中愿意斋戒的人领圣餐，在精神上为大家鼓劲。之后，他沿铁路线向北前往辽阳，向南前往瓦房店，主持祷告，行祭礼，大约持续了一个月。之后，阿夫拉阿米司祭赶上了最后一班前往烟台的汽船。在烟台，他同样为工匠家庭的孩子们施洗、发圣餐。就这样，中国东正教使团为在华俄国工匠的精神生活提供了支持。

可以从1897年和1898年两年的使团团长总结中了解到当时使团状况。总结中说，到1898年年底，使团由一名团长、两名司祭、一名教士和一名辅祭组成。使团拥有5座教堂，在墓地拥有一座祈祷室。1898年10月开始在北戴河金山嘴建疗养院。牧教情况：（1）为北京、天津和张家口的120名男女俄罗斯人牧教；（2）为北京城和东淀安村458名中国人牧教，1898年有14名异教徒、135名信徒参加忏悔。在使团学校，新到来的使团成员勤奋教学，开始教授俄语和斯拉夫语，并在闲暇时间学习汉语。使团每位成员另外还从事自己的分内工作。司祭尼古拉·德罗比亚兹金教授算术并主持印刷所，司祭阿夫拉阿米画圣像画，辅祭斯克里扎林负责使团账务和日常管理。总结还提到，在其他教堂也行祈祷礼、行宗教游行仪式、为逝者行隆重葬礼、为老年基督徒修建养老院。印刷所刊印了亚金夫的《北京志》和科普季亚耶夫的《教理问答》，开始刊印小开本方便携带的俄汉词典。总结中建议进一步丰富使团生活：为开阔视野和与外部世界交往，使团团长在学汉语的同时必须学英语；应当选拔30岁以下、拥有完整神学教育的人士担任使团成员；使团组织应拥有公共制度和完善的修士职分规则；使团应每天行祈祷礼并必须使用汉语；布道应使用大众接受的语言，而不是大部分听众都只能略懂一二的文言文；应设立常设的委员会负责汉译和监督出版东正教书籍；至于在中国人中传播基督教的措施，总结中提到，应当在远离北京的地方建立一所全新的学校，不招收城市的学生，而只招收农村的男孩，农村男孩更像俄罗斯孩子，比城市孩子特别是比城里那些八旗子弟更勤劳。在金山嘴开设这样的学校是非常合适的，要把学习汉语和准备传教活动做好，就必须远离北京，甚至一段时间内要离群索居。

由于圣主教公会默许了所有这一切，于是使团团长便逐步落实其在总结中所表达的想法。早在1898年新年之前的圣诞节假期期间，他就曾前往张家口，看望那里的俄国侨民，与他们一起过节，但遗憾的是在这些俄罗斯人中没有得到大的支持。这里的孩子在成长过程中得不到任何教育。由于教士很少光顾这个边界地区的偏远角落，教堂事务处于荒芜状态。这次旅行的结果是，商人巴图耶夫的公司在张家口教堂为来这里的教士修建了一处造价1200卢布的居所，工程于1899年完工。

使团团长日常强化学习两种语言——汉语和英语，这对于使团生活的正常节奏来说略有难度。此时使团生活全部安排在略显局促的北馆中，但从外部状态来看使团的活动已全面恢复，很有规模。我们分析一下拳民大洗劫事件。现代历史将拳民起义的原因揭示得非常清楚：欧洲列强占领中国领土广州湾、旅顺、威海卫等，这一切推动中国果断地决定，应当采取一些措施。但当起义开始时，各种传闻四起。确凿的是，1900年春天，几乎在中国各地都暴发了干旱灾害，民不聊生。民众寻找受到上天惩罚的原因，同时各地不良基督徒仗着身后外国传教团的影响和威望滥施恶行，欺压乡里乡邻，极大地激怒了民众。不满情绪迅速积聚，整个起义事件都带有针对基督徒的宗教驱逐性质。不仅是民众，慈禧太后政府也相信能够通过武力将欧洲人赶出中国。起义的主要发源地是山东省，由此浪潮般地席卷整个北方。早在起义军到达北京之前两个月我们就听说了起义的战果和拳民的英勇，还听说天主教传教团和天主教村也都拿起了武器。最后终于从东淀安村传来消息，说拳民已经到达了那里，正在招募追随者。此时使团团长忙于北戴河疗养院竣工一事，接到北京发去的信后马上赶回了北京，并冒险去了一趟东淀安村，在祈祷堂礼圣，并到基督徒家里安慰他们，说上帝会帮助他们的。这一趟无论是在村子里还是在路上都没发生任何不测，但10天后村子里的祈祷堂却遭拳民烧毁。很快，通往天津的铁路被阻断，之后电报通信也遭到破坏。北京变成了一座孤城，所有欧洲人都躲进了公使馆。包括每国75人的八国联军在内，所有欧洲人的人数超过1000人。俄国公使坚持要求北馆（东正教使团院内）的所有俄罗斯人都应该来公使馆，因为中国政府允诺保护使团财产，并已派出了卫队（这支卫队很滑稽，只有几十名长矛兵），所以决定所有物品都留在原地不动，只将一些比较珍贵的教堂圣器和圣尼古拉像运了出来。真是不能相信，我们要长久离开使团，我们再也不会看到使团……中国公差送走了神父们，唱诗班成员站在大门口：维特、卡皮通、亚历山大、斯捷潘和一位朋友，他们面色苍白，眼神里充满恐慌，目送着远去的4辆大车。使团自存在以来从未遭遇劫难，这让人内心产生一种幻想，这次也一定能挺过去。但结果却恰恰相反。教士们于5月27日离开北馆，6月11日北馆即被洗劫一空并被焚毁。最可惜的是藏有大量汉文和满文佛教珍本文献的图书馆。

拳民军队对公使馆的围困持续了整整两个月，几乎日夜不停地攻打。各种物资缺乏，面包、肉类、糖类告缺。公使馆内人数众多，酷暑之下，从炎热地区飞来难以计数的苍蝇，这一切使得围困时期的生活更加艰难沉重，侨民的孩子疾病频发。

第三部分 其他

二十四、中国主教区

任职按手礼于圣灵日——1902年6月3日在亚历山大涅瓦修道院的圣灵堂内举行，北京修道院的修士们也来到了这里。在大修道院大门上首为北京使团团长设置了祈祷堂，举行了一场日常祈祷，由见习修士合唱圣歌，并按每个人的专长展示了手工作品。这些活动将所有修士团结成一个修道院大家庭。被烧毁的使团档案馆中的很多著作都值得恢复。应当根据外交部档案馆和圣主教公会档案馆自1805年起的馆藏复制一些文献。最后当所有必需的准备工作就绪时，在时任格鲁吉亚主教的弗拉维安大主教等教士的美好祝福中，英诺肯季主教带领34位修士从彼得堡启程。

由于别列斯拉夫斯基（Переславский）主教处于中东铁路教会的辖区之中，所以自铁路"满洲站"起，他们沿途察看教堂，直到大连。他们一路理圣事，从大连经金州湾到达海港城市秦皇岛。接着，使团乘火车前往北京，并于8月13日抵达。

抵京后第一件事是为俄罗斯修士准备过冬的房舍。房子足够，但屋内全都破败不堪。有的房子收拾一下就能住，有的房子必须得翻建，或是将中式门窗换成欧式的。祈祷堂也需要翻修，正殿大厅应有一个宽敞一些的处所用于以英诺肯季·伊尔库茨基（Иннокентий Иркутский）大主教的名义举行洗礼。后来很快建起了印刷厂、装订厂，又开办了一些手工作坊，如建筑制图场、机械场、铸造场、木工场、车床场、制靴场、成衣场。当时要开始一些新的建筑工程，因而购买了堂里坳窑砖厂。第一项工程是使团的砖墙，高10俄尺、长863俄丈，把整个使团区围了起来。圣母安息教堂食堂建设工程也开工了。男校也很快修建完毕，使团生活开始走上正轨。

随同主教从彼得堡来中国的两名司祭组成了使团委员会，他们是毕业于喀山神学院的司祭列昂季（冯·维姆普分）（фон Вимпфен）和毕业于彼得堡神学院的司祭涅奥费特（Неофит）。

使团成员还有司祭西蒙（Симон），世俗名字为谢尔盖·维诺格拉多夫（Сергей Виноградов），弗拉基米尔教区神职人员之子，生于1876年，

1902年在喀山神学院毕业，1902年5月16日成为东正教使团成员，未婚，于1899年5月7日发愿，同年5月9日在海拉尔站举行辅祭按手任职礼，1901年3月29日举行司祭任职按手礼，1907年8月15日升为修士大司祭。

　　同来的还有两位神职人员：神父帕维尔·费固罗夫斯基（Павел Фигуровский），主教的兄弟；辅祭尼古拉·米柳京（Николай Милютин），在海拉尔车站举行司祭任命按手礼仪式；司祭谢尔吉（Сергий）留在了"满洲站"，还有两名辅祭，叶夫洛吉·帕舒京（Евлогий Пашутин）和约瑟夫（Иосиф）。

　　临近冬季时，使团团长动身去了南方的湖北省，又一直南下到桂林府。在使团团长返回前，北京的使团由委员会管理，使团成员、司祭阿夫拉阿米担任修道院院长。汉口教堂神父尼古拉·沙斯京（Николай Шастин）向圣主教公会提交的报告，是使团团长南方之行的起因。湖北峰口的中国人找到尼古拉·沙斯京神父，请求给他们派神父，为他们开办向居民传授信仰的学校，那里的居民都想接受洗礼。准备前往主教英诺肯季处接受洗礼的人并不多。他们接受了洗礼，学校也开办了起来，由当地的一名大学生伊万·高（Иван Гао）担任教师。在中国士兵保护下的南方之行，一切都显得非常特殊，很多事情都留下了深刻的印象。这次旅行花了几个月的时间。由桂林府返回时，使团团长顺路去了上海，在那里为主显容石建筑教堂举行圣化仪式，之后去了大连。财政部部长维特（Витт）把位于大连市中心地带的一座非常好的建筑划拨给使团团长作为教堂和学校。该教堂被圣化为弗拉基米尔大教堂。

　　由于使团团长不在，教士中有的人觉得北京生活枯燥难耐，还有人不能尽快适应干燥的气候，也有人最终病倒。于是，使团中的士气涣散。司祭西蒙·维诺格拉多夫（Симон Виноградов）自秋天起随同主教去了上海，另一位司祭西蒙（克列姆涅夫）[Симон(Кремнев)]被派往金山嘴。司祭列昂季1903年在高职位上被派往哈尔滨，将刚落成的简易教堂圣化为圣母报喜教堂。这处教堂是应那些有教堂用于安静祈祷的铁路职工要求所建，早在主教第一次途经哈尔滨时，财政部部长就选定了地皮并划拨给使团。几乎就在这一时期，使团司祭涅奥费特，由于感到汉语太难，被派往大连，并很快从大连返回俄国，现在他是圣主教公会宗教学校委员会成员，而列昂季神父已经在主教衔上工作。教堂合唱指挥亚历山大，因患肺痨而前往旅顺，在旅顺的医院里去世。几名见习修士和工厂工人又开始酗酒，所以被调离了北京。总而言之，待使团团长旅行返回时，原岗位上的教士只剩下一半了。

这一时期的重要事件首先应是将基督徒遭屠杀的周年纪念日定为节日。在三周年纪念日到来之前，印刷所用两种语言印制了1902年4月22日圣主教公会第2874号令——关于将6月11日定为当地的所有殉道者纪念日。所有人都参加纪念仪式，仪式显得非常隆重。纪念日持续两天，第一天6月10日为斋戒日，凭吊和纪念殉难的基督徒；第二天是纪念神圣殉难者的节日。在6月10日之前，从中午起是唱着葬礼赞美诗的小型宗教游行，将蒙难基督徒的遗体移往在被拳民捣毁的圣母安息教堂原址上兴建的苦难圣徒教堂的墓室，而此前发掘、从地下或井里找出珍贵遗骸的工作要进行数日。晚上6点，所有遗骸全部找出放于长桌之上，英诺肯季主教到场，唱安魂曲。遗骸入墓时伴随着以斯拉夫语和汉语轮流唱响的赞美诗。使团全体成员都出席祈祷仪式，由俄罗斯教士和中国男学生组成两支合唱队。墓室里容纳不下前来的所有信徒，很多人就站在教堂附近的院子里，他们在提到的名字中认出了自己的父亲、母亲、兄弟……在闪烁的火光中，这些在墓室的拱门拱窗下的一幕幕，被传播到很远的地方，传往基督教出现的初期，传往古罗马的地下长廊……墓室的祈祷结束后，修道院的中国教士和俄罗斯教士朗读赞美诗，一直读到第二天清晨。

6月10日清晨，英诺肯季大主教大教堂的高级教士一起主持完成安魂圣体血仪式，司祭阿夫拉阿米在此次仪式中被提升为修士大司祭。下午3点，在殉难者教堂，小型的赞美诗和救世主颂歌晚祈祷结束。晚上7点，按照我们修道院的规定，开始在圣母安息教堂大厅西侧举行隆重的彻夜祈祷，在赞美诗和颂歌的歌声中，祈祷者的内心得到极大的慰藉和满足，祈祷不知不觉地进行了4个小时。接着，年轻的教义讲解师谢尔吉·常（Сергий Чан）按赞美诗逐节讲解，他以短小而充满激情的语句介绍自创世纪至今的基督教会创建史，揭示出殉难者的鲜血是生命之液，它灌溉着生命之根，并以其色彩装点着虔诚之心。

在彻夜祈祷时，教堂西侧大厅外部、高级教士学校、墓室、花园小径以及湖岸旁，都点燃了复活节的彩灯。北馆大门口聚集了数千民众，彻夜祈祷以钟声宣布结束。在大型烟花中，大主教庄严地走出教堂，映闪着灯光的喷泉源源不断地升起，又向大路方向落去；烟花鸣响着冲向空中，像彩色星星一样散落下来，静静地落到地上。大号的灯笼有星形的，有十字架形的，有拱门形的，有半圆形的，照亮了花园的深处，营造出童话般的气氛。

　　第二天清晨，墓室中的圣水祭祷告结束后，在供奉着圣像的教堂为16名中国人举行了洗礼。拳民大屠杀之后，受洗的人数已经超过100人。洗礼结束后，他们带着教徒的荣耀从教堂西侧厅庄严地走向高级教士净室迎接英诺肯季主教。高级教士们在唱诗班和学生的伴送下，手举明烛，在铃声中走向大主教净室，然后随同大主教一同走向圣母安息大教堂。圣体血仪式在8点举行，鲜花装点着圣像壁，参加仪式者每人手里拿着派发的鲜花。使团和修道院的全体成员参加了祈祷仪式。无论高级教士，还是出席教堂圣礼的所有中国基督徒，都由主教亲自发圣餐。最先领到圣餐之杯的是刚刚受洗的人。教义讲解师英诺肯季（Иннокентий）——年逾70的满族老人宣读圣诫。他以平和清晰的声音说出每一个字，他用汉语向听讲者介绍路加福音（《圣经》第12章第32—40节）中"你们这小群，不要惧怕"的历史和道德阐释。宣道给人们留下了深刻的印象。

　　圣体血仪式结束后唱着亡灵祷告经"海浪……"到户外进行祷告。修道院的修士高举着神幡和圣像开始了宗教游行，由教堂开始，一直到殉难者墓室，唱诗班跟在修士之后，司祭们手持十字架、圣福音书和在伊尔库茨克显灵的英诺肯季主教的部分圣骨也参加了宗教游行。阳光下的花园绿荫中，妇女和孩子们鲜艳的衣着就像是鲜花的海洋，格外夺目，宗教游行呈现出一派美好的景象。

　　走到墓室入口处时，已经唱到了《安魂曲》的第六节。队伍停了下来，钟声静了下来，至圣的大主教带着助手走进墓室，为逝者宣读庄严的临终祷告和叶克千尼亚祷告。向棺木淋洒圣水。然后在赞美诗"母亲不要为我哭泣……"的歌声中，殉道者的遗体被放入大理石棺椁，盖上刻着十字架的石板，宣布为中国东正教而永久地纪念所有殉道者。这样，基督教会的种子就撒入了遥远中国的大地深处，其结果现在已很显著：在纪念日，百余名基督徒吸引了数千名异教徒人群，他们满怀崇敬地观看基督徒的信仰程序。

　　队伍由墓室走向基督徒蒙难地点，在此行祈祷礼，接着宗教游行队伍走出使团院落，沿北京城大街走向安定门。宗教游行参加者每两人一组唱起了欢快的复活节赞美诗。孩子们嘹亮地唱起了汉语的《基督复活》，歌声盖过了所有的声音。异教徒站满了道路两侧，一直到城外、到墓地时都是如此。在距安定门200俄丈处，宗教游行队伍走到几个基督教家庭蒙难处。在两条道路的分岔处已用砖墙围成三角形，将此处修建成救济穷人的安身之处。在蒙难者坟墓前行下跪祈祷礼后，宗教游行队伍继续沿前往张家口的道路向西，向俄罗斯人墓地的方向走去。在俄罗斯墓地行追祭祈祷礼，向事先为已故神父陵墓准备的大理石墓碑洒圣水，并将其中一块墓碑安放好，以此恢复曾被拳民野蛮辱骂的墓地的尊严和荣誉。下午两点，宗教游行队伍返回圣母安息教堂，完成跪祷礼，并高声欢呼"俄罗斯沙皇、圣主教公会、至圣沙皇和上帝保佑他的信徒永生"。更换圣服后，主教带领教堂人员从教堂走向距墓室不远的火灾遗址，在使团团长房间的位置，支起了一顶漂亮的、由3部分组成的帐篷，在帐篷里摆起全体修士和数百名基督徒一起享用的追祭餐。餐后行"永久纪念在中国为信仰蒙难的所有基督徒"。从此，使团中每年都纪念这个节日，举行宗教游行。

1903年，使团开始兴办女校。由叶尼塞教区克拉斯诺亚尔斯克兹纳门斯基修道院派来5位修女，其中一位女修士叶夫普拉克西娅（Евпраксия）和4位见习女修士，她们于7月抵达北京。同年来了两位修女，其中一人年纪较长。起初修女们和女校的孩子们一起住在旧房子里，由于学校的地方小只招收了12名学生。1904年，在使团院子东边一角，距高级教士学校半俄里处修建了一栋新的石建筑居所，中间走廊宽大，整整一排明亮、宽敞、洁净的房间，附带厨房和面包房。建筑周围建有高高的围墙。修女们搬入新居，开始安排她们的新居生活。后来又增加了4位白神品修女。祷告、劳作、灵修、杂务构成女校公共生活的基本内容。办女校需要考虑到很多方面，为了使女孩子们不沉缅于中国常见的化妆等琐事，培养她们端庄、整洁和虔诚笃信基督的习惯。修女们学习教堂唱诗、女红、刺绣、熨烫、剪裁、缝纫、针织。除这一切外修女们还有其他一些有益于修道院的职责。她们在女校画室画肖像画、烤制圣饼、制蜡烛、缝制衣服。她们的菜园里种着俄罗斯荞麦、马铃薯、白菜。畜牧场也交给了修女们，饲养着各种大牲畜，经营奶业。第二年，雅克萨俄罗斯人后裔少女佩拉吉亚·玛尔科夫娜·芮（Пелагия Марковна Жуй）于1905年12月5日以"菲娃"（Фива）的教名发愿成为修女。另有几个中国女孩也随菲娃加入了女修院。叶夫普拉克西娅回国后，见习修女斯捷法尼达·康德列娃以教名"奥古斯塔"（Августа）发愿成为修女。女校生活中的一件大事是英诺肯季主教的母亲——修女玛涅法（Манефа）去世。这位老人的虔敬和生活表率给予女修士们极好的影响。在女校成立10周年之际，学生的人数已达34人，其中住宿者有30人。在使团团长的支持下，1913年圣主教公会赋予女校有限人数住宿的权利（圣主教公会1913年6月13日第10930号令）。在掌握了汉语之后，修女们开始拜访基督教家庭，在他们遇到苦难时支持和安慰他们。修女把活计送到最贫穷的妇女家里，或者在母亲做活时帮助照顾她们的孩子，特别是给最穷苦的基督徒很大帮助。日俄战争期间，哈尔滨运来了大量伤病员。使团为帮助他们，成立了"中国东正教会兄弟会"，该会在哈尔滨开办医院，在战争期间一直提供经费支持。该会还创办了同名刊物，该刊1905年更名为《中国福音报》（Киайский благовестник）。《中国福音报》每月刊发两次，刊登使团的重要事件和使团历史资料。

利用中国政府因义和团起义给使团造成损失的赔付，除以上提到的建筑外，使团又搞了如下工程：（1）将四王爷府的大殿改建为主教府邸；（2）修建圣母安息教堂（1903年）；（3）修建附设理圣所有设施的男修道院；（4）12俄丈高的俄式钟楼；（5）在所有神圣殉道者教堂遗址修建尼古拉教堂；（6）将一些建筑改建为各种作坊、面粉厂、油坊、白神品修士住房；（7）东淀安村圣约翰石建筑教堂；（8）俄罗斯人墓地纪念圣谢拉菲姆·萨罗夫斯基的石建筑教堂；（9）上海的三层楼房和石建筑教堂；（10）地磁观测站建筑；（11）修建带地下室的粮栈；（12）养蜂场房屋；（13）修建喷水井房屋；（14）修建北京东直门外的宣道堂和学校；（15）修建俄罗斯人和军人墓地的高大石制围墙；（16）修建天津分部的教堂；（17）改建真武庙为男校及其住宿部。

剩余的钱款用于1913年在莫斯科购买分部。

1906年秋，使团团长前往俄国，并前往德国治病，第二年5月回到中国。使团团长不在期间发生了两件事：一是为在乌鲁木齐、西北蒙古的领事馆附属教堂划拨人员。领事馆已经开始建设教堂，出资不多，上命从使团中派出教士和唱诗人员，这些人员已经派出，但后来一切都混乱起来。二是关于福州的25000卢布教产，这笔资金是福建领事波波夫想方设法筹集的，准备用于这个港口城市的教堂建设，俄罗斯志愿舰队的轮船经常停靠福州，但波波夫去世后这笔资金却总不能用于原有意图。自库伦之后这已经是第二次出现应由使团规划用于教堂建设的教产使用落空的情况。

中国信徒的宗教生活由当地教士负责。第一位当地教士是年轻的教理讲解师谢尔吉·常（Сергий Чан），他是被拳民打死的米特罗凡·纪之子，向圣主教公会提交名单中的两位候选人——帕维尔·王（Павел Ван）和英诺肯季·范（Иннокентий Фань），也在1900年被打死。现在有3名中国神父和6名辅祭，大部分是北京宗教学校的学生。只有通过他们，才有可能用汉语进行每日祈祷，俄罗斯神父中只有使团团长一人可以用汉语理圣和逐个街区地进行日常传教活动。

二十五、俄国东正教驻北京使团的堂口

在直隶省开办了以下堂口：

在天津，在基督教徒从聂提督的宅院离开后马上就开设了传教堂口。给我们划拨了天津郊区小关大街①的一处不大的院落，有16间房子。在这里开办了学校和临时的教堂（命名为"波科罗夫圣母教堂"）。神父几次去天津共为约100人施洗，其中大部分为外来居民，本地人很少，所以很难把这些人团结成一个基督教大家庭。现在这个堂口和学校由教会学校毕业生谢拉菲姆·赵（Серафим Чжао）主持。现在这个堂口具备进一步发展的所有条件，是重要的港口贸易门户，堂口位置便利，四周居住的是穷苦工人，这些都说明在此传教是非常重要和有益的。

在永平府及其周边的传教活动始于1904年。这年夏天永平府的几个中国人来金山嘴找英诺肯季主教，请求吸收他们参加东正教教堂活动，为他们派来传教者，开办学校。以前司祭西蒙·克列姆涅夫和教理讲解师米哈依尔·唐（Михаил Тан）曾来金山嘴传教，曾为一些人施洗。主教亲自来到永平府，在市中心选定了地点并得到了这块地皮。司祭帕拉季（Палладий）、中国辅祭米哈依尔·唐(Михаил Тан)、唱诗员伊万·方（Иван Фань）和画家弗拉索夫（Ф.Власов）都住在堂口。很快他们便把房子改造为俄罗斯馆，画好了圣像壁，并以施洗者约翰的名义进行圣化。永平府开办的学校、堂口成为整个地区传教活动的中心。后来又在一些地方②开办了学校，学校存在约数年时间。1907年，辅祭米哈依尔·唐被提升为司祭并开始独立对同胞进行基督教教育。他奔波于郊区居民点之间，与民众一起读书，物色有天赋且勤奋的人，希望他们能够向自己的同村人传播信仰真理。这样斯捷凡·曹（Стефан Цао）、谢尔盖·朱（Сергей Чжу）、帕捷列依蒙·孙（Пантелеймон Сунь）和他的儿子叶尔莫

---

① 此处原文为：в переулке Сяо-гуар в местности Яо-ва на окраинах китайскаго Тяньцзина。

——译注

② 此处原文为两个地方：Тай-ине和Цзянь-чан-ине。——译注

莱（Ермолай）都深受影响，他们在王家庄召集听讲的人，在北家窝棚开办学校。在滦州宣道时有30名听众，他们准备在费奥凡·李（Феофан Ли）那里受洗。现在，这里的受洗人数已达108人。米哈依尔神父每逢节日都前往看望他们。在常各庄的梅福季·鲍（Мефодий Бао）那里，有25人聚在一起祷告和谈话。1913年，在芦苇山（Лу-вэй-шань）彼得·张（Петр Чжан）捐献了一块地皮，另一位基督徒捐献了材料，由基督徒出工，修建了一座石制小教堂，该教堂于1914年圣化，米哈依尔神父照顾的基督徒达600人，他们居住在40个居民点中。

1910年，在通州开办了祈祷堂和学校，当地的神父是米哈依尔·明（Михаил Мин），他同时也在1860年第十四届东正教使团时期已传播开东正教的东淀安村理圣。通州学校的教师是马太·于（Матвей Юй），相邻的居民点西集的教师是达维德·康（Давид Кан）。在王家庄也有一所学校，有15名学生，教师是斯捷凡·刘（Стефан Лю）。另外还有几处传教点：宝坻乡、渠口镇、香河县、柴落村、任新庄、张家湾、德子新庄、丁新庄、焦棵树、肖集、岳家庄、东英和码头。米哈依尔·明牧教的人数为167人。对于这一地区的传教成就来说，在通州必须有一座教堂，因为这里不能组织家庭教堂。

由北京向西是西山，由于地势较高、气候很好、空气清新，这里很早就被认为是避暑胜地。山间有很多古代的遗址、古刹和石碑。1910年，使团在这里得到一块60俄亩的地皮，上有一些小庙和房屋，距北京西城墙12俄里，距门头村1.5俄里。处于山脚小丘间的僻静位置，使此处很适于祈祷和灵修，特别是适合隐修生活。11月26日，这里被圣化为圣十字教堂。1911年的圣诞节引起了火灾，房子和原有小庙都被烧毁。第二年重修的教堂建在一个单独的建筑里，使团团长常来这里隐修，或者进行学术研究。他到来时在这里进行祈祷礼。1912年，使团又在门头村买了一幢包括36间房子的庄园，布置了传教堂、织布厂和能招收20名学生的学校。这一地区的领洗人数已过百人。这里的居民穷困，没有手艺，是一些靠大清皇恩生活的满族人。

在往汉口方向距北京70俄里的涿州，谢尔吉·张神父已为18人施了洗，第二年又有17人受洗。这里的教理讲解师是宗教学校毕业生费奥凡·瑞（Феофан Жуй）和尼古拉·李（Николай Ли）。

在杨各营村（距北京约150俄里）一位叫阿列克谢的人说服35人受

洗，这些人在1912年领洗。

河南的堂口：

在1900年义和团运动时期，河南的卫辉府有一名姓范的五品官，被起义者搜掠后寄住在俄军兵营里，一连住了数月，与俄罗斯人关系融洽。回到故乡后，他便自己出资修建了传播基督教的教堂和学校，并在1906年提议把教堂和学校赠送给俄国东正教使团，同时自己以教名"彼得"领洗。彼得所捐献的宅院就在卫辉府，高墙大院，有33间房子，另外他还将城外的84亩耕地捐了出来。1906年1月，宅院被接收，房舍经圣化后在此开办了男校。当年秋天，又在此设置了类似带圣像壁的教堂的祈祷堂，在此为27人施了洗，有20名学生在学校学习。后来，修士大司祭西蒙不止一次从北京来到卫辉府，为准备受洗的人施洗，而辅祭英诺肯季·范（中国人）（Иннокентий Фань）和斯马拉格德（画家）（Смарагд）则长期住在那里。1909年，在北门开办了一所有20名学生的新学校，奥尼西姆·王担任教师。这一时期苊庄居民卢基安·苊（Лукиан Цзан）在自己家设置了有15名学生的学校，教理讲解师阿列法·苊（Арефа Цзан）在这里担任教师。

道口在卫辉府东约50俄里处，与卫辉府有铁路相连。1909年3月，萨瓦·韩（Савва Хань）从卫辉府前往道口，并在道口找到了适合办学校的处所，有17名男学生报名，半年后这里开办的学校有40多名学生，教师是萨瓦·韩和菲利普·周（Филипп Чжоу），当时是在学校的一个专门的大厅里布道。1911年，受洗的成年人有9人，学生有30名。现在由曾担任教理讲解师的费奥多尔·金（Феодор Цзинь）担任教师，一共有50名学生。彰德府的堂口开办于1909年，这个城市坐落在北京至汉口的铁路线上，距卫辉府约80俄里。1901年年底开始开办学校，有7名学生，第二年便有了27名学生，但其中的大部分来自周边的村落，所以上课组织不力且很不成功。在这一年，修士大司祭西蒙为所有在校学生和29名旁听生施了洗。

河南省的主要城市开封府，中国古都，有京汉铁路支线与郑州相连。1907年在一干净宽敞的处所开办了堂口，最初由此事的发起人——身为医生的、年迈的马太·黄（Матвей Хуан）主持学校事宜并担任教理讲解师，他的儿子费奥多尔·黄（Феодор Хуан）担任教师。1908年4月在修士大司祭西蒙来开封府时，学校里有30名学生（8—20岁），当时有31人受洗。第二年开办了女校，费奥多尔·黄的妻子担任教师，还有一位女教师则教缝纫、编织、刺绣等手工。现在男校和女校各有24名学生。马太去世后传教工作成果得以延续：这里每年有约50人领洗。从发展传教事业的角度来看必须在城里办教堂，配备固定的神父，以便关注杞县（距开封府60俄里）和宁陵县（距开封府130俄里）堂口的情况。

1908年杞县在一个租用的处所开办了学校，由约夫·朱（Иов Чжу）老人负责，他曾在北京我们的使团里住过一段时间。当年有11人领洗，学校有20名学生，学校还附设祈祷室，基督徒聚集在这里祈祷、听宣道。1909年有58人领洗，到1913年，领洗的人数总共约80人，其中大部分住在附近的村落。由于资金不足，杞县堂口只能关闭，尽管当地居民对东正教很感兴趣，也非常希望堂口能够恢复活动。

1909年春天，在宁陵县一个租用的处所开办了学校，尼古拉·谢（Николай Се）担任教师。第二年学校就变更了地点，并由当地居民帕维尔·吴（Павел У）老人担任教师，毕业生安德烈·朱（Андрей Чжу）担任宣道师。这样就办成了一个有28名基督教信徒的堂口，但在1912年由于资金不足而关闭。河南省的基督徒人数超过500人，这一地区没有拥有固定神父的教堂是影响传教事业发展的主要障碍。

湖北省的堂口：

汉口。这座位于长江之滨的城市是茶叶贸易中心，具有重大意义。欧洲贸易公司在此都设有代表，所以这里很早就生活着俄罗斯侨民，他们大都是俄国贸易公司的工作人员。1884年，这里开办了以亚历山大·涅夫斯基的名字命名的石建筑教堂，本教区教民人数约50人。起初有司祭从北京来理圣，后来教民出资请白神品教士出任神父和唱诗人员。这些神父履行自己的教区职责，但不能在汉口发展传播活动，所以在汉口没出现传教堂口。但毫无疑问，教堂礼拜对于汉口地区的传教成绩有很大影响。可以看到这个证明支持俄罗斯的传播事业的事实：马雷金（Малыгин）先生向使团捐献了3块不大的地皮，用于在长江上游的蓝口堡（Лань-кон-бао）村修建麻风病人疗养院。

苑家口①。这是个较大的贸易点，1903年给使团一处居所作为祈祷

---

① 此处原文为Юаньцзякоу。——译注

堂。辅祭谢尔盖·常（Сергей Чжан）从北京被派到这里，他走访周围村落，召集民众布道传诫，报名听众达140人，具备了开办学校的前提，但学校直到1907年才开办，并且存在时间不长。10年间有34人领洗。堂口传教工作不成功，是由于此地离北京过于遥远，同时当地缺乏有经验的教师布道。不过毫无疑问，这里的居民对前去东正教教堂是很积极的。

峰口。距汉口150俄里，位于长江及其支流汉江的河谷之上。1898年有几名峰口居民来找汉口的东正教神父，询问东正教教堂的礼拜和风俗，表达了皈依东正教的愿望，并请求在峰口开办传教堂和学校，请求给他们派传教师。教士考察了峰口的村落，开办了学校，但由于教师的知识不足，传教成绩甚微。很快峰口周围村落的居民也提出了派传教师、吸收当地居民入教的请求，但已经派不出教士了。一些非常渴望入教的人开始钻研东正教书籍。

1902年11月，使团团长光临峰口，得到那些希望信教的中国人的极其热烈、隆重的欢迎。后来有3名峰口居民被送到上海东正教学校学习，其中包括伊万·高（Иван Гао）。峰口的教民自行延续传教事业，在郊区居民点组织活动，礼拜日聚在一起祈祷并读《圣经》。1904年，辅祭谢尔盖·常被派到峰口，第二年，基督徒们就聚在伊万·高的家里，渐渐形成了一所小学校，伊万·高这里也照常活动。峰口一地的基督徒人数超过62人。

仙桃镇。位于长江左岸，距汉口100俄里，是较大的贸易点。该镇及周边地区有较好的传教基础，传教成果显著。当地以两位手工艺人陈姓兄弟——叶夫根尼（Евгений）和卡皮通（Капитон）为首的一些热心于东正教的人，支持和关心传教工作。修士大司祭西蒙在1908年第一次来仙桃，第二年在陈家办起了学校和祈祷堂。修士大司祭每天晚上召集基督徒祷告和布道，培养那些希望领洗的人。年末时任命毕业于宗教班的年轻有为的塔拉西·郭（Тарасий Го）为传教师。塔拉西·郭受到了当地居民的爱戴，所以每逢节日他都能召集大量基督徒。学校的设置标准，有学生35人。在仙桃镇，共有90人领洗（其中有的来自其他村落）。

同时，布道也在周边村落展开。如1911年4月，西蒙神父来到新口村，在一处可供使团使用10年的处所开办了学校，有55人受洗。后来在相邻的长堉口村有8人领洗；在罗八家村有21人领洗。1912年，在楼嘴村有22人领洗，这里还设有祈祷堂；在陆关苗村有35人领洗；仙桃东面的汉江之滨的黑流渡村给使团划分出一座祈祷堂，有23人领洗。1913年，大府子村有人想领洗，他们请我们到家里布道并请求开办学校。这一地区3年间有277人领洗，另外，还有不少人准备领洗。仙桃镇地区已成为传教中心，由司祭德尔季（Тертий）[塔拉西·郭（Тарасий Го）]直接管理。这里也应该修建一座小教堂，并安排常住在这里的神父。这里还需要开办两三座学校，但使团没有筹措做这些事情的资金。

江西省的堂口：

芦林位于江西省九江市东南部牯岭山区，山中坐落着数百处院落。1898年使团得到了与牯岭相邻的芦林山区的一块地皮，建起了一座带4间正房和附带厢房的房子，俄商向使团购买地皮，兴建了几座别墅。现在在司祭伊奥的主持下在林间开通一条通道，铺好了路，山间小溪处也建起了小桥。一句话，这个地段现在已经适于别墅休养居住了，整个地块在山谷中占地绵延3俄里。

小池口位于九江对岸、长江左岸。1911年，在上海领洗的索夫罗尼·王（Софроний Ван）被派到那里，一年间他牧教了60人，60人都接受了洗礼。当时还开办了学校，但由于缺乏有东正教经文基础的教师，学校的牧教效果并不好，一年后学校关闭，继续寻找合适的人选或培养合适的人选。

江苏省的堂口：

上海。1900年6月，北京使团遭拳民捣毁后从北京迁往天津。同年10月，使团团长携两名年轻人前往上海。经过长时间的考察，他们找到了一块带两层砖楼的地段，很快又建了两层楼用作学校。1901年3月，学校开办。这一年夏天，使团团长因使团事务被召回莫斯科，从莫斯科回中国时已升为主教。1902年秋，他再次来到上海。1903年，学生人数已达24人，其中一些人已经领洗。此时建起了一栋三层楼，还建了一座以"主显容"命名的石建筑教堂。上海东正教由西蒙司祭主持。1904年，退伍的塞尔维亚军官波波夫（З.Г.Попов）担任西蒙的助手。1905年2月2日，英诺肯季主教为教堂祝圣，并在上海度过了整个大斋期，为大都由旅顺来上海的俄罗斯人理圣。后来司祭西蒙被派到汉口主持教务。1908年帕维尔·费固罗夫斯基（Павел Фигуровский）神父来上海主持教会，第二年帕维尔神父为56人施洗。到1910年，学校培养了不少学生，他们现在已成为传教师。从1910年起，传教活动开始在相邻地区展开——在海门和浙江省的几个城市。帕维尔神父考察了几个城市，如杭州、宁波、台州，为很多人施洗，还有更多的人报名听布道演讲。在宗教学校有40名学生，亚历山大·程（Александр Чэн）担任教师。1911年，堂口的活动活跃，有571人受洗。革命风潮开始以后，教务事业在两年里稍有停滞。

  1913年年底和1914年年初，辅祭叶夫斯塔菲（Евстафий）和教理讲解师亚历山大·程再次前往施洗城市了解基督教徒宗教生活状况。基本上能够按时祈祷的东正教徒热情地接待了他们，不断有希望入教的新面孔报名。很多城市都因缺乏训练有素的传教师而发出了请求派传教师的邀请。在上海地区，东正教徒的总数已过千人。1916年2月，早就在上海和南方各省以使团团长助手身份工作的修士大司祭西蒙，被任命为上海教堂堂长和南方各省份堂口主管。上海点的重要性比较明显，西蒙将以上海为主要居留地。

  海门。海门位于长江口附近，海门的东正教徒居住在通州区，在后通镇和三阳镇。1905年4月复活节时使团团长带神父和唱诗班来到海门，在海门三阳镇的马可·王（Марк Ван）家举行大瞻礼。当时已经得到了一块地皮，并开办了堂口，但问题并没有彻底解决，而且希望入教的人数仍在增加。1909年在海门开办了学校，由叶夫列姆·沈（Еврем Шень）担任教师，马可·王担任教理讲解师，就在自己家里布道，而他的妻子则在中国女人中传播东正教信仰。1912年，基督教在后通镇找到了有利于传教的基础，当地东正教居民约瑟夫·袁（Иосиф Юань）在自己的同姓村民中传播经文，在海门约200人领洗。

  浙江省的堂口：

  帕维尔·费固罗夫斯基神父走遍了这个省的各个城市。1910年，有12人从台州来上海领洗，其中有一名官吏、一名医生、两名商人和一名教师。他们都准备接受拉扎尔·王（Лазар Ван）的洗礼。同一年，医生菲利普（Филипп）开始传教。另一位当地的基督徒马太·谢（Матвей Се）对于新入教的人给予了很多帮助，参加管理堂口。第二年的大斋期有243人领洗，另有很多人报名听布道演讲。1914年1月，叶夫斯塔菲神父来到台州，基督徒为此非常高兴。这里必须有固定的神父。

在杭州，东正教始于1910年。当地居民瓦西里·王在上海受洗，并准备请愿意听布道演讲的人来自己家里，总共约30人。第二年春天有115人已经培训好，并由帕维尔·费固罗夫斯基神父为之施洗。

1910年，宁波和石浦有几人报名听布道演讲。第二年，这两个地方的领洗人数达96人。彼得·吴（Петру）在石浦担任传教师。1914年，辅祭叶夫斯塔菲神父前往石浦，在彼得·吴家里主持了彻夜祈祷礼。聚在那里的多数基督徒请求租用专门的房子用于祈祷，说这样能推动教理讲解事业，但由于资金不足没能实现。

二十六、俄国东正教驻北京使团的会馆

1902年使团重建后，为实现设置传教堂口这一目的，需要取得基本的物质条件支持。问题自然而然地摆在了使团团长英诺肯季主教面前。得到地皮，修建教堂及其附属设施，租用地点办学校和祈祷堂，为教师和传教士提供工资，神父旅途费用及其他各种事务，这一切都需要物质条件支持，而且随着传教事业的发展，所需要的费用不可避免地会不断提高。另外，为使这一活动具备坚实的基础，活动所需的物质支持必须是稳定长久的。在传教活动发展的初期，使团不能企望中国人的支持，只有当年轻的基督徒群体巩固起来时，中国人才能真正参与发展传教机构和提供费用，但即使到那时俄国方面的支持也是必需的，因为已经开始的事业在不断发展，将覆盖所有的地区和居民点。这样对于使团来说，一个最重要的问题就是寻找稳定的物质支持，以支持和发展传教事业。使团的各个会馆就应该是这样的物质支持来源。

1902年，使团团长决定在彼得堡设立北京东正教使团会馆。会馆于1903年在沃罗尼奥日街开办。别利娅耶娃（гж. И. С. Беляева）夫人捐献了地皮，修建起纪念喀山圣母圣像的临时教堂。会馆位于工人居住区，周围居民中的酗酒、堕落、粗野等各种不文明现象说明此处有展开精神教育活动的必要性。会馆自开办之初就确定了其最重要的任务是提升周围居民的精神道德修养。在兄弟会大楼辟出专门的300人大厅用于安放圣像画以供观赏。

会馆位于亚姆堡的谢尔吉主教辖区，谢尔吉主教有时在教堂主持祈祷礼。起初由司祭瓦西里（Василий）主持会馆，从1905年起改任命使团成员主持。开办后的第一年主要精力在于组织会馆和修建教堂，但此时也已开始最初的精神教育活动。首先将祈祷一事提到足够的高度：每日行祈祷礼，仪式隆重且持续时间长。祈祷时读颂歌集：救世主颂歌、喀山圣母颂歌、圣尼古拉颂歌、圣英诺肯季·伊尔库茨基颂歌。还举行了修道院唱诗，大合唱由格列恰尼诺夫（В. Гречанинов）指挥（1904年的合唱有50人参加）。整个祈祷礼期间都伴随着训诫，有时由会馆神父宣读，有时由神学院大学生宣读。每年光临祈祷礼的人数达20万人次。冬天，可以请人们来会馆大厅观赏《圣经》画。为帮助不识字的成年人在工作之余学会识字，开办了一所主日学校，课程按照教区教堂学校一年级的大纲进行，同样由大学生担任教师，光顾主日学校者达百人。会馆还开办图书场，出版一些精神道德内容的小册子。图书场由大学生普罗佐罗夫斯基（С. Прозоровский）负责。1903年还开办了醒酒所，这只是为了单纯的醒酒，为那些怕染上酗酒病并想在某一时间段内禁酒的人主持祷告，祷告后所有报名的人有一个共同的誓言，发给每一名清醒的人一本宗教内容的小册子，里面印着誓言。到1904年6月，报名的人数已达15000人。

在1904—1905年，教育活动得到发展，从1905年起教士特里坚采夫（А.Триденцев）担任瓦西里神父的助手，神学院的几名大学生也作为会馆的同工。祈祷礼和谈话的誓言都编成了圣歌。礼拜日和节日都有谈话：早祷告后、圣体血大礼后、晚祷告后以及节日前夜的彻夜祷告后。平日则是在晚祷告之后。谈话的内容包括福音书、教理问答和祈祷仪式讲解（共有400个谈话），逢节日则在大厅观赏圣像画。

主日学校有3个分部，每个分部下又分小组。两位教士上神学课，其他科目由神学院的4名大学生承担，格列恰尼诺夫承担歌唱课。学生共60人。课业完成后，有两名学生通过考试成为教区教堂学校的教师。

会馆还开办了图书馆（有藏书2000种）和阅览室。出版了6种新读物。为方便《圣经》和其他宗教书籍在民间的传播，还特别聘请了送书员。

1910年年初，特里坚采夫神父暂时离开了主持会馆的工作。3月时任命司祭列奥尼德（Леонид）主持会馆。同年形成了由皇室侍卫长施蒂默尔（Б. В. Штюрмер）任荣誉主席的18人建设委员会，负责修建新的石建筑教堂。

1911年5月8日，沃洛格达主教圣尼康（Преосвященный Никон）为纪念1812年卫国战争为石制的喀山圣母大教堂揭幕。同年11月6日，芬兰大主教——谢尔盖大主教将下堂圣化为米哈依尔牧首教堂。教堂建设于1912年完工。12月23日，为新教堂的钟楼挂起两口大钟。教民阅读大厅也得到圣化。1913年12月1日，会馆上堂的右侧祭坛圣化为圣母喀山圣像坛。教堂建设的资金由建设委员会筹集。同年还建起了5层楼的兄弟会建筑，另外使团还出资购买了位于利果夫街方向的一块地皮。这块地皮非常重要，因为这个地块能够作为会馆通往利里夫街的出口。石制教堂的建设对于会馆来说是一件对于进一步开展教育活动来说具有重大意义的事件。1914年，教堂建设全部完工。

北京东正教使团的彼得堡会馆，特别是它的教堂祈祷、阅读、谈话、主日学校和醒酒所，对于周边地区居民来说具有重大的精神教化意义。

哈尔滨会馆建于1903年。中东铁路董事会在当地松花江码头的地皮所有权馈赠给了使团。这里是俄罗斯人居住区，需要东正教教堂。使团团长停留哈尔滨时正值1903年的大斋期，由于工程师希尔科夫（С. Н. Хилков）能力卓著，一周内就建成了木制的圣母报喜教堂，可容纳千人。所以，在复活节前一周就已经能在教堂行祈祷礼了。会馆除举行祈祷礼、祭礼外，还服务于本区居住的工人、商人、职员等居民。精神道德谈话一般在教堂举行，吸引了大量听众。日俄战争期间，会馆布置成下级军官医院，战争期间（1905年11月前）一直有伤病员在此诊疗。战争结束后会馆为穷人开办免费的初级学校，招收学生100人，使团向学习者发放教材，学生的科目中包括教堂歌唱。学生组织了合唱队，每逢节日在教堂唱圣歌。

自1906年起，司祭赫里斯托福尔（Христофор）和辅祭费奥多尔·邓（Феодор Дэ）（中国人）主持会馆。会馆每天行祈祷礼，节日祈祷中有训诫的内容。1912年组成了石建筑教堂建设委员会，确定了委员会章程，并得到允许在海参崴教区募集善款。1913年，教堂图纸确定，并在哈尔滨市中心选好了位置。

中东铁路满洲里站的会馆位于蒙古和俄国后贝加尔的边界地区。1902年，为会馆修建了一座临时的木结构简易教堂。1906年，该教堂圣化为圣英诺肯季·伊尔库茨基教堂。这处会馆服务于生活在铁路车站东部居民的宗教生活。在祈祷礼和布道过后会馆对信众有非常好的影响，这些居民大都是外来的工人和商人。会馆没有条件扩大传教教化活动，但仍然能逐渐吸引固定的信众。1913年决定为会馆修建一座石建筑教堂，必须为此筹集钱款。这件关乎会馆活动进一步发展的必做之事已初现端倪。

大连的会馆。1901年，修建了砖建筑的圣母进堂教堂，教堂还附设有学校。1903年教堂建筑并归到使团团长辖下，教堂中还设有专门用于主教光临的住所，因为准备将主教讲坛从北京迁至大连。由于1904年战事来临和后来的关东半岛被日本控制，教堂的所有活动都遭到终止。1906年，日本政府将教堂和东正教墓地交还给使团。1910年修建了会馆。神父或者从北京或者从哈尔滨来会馆主持祈祷礼和祭礼。1911年，会馆修建了用于司祭和唱诗班的住所，司祭阿龙（Аарон）主持会馆，固定时间为俄罗斯移民举行祈祷礼。

莫斯科的会馆。1913年，诺维茨卡娅夫人（гж. Новицая）得到了位于波克罗夫斯基街和伊里宁街的领地，夏天为此处的小教堂祝圣。1915年，修建了一座不大的教堂，固定在此行祈祷礼。

二十七、本书参考资料

1. 修士大司祭阿瓦库姆·切斯诺依：《半个世纪前我们的中国使团》。

Аввакум Чесной, архимардрит. Наша Китайская миссия полвека назад, -«Русский Архив» за 1884 г. кн. 5. С.153.

2. 修士大司祭阿夫拉阿米：《东正教中国使团》。

Авраамий, архимандрит. Православная китайская миссия. М., 1903. 37 с.

3. 修士大司祭阿多拉茨基·尼古拉：（1）《在中国的东正教使团的当前状况和活动》；（2）《中国的东正教和东正教使团》；（3）《在华东正教使团200年》。

Адоратский Николай, архимандрит. 1. Настоящее положение и современная деятельность Православной миссии в Китае, -Православный собеседник за 1884 г. №8 и 9. «Отец Иакинф Бичурин», -Православный собеседник за 1886 г. № 2-6. 2. Православие и Православная мисси в Китае, -Современные известия за 1886 г. № 355. 3. Православная миссия в Китае за 200 лет ее существования, -Православный собеседник за 1887 г.

4.《阿尔巴津，关于发生、存在和中国军队对它的围困》。

Албазин. Краткая заметка об его возникновении, существовании и осаде его Китайскими войсками. Благовещенск, 1899 г.

5. 阿列克西（维诺格拉多夫）：《中国图书馆》。

Алеский (Виноградов), иеромонах. Китайская библиотека. СПб., 1889. 82+76 с.

6. 阿尔汉格洛夫：《我们的国外使团》。

Архангелов С.А. Наши заграничные Миссии. СПб., 1899. 208 с.

7. 瓦西里耶夫：《发现中国》。

Васильев В.П. Открытие Китая. СПб., 1900. 164 с.

8. 维谢洛夫斯基：《俄国东正教驻北京使团历史资料》。

Веселовский Н.И. Материалы для истории Российской духовной миссии в Пекине. СПб., 1905. 72.

9. 修士大司祭固里：《1859—1863年关于使团活动和状况的总结节选》。

Гурий, архимандрит. Извлечение из отчета о состоянии и действиях Миссии в течение 1859-1863 гг., -Китайский благовестник за 1912 г. Вып. 2. С.6.

10. 修士大司祭达尼尔·西韦洛夫：《北京奉献节教堂》（手稿）。

Даниил Сивиллов, архимандрит. Описание пекинского Сретенского монастрыя (Рукопись).

11. "出使中国的戈洛夫金使团"文件。

Документы «о посольстве в Китай графа Головкина». 103 с.

12. 修士大司祭彼得·加缅斯基关于雅克萨俄罗斯人的笔记。

Записки об Албазинцах архимандрита Петра Каменского. Пекин, 1906. 17 с.

13. "俄国东正教驻北京使团守则"和1875年12月确定的使团编制。

«Ниструкция Российской духовной миссии в Пекине» и штат, утвержденный в декабре 1875 г. Пекин, 1906. 28 с.

14. 1863—1876年的《伊尔库茨克教区通报》。

«Иркутские епархиальные ведомости» за 1863-1876 гг.: Статьи прот. Прок. Громова по материалам из архивов г. Гркутска.

15. 司祭伊萨以亚·波利金，1863年在《宗教谈话》及其他杂志上发表的关于使团的文章。

Исаия Поликин, иеромонах. Его статьи о Миссии в «Духовной Беседе» за 1863 г. и в дрегих современных журналой.

16. 1904—1916年的《中国福音报》。

«Китайский благоветсник» с 1904 по 1916 г. Пекин. Издание Миссии.

17. 莫扎罗夫斯基·阿波龙：《修士大司祭彼得·加缅斯基》。

Можаровский Аполлон. Архимандрит Петр Каменский. Пекни, 1912. 54 с.

18. 大司祭纳扎列夫斯基：《塔夫里切斯基和西姆菲罗波尔斯基教区主教圣固里》。

Назаревский А., протоиере. Высокопреосвященный Гурий, архиепископ Таврический и Симферопольский, -«Таврически епархийские Ведомости» ха 1909 г. 33 с. 2. Памяти Высокопреосвященного Флавиана, митрополита Китевского и Галицкого. Симферополь. 1916. 36 с.

19. 关于北京东正教使团彼得堡会馆修建教堂的建设委员会活动总结。

Отчет о деятельности Комитета по постройке храма при Петроградском подворье Пекинской православной миссии. СПб., 1912. 23 С.

20. 基辅和加里茨教区主教圣弗拉维安的信。

Письмо Высокопреосвященнейшего Флавиана, митрополита Китевского и Галицкого, -Китайский благовестник. За 1912 г. вып. 2. 5 с.

21. 确定1688—1897年中俄关系的国际条约汇编。

Свод Международных постановлений, определяющих взаимные отношения между Россиею и Китаем 1688-1897. СПб., 1900.

22. 大司祭斯米尔诺夫：《俄罗斯东正教使团的历史发展和当代状况概貌》。

Смирнов Е.К., протоиерей. Очерк исторического развития и современного состояния Русской православной миссии. СПб., 1904 . 91 с.

23. 基辅神学院丛刊。

Труды Киевской духовной академии. Кн. Ⅳ. Киев, 1860.

24. 《北京东正教使团成员论集》。

Труды членов Пекинской духовной миссии. Пекин. 2-е изд.: в 4-х ию (по 2 р. За том).

25. 修士大司祭赫里斯托福尔：《1902—1903年间的北京东正教使团》。

Христофор, архимандрит. Пекинская духовная миссия в 1902-1903 гг. – Православный благовестник за 1914 г. № 5-6. М., 1914. 32 с.

26. 1806年至1900年的历史主要使用的圣主教公会和外交部亚洲司所藏的一些未发表的档案文件的复制本。

За период времени с 1806 по 1900 г. «Краткая история» составлялась главным образом по неизданным архивным документам, извлеченным 9 в копиях) из архивов Святейшего Синода и Азиатского департамента Мин. Ин. Дел.

附录一

俄国东正教驻华使团

洛曼诺夫（А. В. Ломанов）

俄国东正教驻华使团存在于18世纪初至20世纪中叶。最初设立于北京，19世纪下半叶起在中国首都之外各地广泛地展开活动。俄国东正教使团集三种身份于一身：教会身份、外交身份和学术身份。1715年至1861年间作为俄国设在中国的非正式外交代表处。20世纪以此为基础，形成了自治的中国东正教会。

早在俄国东正教使团创办前的1685年，清政府的军队占领了俄罗斯要塞雅克萨，数十名俄罗斯人归顺臣服。雅克萨尼古拉教堂的神父马克西姆·列昂季耶夫也被带往北京。列昂季耶夫随身携带了教堂圣器和圣尼古拉圣像。按清朝皇帝康熙的旨意，这些雅克萨俄俘被编入八旗军的镶黄旗第四参领第十七佐领，安置在北京东北部的胡家圈胡同。清政府将这个胡同里的一座关帝庙划给这些雅克萨俄俘作为他们诵经祈祷的临时场所。雅克萨俄俘把佛教寺庙改造成圣尼古拉东正教礼拜堂，并将从雅克萨带来的圣像安放其中。北京人将这座小教堂称为"罗刹庙"，意即"俄罗斯庙"或"鬼庙"（"罗刹"是梵语佛教词"魔鬼"的汉语译音，当时在口语中用来称呼黑龙江流域的俄罗斯居民）。

托波尔斯克东正教主教伊格纳季从俄国商人那里得知雅克萨俄俘在北京生活的消息。1695年，主教派出神父和辅祭，带着圣餐布、圣油、东正教经书和圣化教堂用的其他物品前往北京。1696年，马克西姆神父同由俄国来到北京的神父一起将小教堂圣化为圣索菲亚教堂（取圣母的名义），同时"尼古拉教堂"的名称仍旧沿用。伊格纳季主教在给马克西姆神父的信中，从东正教适应中国文化的角度，命他在圣餐式大祷告时为中国皇帝、他的家人和臣民祈祷："我们还要为中国皇帝向我们的上帝祈求仁慈、长寿、永世吉祥、没有悲伤和愤怒、没有病痛，让他们感知到上帝的福音，他们的所有有意和无意的过失，让他与我们的神圣教会相关联，让天国与他同在。"17世纪末要求使团所有活动遵循俄国同中国交往的目的：特别希望进入中国的国家秩序、不与中国政府发生冲突。

彼得一世的敕令在俄国东正教使团的构成中发挥着核心的作用。1698年，贵族议会录事由托波尔斯克得到消息，说在北京修建了俄罗斯教堂，很多中国人都已领洗。听闻此消息后彼得一世降旨："这是一件很好的事。只是，为了上帝，要非常谨慎小心，不要引起中国官员和耶稣会士的反感，耶稣会士长期在北京活动，已拥有自己的基地。北京需要的不是学者型神父，而是机智灵活、能够确保神圣事业向良好方向发展的人。"不希望引发与相邻帝国的矛盾是完全可以理解的，但彼得一世提到耶稣会士，说明俄国沙皇了解耶稣会士的在华活动，对他们的影响评价很高，担心来自耶稣会士方面的抵触。耶稣会士的教养，他们"从上层"将中国基督教化的明确计划，他们擅长接近宫廷，所有这些情况都要求东正教传教士应保持谨慎、明智和随和。

1700年6月，彼得一世令基辅主教在托波尔斯克为主教活动选拔一名善良、博学、性情美好的男修道院院长或修士大司祭，该教士应该"能在中国或西伯利亚那种偶像崇拜和不可思议的顽固不化的环境中带领人认识、信奉上帝"。新主教应该"派出两三个年龄不太大的修士"去学汉语和蒙古语，了解当地的"迷信"。外派修士应该勤于传播信仰，努力使在中国的基督徒和前往中国的基督徒保持信仰，"不要陷入当地那种顽固不化状态"。命令中还提到，这些教士应住在北京，并在北京的教堂诵经。应把为常住在北京的雅克萨俄俘和前往北京的俄罗斯人提供精神营养的任务放在首位，在此基础上才考虑以东正教思想影响"中国的汉族、与汉族相近的民族、其他民族的中国人"。寻找合适人选必然成为基辅主教的任务：当时小俄罗斯的东正教僧侣都受过良好的教育，拥有同罗马天主教影响对抗的经验，这对于未来中国使团工作是很重要的。

俄国首次向中国派出教士的尝试是不成功的，但在1711年（或1712年）马克西姆神父去世后，中国政府同意接纳俄国东正教使团。按托波尔主教约安·马克西莫维奇的安排，1712年年底或1713年年初组建起了使团：来自切尔尼戈夫的基督神学院毕业生——修士大司祭伊拉里翁·列扎依斯基、司祭拉夫连季、辅祭菲利普、7名杂役。这个使团于1715年年底或1716年年初抵达北京。同那些雅克萨俄俘一样，使团成员也被看成是中国皇帝的臣民，领取俸禄：修士大司祭领取五品官员的俸禄，司祭和辅祭相当于七品，学生则相当于士兵。后来，在1737年派出第三届使团起，应俄国政府要求使团成员不再有中国臣民身份，但领取中国政府俸禄一事一直持续到1858年。

第一届使团团长伊拉里翁·列扎依斯基于1717年去世。耶稣会士说服中国皇帝康熙接受天主教礼仪的传闻，使得西伯利亚主教费奥多尔提出在北京建立主教区以巩固东正教的地位，特别是为中国教士举行按手礼。提议司祭英诺肯季·库利奇茨基为俄国东正教使团团长人选。将司祭英诺肯季提升为与中国在地理上相邻近的伊尔库茨克和尼布楚高级僧侣的提议，在1721年被否决。彼得一世批复圣主教公会的提议："圣化为高级僧侣，但不要带城市名号，因为那些城市与中国相邻近，如果耶稣会士介意，会引起麻烦。"为避免误解，英诺肯季在赴中国前升任佩列雅斯拉夫尔主教，但中国方面出于政治矛盾考虑最终没有批准他入境。此后东正教使团的团长全都以低一级职位即修士大司祭任职。原则上的区别在于只有主教才能举行按手礼。圣主教公会指示英诺肯季不要宣扬自己的高级僧侣职衔，回复中国官员说可以给司祭或辅祭举行按手礼，"如果有必要的话。只是补去世教士之缺，而不为别的"。但是中国政府由于担心东正教使团可能会因此像耶稣会士那样扩大，对此反应消极。直到1902年东正教使团团长修士大司祭英诺肯季·费固罗夫斯基经过按手礼仪式成为佩列雅斯拉夫尔主教后，在中国才建立起东正教主教区。

1727年《恰克图条约》的第五条确定了北京东正教使团的构成，确保可以无障碍地为俄罗斯人举行诵经祈祷。使团成员长驻在俄罗斯馆，使团中可以有4名教士（喇嘛），"还有4名懂俄语和拉丁语的男学生（其中两名年龄稍长）"。俄国东正教使团一般由1名修士大司祭、2名司祭、2名杂役和4名中等神学校的学生构成。所有成员都应当驻京至新使团到任。只有在1858年中俄《天津条约》签订后才允许使团成员自由进入中国和离开中国。

中国方面在北京中心的俄罗斯商栈处（东江米巷）为修士大司祭安东尼·普拉特科夫斯基的第二届使团（1729—1735）划出了位置，邻近皇城和商业街区。俄国使团到达后，使团的院子被称为"南馆"以有别于雅克萨俄俘聚居的"北馆"。由中国政府出资在南馆建起了石建筑教堂，取"主进堂"之名。1730年，老旧的尼古拉教堂在地震中损毁。雅克萨俄俘教堂的圣器被搬往南馆。该教堂于1732年重修圣化，取"圣母安息"之名，但依传统仍称之为尼古拉教堂。

1732年第二届使团团长报告，说所有已领洗的中国教徒共有25人，准备领洗的有8人，涉及雅克萨俄罗斯家庭50户。俄国东正教使团内部秩序混乱，成员常破坏教会规定，酗酒、争吵、打斗。1737年，修士大司祭安东尼被教会法庭判定有罪，失去了教职。

1734年12月，圣主教公会给第三届使团团长伊拉里翁·特鲁索夫的守则中说，"尽可能在当地的中国人中传播上帝福音，唤起他们的虔诚"，不要用那些同中国饮食穿戴习俗、律令相矛盾的要求约束中国人。传教士应该劝导中国人，"让他们别再去上供求拜，别再听过去那些清规戒律，别再供奉和拜祭偶像"。19世纪俄国教会史家阿多拉茨基提到，这些守则训导"鲜明准确地表达了东正教传教的真正任务"，它们有别于天主教传教士的"适应政策"和"暂时式微"，有别于基督新教传教士的"主观呼唤"。同时阿多拉茨基还注意到圣主教公会规定，"按惯例颁发守则"，即所有的东正教使团都配有守则（尽管涉及对玩忽职守之人的责罚要考虑到北京方面的反应）。

"守则"由11条构成，在19世纪初之前的"守则"内容常有一些变化。1780年给第七届使团团长修士大司祭约吉姆（希什科夫斯基）的守则，补充了出于传教需要学习汉语的要求，不要过分强调被教会传说改变的理性，不必引导持斋戒和传播"任何迷信、空洞的故事、虚假的奇迹，不要求坦率"。提出了劝导的循序渐进：先证明上帝的存在，讲上帝之伟大、力量和智慧，然后讲神启教规，讲人的原罪，讲人需要赎罪，讲救世主和宣告无罪，最后讲教会和圣礼。劝导东正教使团在最大程度上宣扬所有的人都应当爱和敬仰上帝，应当忘记偶像，不要以虚假的誓言宣扬上帝之名。应当强调，爱父母、尊敬父母，每逢节日的礼拜要去教堂，爱自己亲近的人，珍惜自己的生命，不酗酒，夫妻间保持忠诚，不偷盗，通过自己的劳动获得自己想得到的一切，不说谎和不奉承，不嫉妒他人的钱财。圣主教公会还要求俄国东正教使团团长劝导"不做善事就不能保持信仰"，要注意使信徒不要盲目崇拜圣像，了解圣像"只是图画，通过这个图画可以纪念圣像上所画之人的名望"。

在区分东正教和中国宗教活动的问题上，"守则"要求在北京奉献节教堂二月庆祝主进堂日时讲解这个节日的东正教含义，以便光顾教堂的人"不以为这不过是庆祝中国人在这个月里按照自己的习俗进行庆祝"。要求俄罗斯教士不得出席中国人的宴席，不得酗酒、耍酒疯、吵架、斗殴、胡作非为、冒犯神明。"如果要进城，应步履端庄持重，不多事，不无故在外逗留。"与耶稣会士和其他罗马公教教士交往时，修士大司祭应"对他们温和，但同时也要谨慎不长谈，特别是不要发生任何形式的关于信仰、教规的争论"①。

为数不多的俄国传教士在中国不参与政治，不传教吸收新教徒。俄国东正教使团的活动目的在于保持俄罗斯后裔小群体的宗教信仰，而不是在中国人中传教，这是俄国东正教使团活动与西方传教士团在文化—文明方面的差别。天主教和基督新教传教士试图说服中国人接受对他们来说全新的基督教信仰，要求中国人摈弃他们承自先祖的"迷信"。东正教教士则相反，倾向于提醒雅克萨俄罗斯人必须虔诚地保持他们的俄罗斯先祖的信仰，同时排斥进入中国信仰世界。这种区别使得俄国东正教教士不必像西方传教士那样与尊崇中国传统的人进行争论去证明基督教信仰的优越性。

但是按照雅克萨俄罗斯人后裔与俄罗斯文化的隔膜程度和他们陷入中国精神价值观的程度，东正教教士必须思考他们周围的处于"迷信""异教徒""偶像崇拜"气氛中的现实环境，这也让他们的结论与其他教派传教士的结论相近。按阿多拉茨基的观点，问题在17世纪时就已开始，当时雅克萨俄俘"得到刑部赏给的妻子。最后一个办法……也许是我们哥萨克后代在精神上被迅速同化的主要原因之一。被异教熏染的妻子将绝对不和谐音带进家庭生活"。第八届使团团长修士大司祭索夫罗尼·格里鲍夫斯基向上级报告说，雅克萨俄俘"早就完全抛弃了基督教信仰，圣堂、神父早就被他们抛到了脑后。他们的过去就是这样。现在仍在世的已为数不多，其中只有三四个人在复活节时来参加庆祝，但这三四个人也不是每年都来。他们来教堂就是因为在这个重大节日里有丰盛的吃食，所以他们就来当吃客。如果不是为了吃的，恐怕没一个人会来教堂。他们在过复活节来教堂时，得仔细看着他们，别偷了教堂的什么东西"。

18世纪俄国东正教使团内部经常不和睦，这降低了东正教在雅克萨俄俘中传教的效率。中国人领洗人数也只能以个位计，领洗的主要是在使团做帮工的当地居民，希望以此能够保持在使团做工。前届使团交给第八届使团关照的信徒有30个男人和4个女人，其中-有25人是雅克萨俄俘。

---

① Материалы для истории российской духовной миссии в Пекине. Вып. 1. пол редакцией Н.И.Веселовскиого. СПб., 1905. стр.54, стр.56-58.

索夫罗尼抱怨说:"野蛮的雅克萨俄俘疏远自己的教士,完全听从妻子的话,所以一切都完全按照中国人的礼仪,不仅在风俗上模仿中国人,在信仰上也是一样……他们的孩子由妈妈带大,也都是彻头彻尾的异教徒。"在这种情况下,中国的东正教教士对精神上需要支持的、堕落的雅克萨俄俘形成了固定的印象。阿多拉茨基这样写道:"这些雅克萨俄俘不会精打细算,目空一切,粗鲁且没有教养,既迷信又奸诈,好作假,耍小聪明,闲极无聊时常在街头旅馆、戏院闲逛、抽大烟,或沉迷于赌博和其他恶劣娱乐,等到身心病痛、还不起北京高利贷商人的债时才猛然觉醒,最后就只能沦为在异教徒中算命的了。"尽管这里说的只是一小部分俄罗斯人后裔,但关心这些人的精神世界是俄国东正教使团的主要任务,也可以把这些看法同19世纪新教传教士所热衷的评论中国人的民族特点进行比较。

以修士大司祭亚金夫·比丘林为首的第九届东正教使团(1807—1821)的工作以丑闻和被审查而告终。其主要原因是使团团长个人生活轻浮,将俄国东正教使团微薄的资金用于同中国人搞关系。亚金夫是一位有天赋的汉学家,在学汉语时显示出超人的才华,并擅于运用自己的知识广泛结交中国人。但最终却起诉他将使团的钱财用于个人玩乐、对下属的不当行为视而不见。1822年3月返回彼得堡后,亚金夫被教廷治罪,剥夺教职,流放瓦拉姆修道院。1826年,亚金夫回到彼得堡承担外交部的翻译工作。到1853年去世前亚金夫完成了大量重要的研究和翻译,这些研究和翻译成为19世纪俄国汉学的经典。

以修士大司祭彼得·加缅斯基为首的第十届东正教使团(1821—1830),以持续稳定地完成工作而著称。与前任团长亚金夫生活方式开放不同,新任团长劝导教士封闭孤独,生怕成为中国人的笑柄。教士的隐居不利于与中国人接近,理解中国人的民族特点,同时彼得特别强调在北京的东正教群体中开展教会传教。东正教祈祷文和弥撒祈祷经文的汉译也是一项任务,这是对俄国东正教使团活动的新要求,完全可以同天主教传教士和基督新教传教士的相应活动进行对比。教士必须学习汉语,随团学生还要学满语和蒙古语。与彼得同在使团的司祭韦尼阿明·莫拉切维奇(中文名"魏若明")"住在北馆的俄罗斯佐领那里,离圣母安息教堂不远,雅克萨俄罗斯人经常光顾这个教堂,韦尼阿明就尽量和他们交谈,争取用汉语向他们传播上帝的福音"。尽管清政府实行驱逐天主教传教士的政策,但俄国东正教使团在1826—1827年间却被允许恢复奉献节教堂和圣母安息教堂。修士大司祭彼得为10名雅克萨俄罗斯人的子弟开办了学校，以便这些子弟未来能够成为他们家庭中的传道者。第十届使团使已放弃信仰的53名雅克萨俄罗斯人恢复了信仰，并为16名中国人施洗。

为理解俄罗斯人同中国人交往的历史文化背景，我们引用韦尼阿明神父的总结报告。他写道，当时"甚至官派的卫兵和看门人也是使团传教士害怕和担心的对象"，而官员和有文化的阶层则看不起他们、不理睬他们。他得出结论：不和中国人交往就不能生活下去，如果行为不检点就不可能接近中国人。"强调中国人高傲、目空一切，强调他们既不愿意了解什么外国人也不愿意知道外国的什么事，这毫无用处。这种想法从中国人的习俗风尚的角度来说，可能是公正的，但从人类天性的精神特点（中国人也不例外）来说，这种想法则是一种误解和对人类天性的纯粹污蔑。在中国完全可以找到很多人，他们看重善举、才能，对于外国人身上的这些优点的称赞也不比世界上任何民族少。"

19世纪，17世纪末雅克萨俄俘的后人与周围世界的文化结合得如此紧密，甚至用俄语传道对他们来说实际上是徒劳的。这使得东正教教士遵循此前在汉译基督教文献上付出很多劳动的西方传教士的做法。亚金夫（比丘林）整理了中文的简明教理（《天神会课》——《天使聚谈》），的确，后来亚金夫遭到责罚，说这一文献来自"1739年耶稣会士出版的天主教教理知识"。第十届使团期间，司祭达尼尔（西韦洛夫）把"早课经、罗斯托夫·德米特里教忏悔词、弥撒礼祈祷经文、圣格纳季百章经文"等译成汉语。使团团长修士大司祭彼得为俄国东正教使团图书馆收集其他教派的基督教文献中文译本、满文译本和蒙古文译本（主要是罗马天主教文献的译本）付出了不少精力。收集这些译本对于19世纪俄国东正教使团的汉译东正教文献工作很有帮助，但收集到的这些译本在1900年义和团起义期间与使团驻地的建筑一起被毁之一炬。

司祭韦尼阿明留在北京任新一届即第十一届使团（1830—1840）团长，1831年为他举行了修士大司祭按手礼仪式。第十一届使团时期司祭费奥菲拉克特·基谢列夫斯基将《费拉列特简明教理》（Краткий катехизис Филарета）、两种传道经、两种科切托夫指道——《教理》（О законе Божием）和《教民义务》（Об обязанностях）译成汉语。他还开始研究蒙古语和佛教，但1840年费奥菲拉克特英年早逝打断了他内容丰富的工作计划。这一届使团的随团世俗人员同中国人往来积极。画家列加舍夫不仅装饰了北京的圣母安息教堂，还为当地名流创作了34幅肖像画，并创作16幅画作为礼物赠送给中国人。医生基里洛夫（П.Кириллов）的汉语口语超群，"在皇宫中也很有名气"，他的医药知识吸引了中国上流社会的患者。在中国先生的帮助下，基里洛夫掌握了中国传统医术并撰写了《中国医学的生理解剖基础》（Анатомико-физиологические основания китайской врчебной науки）一书。

修士大司祭波利卡尔普·图加里诺夫曾随第十一届使团在京五年，被任命为第十二届使团（1840—1849）团长，这一届使团得到的财务支持更加丰厚。使团拨款用于医治中国病人、学习藏语、收集中草药，甚至有礼品基金，购买望远镜和电机的开支就来源于此，这一切为拓展与中国名流的交往提供了可能。在这些使团成员中还有两位未来俄国东正教使团的团长，他们都是非常了解中国的中国通：司祭固里·卡尔波夫和司祭卡法罗夫。未来的俄罗斯大汉学家瓦西里耶夫作为喀山大学的学生也跟随这一届使团赴华。当时，可能引起俄国东正教使团与中国官员产生冲突的任何微小事宜都是不被允许的。当有人举报基督徒遗孀私藏基督教书籍和圣像时，波利卡尔普为这件意外之事异常惊慌，"因为当时处于禁教的时期"，他写道："而这位教徒遗孀住在北馆附近，密报人把小石头扔进东正教使团菜园，这样会引起中国政府怀疑东正教使团传教。于是只好花很多精力和钱财，以消除怀疑。"

第十三届使团委托升任修士大司祭的帕拉季领导。在1850年时使团报告说在北京有99名雅克萨俄罗斯人，其中包括10名学生和1名教师。1857—1858年，普提雅廷伯爵提到扩大在中国的东正教传教和以条约的形式把在中国自由传播东正教一事固定下来的问题。在因英国人和法国人传播基督新教和天主教而备受惊扰后，他得出结论说，俄国也应该在中国建立自己的宗教组织，否则就错过了机会，那样所有的中国人将会倾向于外国传教士传播的西方信仰。他呼吁扩大东正教文献的翻译工作，委托俄国东正教使团在中国人中从事神学教育。圣主教公会回复说可以这样做，但是要保持谨慎。

使团团长对这一呼吁并无很大热情，他认为俄国没有大规模传教吸收新教徒的可能，并指出了俄国的政治外交利益与西方国家的区别。帕拉季不认为把天主教传教士的传教活动作为榜样是可行的，因为天主教传教士向中国人展现的只是信仰形式，强调仪式上的虔诚性，把传教变成了一件与人很有距离的事，使传教与人原有的交往圈子疏远。帕拉季建议东正教传教士学习汉语口语以进行宗教讲解，学汉语书面语以翻译和编纂那些关于东正教教条、道德和论辩文献。帕拉季坚持在中国年轻人中培养东正教教理讲解师，呼吁一项计划：创办使团学校和医院，对所有准备派往东方的传教士提前进行医学培训。

在1861年俄国外交公使馆开办前，东正教使团承担着宗教和外交双重职能，1863年后转而成为圣主教公会的单一机构仅从事宗教活动。使团的构成缩小。南馆转而成为外交公使馆，而北馆则仍为俄国东正教使团。19世纪下半叶，俄国东正教使团的在华活动的特点越来越明显，尽管从表面上看与西方传教团相近。1861年秋，东正教教士第一次在北京之外的地域活动，在东淀安村开办了东正教学校，为7个孩子提供教育。但是这并不是开始在中国人中培养教徒的信号，因为在东淀安村有10名百姓与俄国东正教是有渊源的。

修士大司祭帕拉季作为杰出的学者和教会活动家被载入俄国东正教使团和俄国中国学的历史。实际情况的要求和西方传教团活动的扩大对俄国在华神职人员观点的改变有很大影响。用伊万诺夫斯基的话说，"我们使团成员中的一些汉学家（如帕拉季神父和阿瓦库姆神父）坚持认为《圣经》不必译成汉语。但是现实对这些书的需要迫使忘记困难，这些困难虽然不能马上全都克服，但汉语和中国文献的深刻知识能够减小困难，特别是当天主教和新教传教士翻译和传播《圣经》在中国已行之有效时，于是帕拉季神父本人最终放弃了他的'不必要'观点而加入到翻译活动中"。

第十二届使团司祭固里·卡尔波夫承担起传教工作的职责。"他在语言方面所做的工作，我们应当提到他关注基督教常用文献的旧译，同时还有一些新的汉语译本：《使徒雅科夫行传》（Соборное послание всж Апостола Иакова）、《圣餐序列》（Последование ко св. Причащению）、《圣史（附教会简史）》（Священная История с прибавлением краткой Церковной истории）、《守夜祝祷序列和金口圣体礼》（Последование Всенощного бдения и Литургии Златоуста）、《圣人传》（Краткие жития святых за год）、《〈圣经·新约〉教本》（Кратка История Ветхого Завета в виде руководства для школьников）[①]。"固里担任第十四届使团

---

① Бэй-гуань: Краткая история Российской духовной миссии в Китае. СПб., 2006. стр.120.

团长时，完成了"《圣经·新约》的译本，并在北京以中国的方式刊刻出版，即刻制雕版并长久地保存在使团的图书馆。他们翻译了《圣咏集》（Псалтирь）、《圣礼记》（Требник）、《礼仪书》（Служебник）、《教理摘要》（Пространный катехизис）、《牧教对话》（Разговор между испытующим и уверенным）、《〈圣经〉和简明教会史》（Священная история Ветхого и Нового Завета с краткою церковною историей）等"。①
第十六届使团时期，修士大司祭弗拉维安·戈罗德茨基将祈祷经由斯拉夫语翻译成汉语。此前在1860—1868年间，司祭伊萨亚·波利金编写了俄汉祈祷用语和教会用语词典（词条量大于33000条）；1883—1884年，使团成员完成了礼拜日八重唱赞美诗集的全译。到1884年之前，东正教汉译文献量超过30万字。到20世纪初之前，东正教传教士拥有3种《圣经·新约》汉译本。

同时在东正教汉译文献中也体现了译者遵循教会斯拉夫文典建立独有的术语体系的愿望。东正教文献的突出体现为耶稣基督之名的写法——伊稣斯·赫利斯托斯，与其他教派传教士传教活动中中国人已知的用法"耶稣基督"不同。教士伊万诺夫提到，在汉语东正教文献中常见"固定的拼音专名"，这不是偶然的，而是固定下来的实际用法。特别是在俄国东正教使团出版物"以俄文字母标注的汉语版的教会赞美诗"（1912年出版于北京），在用基里尔字母标注中文歌词时没有迎合汉语发音《哈里露亚》（Аллилуйя）、《阿桑娜》（Осанна）、《复活节》（Пасха）、《法拉欧》（фараон）、《基伯天使》（херувим）、《天使》（серафим），一些人名和地名如赫利斯托斯（Христос）、玛利亚（Мария）、彼得（Петр）、摩伊息斯（Моисей）、达维德（Давид）、以色列（Израиль）、犹达斯（Иудей）、熙雍（Сион）、圣者（Синай）、巴比伦（Вавилон）、迦勒底人（Халдей）等，出现了不同于汉语中已固定下来的基督教人名和名称用语，也许是传教士希望在自己的译本中保留这些词语与俄罗斯东正教礼仪的语言联系，以此帮助雅克萨俄罗斯人通过汉语祈祷经文恢复与先祖宗教的精神联系。

将为雅克萨俄罗斯人提供精神生活作为目标，导致东正教传教士较少关注他们那些西方同行备受困扰的术语之争，这种争论引起对中国传统文

---

① Бэй-гуань: Краткая история Российской духовной миссии в Китае. СПб., 2006. стр.140.

化的不同解读。19世纪的东正教译本普遍使用天主教译法称"天主",在东淀安村修建的东正教小教堂所挂的牌名为"崇拜天主圣所"。20世纪初在东正教文献中又普遍使用基督新教译法称"上帝",在重译以往文献时也做了相应的修改。如在1863年出版的《东教宗鉴》中使用"天主",而在1913年的版本中则改为"上帝"。这一变化的教会依据不详,只可推断来看。依传教工作的发展,俄国东正教使团成员希望在术语方面与天主教传教士保持距离,这样更能说明用天主教传教士利玛窦和基督新教传教士常用的"上帝"的理由。

尽管《天津条约》规定可以自由传教,但关注东正教的人数增加得并不多:平均每个礼拜日有一名或几名"异教徒"领洗。比如,在北京的圣母安息教堂,从1858年秋天到圣诞节共有30人受洗,到1861年复活节又有30人。受洗人数减少,在1859—1862年间只有近200名男女异教徒受洗。这一方面是因为当俄国东正教使团利用俄裔中国东正教徒吸引他们的亲戚、朋友、邻居入教时,雅克萨俄罗斯人"存量"消失;另一方面是俄国东正教使团并不追求数量。1860年北京被围困时,一些中国人希望入教以躲避遭受外国人欺压的可能,但俄国传教士却拒绝为他们施洗。修士大司祭固里曾反对在中国人中传教。他在1863年给圣主教公会的报告中提出一些工作中的问题,如翻译《圣经》、为中国教士举行按手礼等,提出关注对女孩子进行东正教教育,扩大对中国人实施的医疗救助。

第十三届使团的团长修士大司祭帕拉季被任命为第十五届使团(1864—1878)的团长,而在第十三届使团与第十五届使团间隙时间里他曾任俄国驻罗马公使馆教堂掌院。回到北京后帕拉季专心学术工作,将使团的行政职责更多地交给年富力强的司祭伊萨亚。伊萨亚为东正教诵经汉语口语化付出了不少努力,留下了他所收集的大量宗教文献译本。在伊萨亚突然病逝、帕拉季离开北京后,1879年1月升任修士大司祭的弗拉维安被任命为第十六届使团(1879—1883)团长。这一期间最重要的事件就是为第一位中国教士、曾任俄国东正教使团学者教理讲解师和教师的米特罗凡·纪举行了按手礼。尽管当时在中国仍没有东正教主教,但日本的东正教主教尼古拉·加萨特金(Николай Гасаткин)在1882年6月已举行了按手礼。自1864年起俄国东正教使团已有中国教士名额并发放工资500卢布。这一时期的使团从事翻译和出版工作,俄国派来的教士大都博学多才并拥有良好的神学教育背景和外语知识,如司祭尼古拉·阿多拉茨基、阿列克谢·维诺格拉多夫。伊萨亚去世后留下了很多未完成的译本，这些译本在19世纪80年代的工作中得到利用。

修士大司祭弗拉维安受命全文汉译神学文献，这些文献伊萨亚曾节译。弗拉维安的这一任务与整理汉语东正教文献密不可分。

使团在其祈祷仪式时使用汉译祈祷经文。自1883年夏天将汉译经文用于大弥撒唱诗，唱诗合唱就分为右侧唱诗班用教会斯拉夫语唱，左侧唱诗班用汉语唱。当时的中国工作者伊万诺夫斯基称这一做法是两种文化的和谐共存的形式："唱诗班分班而唱的做法非常高明：在中国人看来'左'大于'右'（中国人定国的方向是'坐北向南'），而我们则相反，正好各得其所。"俄国东正教使团的汉译东正教文献曾被发往日本东正教会，在日本将汉译文献再译成日语后在祈祷活动中广为运用。日本主教尼古拉称："北京使团是日本使团之母，没有北京使团日本东正教士便没有了可借鉴的经验，变得哑口无言了。"在俄国远东主教区，俄国东正教使团的译本被用于在当地的中国人和朝鲜人中传教。

以阿姆费洛希·鲁托维诺夫为团长的第十七届使团（1884—1896）的资金条件非常好，能够为使团每名成员提供在修道院体面、安静生活的条件，但对于大规模传教来说却显得不足。1888年，俄国东正教使团称新受洗教徒24人。第一位中国教士米特罗凡·纪生病退休，每年的退休金是240卢布。1897年3月，新一届即第十八届使团团长修士大司祭英诺肯季·费固罗夫斯基来到上海（第十八届使团工作一直持续到1931年）。在19世纪90年代前夕，俄国东正教使团出色的汉学家都返回俄国之后，俄国东正教使团以往的学术荣誉渐衰。按其功能和结构（大量翻译、以汉语进行祈祷活动、为中国神职人员举行按手礼、创办自己的学校、在中国人中传教施洗），俄国东正教使团在本质上已与西方在华传教团相近。

英诺肯季建议设立常设的汉语委员会。为在中国人中传播信仰，他准备在北京之外再开办一所学校，吸收农村的男孩为学生。以往只有在北京才能够接触到东正教教育，主要是针对雅克萨俄罗斯人家的男孩。俄国东正教使团强化传教活动的缓慢进程因义和团起义而中断。1900年5月中旬，起义者烧毁了东淀安村的东正教教堂。危险迫使俄国传教士从北馆搬到外交公使馆驻地。5月17日使团被拳民烧毁，6月10—11日大量中国东正教信徒被杀。被杀的中国东正教教民达222人，这个数字已接近总数为450人的中国东正教教民的半数。被杀害的有教士米特罗凡·纪、即将担任教士的帕维尔·王（在殉教前几日圣主教公会确认他即将成为教士）和英诺肯季·方。俄罗斯教士躲过了这一劫。

这是一记沉重的心理打击，因为200年来和平、合法存在于北京的俄国传教士从未遭到过政府和当地人的残害。1900年的悲剧事件提出了俄国东正教使团的未来问题。彼得堡的官员们反对使团继续活动，以免由俄国东正教使团导致俄国在远东的政策受挫。圣主教公会总监督官波别多诺斯采夫发电报，建议将俄国东正教使团迁往旅顺或离中国边界较近的西伯利亚。1901年6月，英诺肯季被召回彼得堡以领取关闭使团的正式条令。但是彼得堡主教安东尼的态度使使团得以保全，东正教使团的资金支持提高到原来的两倍，其团长的职衔由修士大司祭提升为主教。英诺肯季受命回到中国，1902年6月，在彼得堡举行按手礼升任佩列亚斯拉夫尔主教，主管中国的东正教事务。英诺肯季带34名教士和修士回到北京。

正如后来使团总结报告中所称："1900年在俄罗斯驻北京东正教使团历史上具有特殊的意义。这一年，旧使团的存在终止，新使团带着新的使命和宗旨诞生，新使团将在中国传播基督教信仰作为自己的宗旨并开始了其争取实现其宗教传教者的使命。"中国政府提供的补偿为俄国东正教使团修建新建筑提供了条件。1902年4月所有中国东正教殉教者被隆重地安葬于使团驻地上新建的殉教者教堂的圣堂。1904年，俄国东正教使团在哈尔滨出版了自己的期刊《中国东正教会消息》（Известия братства православной церкви в Китае），自1907年起在北京以《中国福音报》为刊名出版，主要刊登使团活动总结报告和神职人员的文章。出版活动日益活跃，到1910年之前，英诺肯季本人翻译并做大量注释的四福音书已告完工。1907年俄国东正教使团在北京创办学习班培训中国的教理讲解师。到1913年之前，使团有35名俄罗斯人和46名中国人。创建传教堂口以便于对普通人开展传教的工作也已开始实施。

英诺肯季在1907年的总结报告中称，中国"是真正有信仰的俄罗斯人活动的宽广地域"，同时抱怨说，"很遗憾，当我们提出扩大使团时，没有人理会我们的声音。好像没有意识到，中国对于东正教来说有多么重大的意义。只有加强东正教在中国核心地区的传播，才能在将来挽救俄国于新的恐怖的蒙古入侵"。英诺肯季有可能是在责备化解俄国与中国之间文明冲突的尝试。同许多西方同行一样，俄国传教士也利用"黄祸论"说法，首先用于吸引同胞关注自己事业的重要性和俄国东正教使团的财政需求。1900年悲剧的哀伤气氛表露无疑。

1913年，俄国东正教使团会馆在莫斯科创建，由过去曾在北京工作过的修士大司祭阿弗拉阿米（恰索夫尼科夫）主持。1914年年初阿弗拉阿米前往彼得堡和莫斯科，为北京东正教使团修建教堂和成立中国东正教会做准备。在作公众讲座时他提出，中国人对俄国远东的情绪已成为迫切的现实问题。阿弗拉阿米提出"不要凭人力斗争，而是要用书籍斗争，因此必须将汉语的俄罗斯书传播开"。他看到主要的危险不在于中国人来俄国，而在于流亡到俄国的这些中国人心中根深蒂固的儒家思想。想对抗这一点，就必须在刚到俄国的中国人中传播俄国的信仰和文化。修士大司祭阿弗拉阿米指出研究中国的必要性及研究在中国传播俄国影响和东正教信仰的现实性，并提出必须专门培养在中国人中间工作的传教士。阿弗拉阿米修士大司祭还指出对异端自傲的中国文人信仰的不理解，以及因中国人祖先崇拜而引起的传教工作中的困难："你要是对中国人说崇拜祖先不好，他们就会说，俄罗斯人不敬老。这样就要放弃信教了……必须要坚定信仰，同时也要灵活，不要怕那介绍敬祖观念的二百多种书。"基督教信仰同祭孔和敬祖之间的相容性的话题是中国天主教内部争论得最为激烈的话题，后来的新教传教士对这一话题讨论得就不那么激烈了。20世纪初，这一话题对于东正教传教士来说也是非常现实的，在这个问题上普通教士大都接受了中国传统的立场评价。在河南传教时，辅祭英诺肯季对于孔子给予正面评价得到河南杞县居民的称赞，他们说，要是基督新教和天主教传教士不强迫他们放弃祭孔，他们早就领洗了。

长期对传教活动的限制使得使团成员在研究中国材料时缺少客观性，所以其他教派传教士的工作难免被看得过激，因为他们是从传播基督教任务的角度来看中国的。但当俄国东正教使团开始在中国人中传播福音时（或者至少是思考自己完成传教任务的可能性时），这种区别就变得不明显了。俄国教士在中国试图实现其传教召唤的过程中对中国文化及其前景，持与西方传教士相近的偏颇评价。

1909年，《中国福音报》上出现了大司祭沃斯托尔戈夫（И.Восторгов）的评论文章，认为在儒家背景下以"实际的生活建议"取代真正的宗教是没有根据的，提出要警惕将东方宗教置于基督教之上的倾向。按沃斯托尔戈夫的意见，中国人"不会只凭半信半疑的'永生不死'的模糊猜想就转恶为善"。教士引用中国传统上对龙的形象的认可，提出一个不吉利的问题:"这是不是伊甸园的蛇觊觎着上帝的国,希望来一场恶战,消灭它最憎恨的上帝之国、基督的教会、基督的子民?"中国传统文明的稳固性被他们解释为魔鬼阴险行为的证明:"蛇在东方异教中准备下了稳固以应对未来的同基督之战。蛇甚至不用动摇这里的生活基础,不用以腐化和道德败坏毁灭这些民族……但蛇用这些民族的骄傲、恶毒,对基督教所有内容的怀疑恐惧将这些民族阻隔起来,并让他们长久地保持在这种状态之中。"

教士得出结论,化身龙形、指引中国道路的魔鬼已经遭到唾弃,现在东正教必须拯救中国免遭欧洲文化破坏。欧洲文化"作为外部的、本能的力量,正在破坏这个民族那些善良质朴的特性,这个民族直到现在仍拥有这些质朴的特性:子辈尊长,对生活传统的尊重,对社会生活的善意——彬彬有礼、乐善好施、勤劳忠厚"。应把基督教的高级力量给予中国人,取代他们对异教的虔诚,使人类免遭可能发生的四百万异教徒血流的冲击。"如果这四百万异教徒不能为基督信仰所征服,听从基督的国,那么,在失去旧有的生活准则之后,罪恶与残忍大行其道,伴随着文明而来的破坏手段,能毁灭整个受过教化的人类,甚至毁灭文明本身!"在这里,信奉东正教的作者反驳当时一些西方研究者传播的带有偏见的批评,这种偏见认为中国人因其文化传统而不能进入宗教、没有能力信仰宗教。1914年发表在《中国福音报》上的一些文章讨论了关于传教活动的各种计划。比如,署名"И.Х."(很可能是北京圣母安息修道院院长赫里斯托弗尔)的作者提出文化综合的话题,不赞同贬低基督教文化的作用。按照作者的观点,中国会有选择性地从西方引进一些东西,未来中国就会这样做,但不改变中国文化的基础,就不会有根本的革新。"只有当中国接受基督教并将其生活建立在基督教本原的基础之上,中国才能够真正复兴。渐渐地,中国文化在保留其独特性的同时,将耶稣的精神贯穿其中,并接受符合耶稣学说要求的外在形式,中国追求只引进表面成果将一直使其落后于西方。这样一种思想特别令人关注:儒家思想只作为自然农业生活的法则,同时基督教作为更高级的精神生活的法则,两者可以协调一致。按照他的观点,儒家思想可能与西方自然生活的精神初始相一致,因而具有全人类的基础,上天之堂——天朝应该就是建立在此基础之上的,如果中国在精神上得以复兴,将能够创造出独特的精神文化,那么,很可能西方将向中国学习一些什么。"

20世纪初的东正教传教士承认在中国进入传教领域太晚，但这并不意味着他们不敢于传教。"尽管外国传教团拥有更多支持，拥有很多传教组织，但相比于天主教和基督新教，各地的中国人更认可东正教，这是因为我们东正教传教士更关注在中国的传教事业。以宗教的形式，为了国家的目的，我们应当尽全力在中国灌输东正教。中国人——是我们在东方最近的邻居。如果我们能够做他们在信仰上的兄弟，那借此我们就有可能避免未来很多可怕的冲突。"

早在1914年，使团就将在中国扩大东正教信徒数量作为任务。当时中国人对东正教非常好奇，其原因不仅在于东正教的庄严，还在于东正教用汉语布道。在第一次世界大战初期还曾为在北京修建一座大型教堂而积极募捐，计划中的这座大型教堂将标志着北京成为中国东正教的宗教之都。在俄国1917年革命前夕，俄国东正教驻北京使团公布了1916年的年度决算报告。当时俄国东正教驻北京使团置下的教产有：北京的圣母安息教堂和女修道院，京郊西山附近的十字架隐修院，彼得堡、莫斯科、哈尔滨、大连、满洲里车站5处会馆，19个教堂，3个礼拜堂，5处墓地，32个堂口，北京的1所中等宗教学校，18所男校和3所女校，"北京安定门外的养老院里收住了11位老人，给72人提供饭食"。俄国东正教驻北京使团学校的学生达700多人，其中有148人为免费学习，吸收新入教信徒706人，每年有38名东正教信徒去世，加上原有信徒，基督徒总人数达到6255人。

1917年的革命影响了在中国人中传教事业的发展计划。自从数10万难民从俄国来到中国，俄国东正教使团便全都忙于他们的宗教生活需要。1919年，所有东正教传教堂口被关闭，革命后与莫斯科的联系中断。1920年11月，北京俄国东正教使团转为接受国外的主教公会管辖，1922年形成新的主教地位——以英诺肯季为主教的中国主教区。俄国东正教使团在保留旧的名称的同时，成为中国境内的第一个东正教主教区和教区行政中心。1924年，苏联政府试图申请对东正教使团财产的所有权，但英诺肯季向中国政府证明，教产的法定持有人是代表俄国东正教使团的教会。他声明，现在俄国东正教使团的名称是中国东正教会。1928年，英诺肯季获得了大主教称号。

第十九届使团以修士大司祭西蒙（维诺格拉多夫）为团长。西蒙短暂的在任时间伴随着使团的分裂：由于中国神父谢尔吉·常（殉教者米特罗凡·纪之子）对西蒙的任命持有异议，希望南京国民党政府任命自己为俄国东正教使团的团长。反对谢尔吉·常的人认为他想将使团据为己有，谢尔吉·常自己则声称是想为中国人创建教会并在中国人中传教，而俄国东正教使团却只注重俄国侨民的宗教事务。表面上看这些想法是合理的，符合当时在华各种宗教教会的"中国化""本地化"趋势。很可能，希望出现中国神父掌管中国教会，这在一定程度上是可以理解的，甚至有可能得到赞成，但是当时将由俄罗斯难民组成的庞大的东正教群体交到中国人手里，这样的计划却是不可能实现的。南京政府形式上任命谢尔吉·常为东正教使团团长，但俄国神父、教徒等对这种"上层中国化"却是极其抵触的。

　　1933年2月西蒙去世后，国外的主教公会任命维克多·斯维亚金（Виктор Святин）主教担任第二十届使团（1933—1956）的团长。维克多生于教士家庭，第一次世界大战期间曾在军队服役，后同被击溃的白卫军余部一起来到中国。1921年，27岁的维克多在俄国东正教使团发愿奉教。当时大司祭谢尔吉·常仍在争取对教会进行监督，1934年还去莫斯科拜访代理牧首之职的都主教谢尔吉·斯特拉戈罗德茨基（Сергий Страгородский）。中国神父介绍自己是南京政府认可的英诺肯季主教的继任，拥有俄罗斯东正教使团归属的所有法律权限。对此，谢尔吉·斯特拉戈罗德茨基都主教代表莫斯科牧首区接受谢尔吉·常，并委托他关照中国的东正教教区。后来，谢尔吉·常写往莫斯科的信函的署名都是"中国教区负责人"。

　　但是只有为数不多的中国人站在谢尔吉·常一边，而维克多主教能够证明自己在南京政府眼中的合法性。他以将俄罗斯东正教使团管理中心化来应对分裂东正教的企图。1938年，他得到了北京主教和中国主教的称号，1944年，他向莫斯科大牧首提出统一的请求。二战后，新的分裂在俄罗斯神父之间产生。1946年，国外主教公会创建了独立的上海主教区，来自维克多主教辖下的约安·马克西莫维奇主持上海主教区，担任主教。

　　1946年10月，圣主教公会决议确认北京的维克多·斯维亚金主教担任俄罗斯东正教使团团长。1949年，维克多提出恢复在中国人中传播东正教的问题。他建议加强俄罗斯东正教使团与俄罗斯的宗教学校的联系，扩大文化教育活动，赋予修道院以特殊的地位，还提到强化俄罗斯东正教使团的物质基础以保障其财务上的独立性。维克多主教准备在北京为中国神父开办学习班，重新开设30年前关闭的传教堂口，在北京、天津和上海创建宗教学校，成立汉译祷告书委员会，还有涉及神父发愿培训和开办俄罗斯小学等事宜。最后，维克多主教请求莫斯科大牧首亚历山大一世向中国派出新一届即第二十一届东正教使团。

在提出俄罗斯东正教使团经济发展的详细计划的同时，维克多认为，通过让实用的中国人与俄罗斯东正教使团的俄罗斯人和中国人在使团的农活儿和贸易企业中直接接触，能够成功地把这些中国人引入东正教。到1949年，东正教在中国已有教堂106座，其中约50座位于东北地区，新疆有5座，其余分布在从南到北的中国境内，中国信徒人数达万人。由于早前从俄国来的难民大量离开中国，培养中国出生的东正教神父并为他们举行按手礼再度成为一个很现实的问题。

1950年1月，大牧首亚历山大一世要求维克多"改变将使团作为创收机构或作为某种封建王国的看法。应当在短期内（比如在10年内）在上帝的帮助下创建有中国大法师的中国东正教会，神父、司祭都应当是中国人，传教士也应当是中国人，最主要的是要有大量的中国人牧众"（引自波兹尼亚耶夫，第120页）。1950年在圣三一修道院，中国大司祭杜润臣[雅克萨俄罗斯人杜比宁（Дубиннин）的后代]以圣名西蒙发愿，7月30日大牧首阿列克谢为他举行按手礼，任命其为天津主教。

中国东正教史上第一位中国人主教西蒙·杜被派往上海。在上海，他与俄罗斯神父们发生了冲突。中国主教责怪俄罗斯东正教使团的团长们"不能摈弃封建习气，对宗教事务秘而不宣且一些决定没有理性，对俄罗斯人和中国人明显区别对待"。俄罗斯神职人员们则认为西蒙·杜的看法存在中国沙文主义。西蒙·杜忙于成立以中国主教为领导的统一自治的中国东正教主教区，名称定为"北京和中国教区"，所有不动产统一归教区所有。这是很符合实际情况的，因为分散对于5个快速整合在一起的教区来说很不利。西蒙·杜与上海政府建立了良好的关系，他的演说与当时基督新教和天主教教会的"三自"爱国运动非常相似。为了巩固中国东正教的独立性，西蒙·杜在1952—1958年间在上海展开活动，按基督新教的方式改变在中国人中的东正教传教。1952年，他在上海开办了新的东正教学校，注重基督新教的传教方式，甚至邀请基督新教的中国教徒担任书记和教师。1954—1958年间主教出版了教会期刊《正光》（Истинный свет）。

至1954年，中国的东正教堂已然空空荡荡。这一年的7月，莫斯科牧首区圣主教公会决定关闭俄罗斯东正教驻北京使团，并将所有教堂转交东亚东正教辖区。一时间，不动产成为很多争执的根源，最终分散支离——除北馆外全部归属中国政府，后来北馆成为苏联驻中国大使馆的驻地。1956—1959年，北馆原址上建起了大使馆建筑，钟楼和殉难堂均被毁。

1955年，西蒙·杜主教和维克多都主教之间因将俄罗斯东正教使团教产交付中国政府一事发生激烈争执。西蒙·杜坚持教产问题只能在将教会交给中国主教之后再行决定。收到维克多关于将教产交付政府的指令后，西蒙·杜向大牧首致电报请求解职以示抗议。这一冲突又因提拔第二位中国主教代替西蒙·杜领导中国教会而更加激烈。这第二位中国主教是伊格那季·姚福安，1888年生于北京，1915年由主教英诺肯季·费古罗夫斯基主持升职仪式而成为辅祭，1948年升任司祭，同年以圣名瓦西里·全发愿。瓦西里·全是一个非常谦逊的人，直到1955年10月才同意担任主教。1956年4月，中华人民共和国宗教事务委员会同意任命瓦西里·全为北京主教，1957年1月核准他赴莫斯科行按手礼。

维克多都主教于1956年5月离开北京，同年11月中国教会从莫斯科牧首区取得自治地位，称为"中华东正教会"，在教区内完全独立和自治。瓦西里·全升任都主教的按手礼于1957年5月30日举行，之后他回到中国，必须召集宗教会议以任命他为教会的领导者。但与主教西蒙·杜的争端影响了宗教会议的召集，都主教瓦西里·全没能行使他的权力。1960年，瓦西里·全重病缠身，并于1962年去世。此后，北京都主教区由大司祭尼古拉·李掌管。1964年，中国政府关闭了北京的最后一座东正教堂。1965年3月西蒙主教去世后，上海大教堂被关闭。1966年"文化大革命"开始后红卫兵捣毁了哈尔滨的圣尼古拉大教堂。

中华人民共和国的政治局势正常化之后，在1986年首次开放了位于中国东北哈尔滨的圣母帡幪大教堂。这是中国唯一一座东正教教堂，格里高里·朱世埔常年在这里服务。1997年9月修复的圣索菲亚大教堂并没有归还东正教群体，而是作为一座博物馆保留。在新疆维吾尔自治区，1986年决定为东正教群体修建一座新的圣尼古拉大教堂代替过去毁坏的那座。该教堂于1991年开放，但由于缺少诵经司祭而不能恢复活动。在原北馆的原址上还留有改建为使馆车库的圣母安息教堂。1986年，在北京东正教墓地原址上修建了休闲公园——青年湖公园。在1986年拆除的圣谢拉菲莫夫斯基教堂原址上建起了高尔夫球场。原使团教堂北京地区南堂在1991年被拆除。在上海，能够开展正常活动的东正教教堂也不复存在，但圣母圣像和纪念被枪杀的俄国沙皇尼古拉二世的圣尼古拉纪念教堂外貌保存完好，1990年这里被用作一家银行的分部，还有餐厅和库房。

20世纪80年代中期，有中国学者认为中国东正教信徒的数量近8000名。西蒙·杜去世后中国东正教再无中国人任主教，但作为自治教会又必须有主教，为保持中国东正教的存在也需要司祭和主教。2000年9月，在中国境内保持诵经的哈尔滨圣母帡幪大教堂大司祭格里高里·朱世埔去世。由于中国没有一所东正教教学机构，俄罗斯东正教教会同意资助一些中国学生接受东正教神学教育。

1916年出版的《中国东正教简史》划分了3个关键日期作为俄罗斯东正教使团发展的分期：1685年（中国人攻克雅克萨）、1864年（教会功能与外交功能分开）、1902年（义和团起义后恢复）。都主教维克多1935年则划分了5个时期：1685—1728年，从中国攻克雅克萨到正式认可俄罗斯东正教使团的时期；1728—1861年，使团学术活动和外交活动的开端；1861—1900年，使团从全面脱离外交事务到1900年义和团起义彻底被摧毁时期；1902—1917年，使团进入"充满希望和巨大开创能力的活动时期"；按克平（К.Б.Кепинг）的观点，第五时期可以从1917年到1944年，这时维克多都主教请求莫斯科牧首区接受他进行教经沟通。另外，还应当"区分使团的一个时期，第六时期也是最后一个时期，即从使团被接受与牧首区进行教经沟通，到1955年被解散的时期"①。

类似的分期在中国关于俄罗斯东正教使团的研究中较常见。同时在中国文献中"沙俄侵略"和"不平等条约"的政治观点影响明显。例如，按乐峰的观点，东正教在中国存在的历史倒计时的起点应是1655年，这是建立雅克萨城堡的那一年。张绥把俄罗斯东正教使团活动的第一阶段定为1860年，这是俄国与中国之间签订"不平等的"《北京条约》的那一年，同时他把1840—1860年间作为"俄罗斯东正教使团直接参与沙俄侵华"的时期，特别提到修士大司祭帕拉季·卡法罗夫在1858年帮助普提雅廷伯爵和1860年大司祭固里·卡尔波夫帮助俄国公使伊格那季耶夫。

"我们不是要开始新的，而是要保持旧有的伟大事业，在两个半世

---

① Бэй-гуань: Краткая история Российской духовной миссии в Китае. СПб, 2006. стр. 183-184.

纪中东正教人群将东正教的伟大精神宝库——神圣的信仰带给中国，带着爱，不计辛劳，不图谋从中国方面谋求资助和好处。"这些话让我们联想到孔子《论语》第七章第一句，这是1935年都主教维克多在庆祝俄罗斯东正教使团250周年时总结使团的活动的概括。他强调："纯洁、平和的东正教使团活动从来不曾破坏中国的法律和利益，而是大大地促进数个世纪的历史上两个伟大相邻民族之间从未破坏的和平。"①

对于俄罗斯东正教使团的外交活动和学术活动的这种立场和观点也时常见于当代俄罗斯的研究文献之中，但关于使团活动的纯宗教传教文献的问题研究得还不够透彻。目前成立时间不长的中国自治东正教教区正处于岌岌可危的状态，特别是在中国天主教和基督新教信徒数量和影响增长的背景下，更迫使我们思考东正教不能牢固地扎根于中国的原因。

早在18世纪，俄罗斯东正教使团团长修士大司祭索夫罗尼·格里鲍夫斯基提到中国人对待东正教的几个障碍。首先，中国人认为司祭是一些野蛮而没有学问的人，因为他们不懂中国人的风俗和语言，蓄着大胡子，着装怪异（教袍和教帽），由此他建议修士大司祭和其他司祭"着中国装"。其次，司祭之间谩骂、打架，使团中下属顶撞团长，这样的事时有发生。中国人因此认为，这些事情的根源在于俄罗斯的信仰。还有一个原因，是中国东正教信徒不稳定，用修士大司祭的话说，常常会跟随了天主教传教士的信仰。索夫罗尼建议向中国派22—25岁有语言学习天赋的诵经士，让他们用汉语传教，按中国风俗着装，"同时很有必要和好处的是别把修士大司祭和他的下属司祭写成'喇嘛'，这是那些异教术士的名号"，中国人对这个名号也没什么好感。索夫罗尼还提到以天主教传教士为榜样为中国孤儿组织教学机构，可以从中培养在中国人中传教的诵经士。

这些看法不够全面（如第五届东正教使团团长修士大司祭阿姆夫罗西和他的下属就着汉人服装或满人服装），索夫罗尼的观点到现在对中国学者的研究还有影响。特别是乐峰在专著《中国东正教与中国文化》中提到中国东正教信徒数量较少的一系列原因（俄罗斯传教士不希望走中国化道路、没有宗教学校和慈善机构、资金不足、缺乏内部统一和纪律性）。作者以更为充分的形式通过与天主教和基督新教传教士活动的对比，概括东正教传教不成功的原因。东正教传教士不改穿中国人的服装，而天主教

---

① Бэй-гуань: Краткая история Российской духовной миссии в Китае. СПб., 2006. стр. 210.

传教士从欧洲抵达中国后很快就着儒服。东正教传教士没有尝试结合儒家经典使用《圣经》，而天主教传教士运用孔子思想讨论基督教教条，这吸引了中国受教育阶层和有产者。东正教传教士过于严格地恪守规则限制信众，而天主教传教士允许新入教者祭祖和祭孔。东正教传教士关注西方科学不足，而天主教传教士运用数学、天文学和其他科学接近宫廷，唤起宫廷对自己的传教事业的兴趣。另外，与天主教传教士的区别还在于东正教传教士没能创建足够数量的教育和慈善机构。大部分东正教传教士不想学汉语和中国风俗，这阻碍了他们和中国人交往，沙俄政府没给东正教传教士足够的资金，大量东正教传教士"没有学问、素质低"，他们的传教能力较低，由于内部冲突和对东正教教堂规则的破坏，他们没能在中国人面前树立起好的形象。

张绥认为，虽然在俄罗斯东正教使团中有像罗索欣、列昂季耶夫、比丘林这样的著名汉学家，但是他们"没有把汉学研究作为发展传教事业的工具"，而是专注于收集关于中国生活方方面面的信息。1860年以后，大量地将诵经文献译成汉语，也出现了信仰教化资料，但这些资料很"俄罗斯化"，中国知识层对发表的这些资料没有产生文化兴趣。到1956年前，中国东正教教会属于侨民性质，"具有浓厚的俄罗斯文化色彩，不能包容中国文化。因此中国东正教只存在于俄罗斯人或与俄罗斯有血缘关系的中国人之中"①。更有甚者，"东正教传教士代表与中华民族利益相矛盾的俄罗斯民族的利益，这是东正教在中国发展困难的更为根本的原因"②。

这些评价只考虑到一个方面，没有关注到20世纪的悲剧事件对中国东正教的破坏性影响，比如1950—1970年间中国政府反对宗教的高压政策，给尚未巩固的中华东正教自治教会以沉重打击。东正教传教士没有学问、素质低下只是在18世纪，而不是俄罗斯东正教使团传教事业处于繁荣时期的20世纪初。同时，中国研究者提出的东正教与中国精神文化影响的可能性的问题，这一问题与语言教学、历史国情文献翻译、艺术和医学文献翻译等领域研究俄罗斯东正教使团对世俗文化对话的贡献的问题无关。俄国传教士尚未来得及对这一问题给予详细的回答，他们没有足够的时间用现代汉语构建信仰教化的大厦。

---

① 张绥：《东正教和东正教在中国》，上海：学林出版社，1986年，第305页。
② 佟洵主编：《基督教与北京教堂文化》，北京：中央民族大学出版社，1999年，第71页。

东正教与中国传统相互影响的问题有待于进一步研究，如果在中国东正教诵经以东方教会密契学说为基础、兼顾中国精神传统的文化特点，这样的发展成为可能，则上述问题的研究也将是可能的。中国人对俄罗斯保持着兴趣将刺激他们对作为当代俄罗斯精神文化的有机部分的东正教的兴趣。中国世俗知识阶层中一部分人对俄罗斯感兴趣是因为在20世纪90年代翻译出版了"白银时代"俄罗斯宗教哲学家的著作，正是这一部分人可能对俄罗斯东正教与中国传统的比较问题进行有价值的思考。同时随着在北京和中国其他大城市的俄罗斯人群体人数的增加，以旧有的俄罗斯东正教使团入华为俄罗斯裔及他们与中国人通婚所生后代提供精神支持的形式恢复中华东正教会的需求也会增加。

[摘自《中国精神文化大典（Духавная культура Китая: мифология Религия）》（Издательская фирма "Восточная литература" РАН. М., 2007）第332—352页]

附录二

俄国东正教驻北京使团成员名单

第一届（1715—1728）

团长——伊拉里翁·列扎依斯基（生卒年代为1615—1717，殁于北京）；

司祭——拉夫连季；

辅祭——费利蒙；

执事——约瑟夫·阿法纳西耶夫，奥西普（约瑟夫）·季亚科夫（1736年殁于北京），彼得·亚库托夫（1737年殁于北京），格里高里·斯马金，尼卡诺尔·克留索夫（殁于1737年），安德烈·波波夫，伊拉里翁·亚库特，费奥多尔·科列斯尼科夫（别尔卡）；

随团学生（从1727年起）——卢卡·沃耶伊科夫（1734年），伊万·布哈尔特，费奥多尔·特列季亚科夫，伊万·舍斯托帕洛夫（亚勃伦采夫）。

第二届（1729—1735）

团长——安东尼·普拉特科夫斯基（殁于1746年）；

司祭——伊万·菲利莫诺夫，拉夫连季·乌瓦罗夫，约瑟夫·伊万诺夫斯基（1747年殁于北京）；

随团学生——伊拉里翁·罗索欣（1761年去世），盖拉西姆·舒尔金（1736年殁于北京），米哈依尔·波诺马廖夫（1738年殁于北京），阿列克谢·弗拉德金（从1732年起在华），伊万·贝科夫（从1732年起在华）。

第三届（1736—1743）

团长——伊拉里翁·特鲁索夫（1741年殁于北京）；

司祭——拉夫连季·乌瓦罗夫，安东尼·利霍夫斯基，拉夫连季·鲍布罗夫尼科夫（1745年殁于北京）；

辅祭——约瑟夫·伊万诺夫斯基；

执事——彼德约夫列夫，彼得·加缅斯基，亚科夫·伊万诺夫（1738

年殁于北京），米哈依尔·伊万诺夫，伊万·什哈列夫（1739年殁于北京）；

随团学生（从1743年起在华）①——阿列克谢·列昂季耶夫（生卒年代为1716—1786），安德烈·卡纳耶夫（生卒年代为1722—1752，殁于北京），尼基塔·切卡诺夫（1752年殁于北京）；

监督官——盖拉西姆·列布拉托夫斯基。

第四届（1744—1755）

团长——格尔瓦西·林采夫斯基（殁于1769年）；

司祭——约伊尔·弗鲁布列夫斯基，费奥多西·斯莫尔热夫斯基（1758年去世），约瑟夫·伊万诺夫斯基（1747年殁于北京）；

执事——索宗·卡尔波夫，基里尔·别尔斯基，基里尔·谢苗诺夫，阿列克谢·斯莫尔尼茨基；

随团学生——叶夫菲米·萨赫诺夫斯基。

第五届（1755—1771）

团长——阿姆夫罗西·尤马托夫（1771年殁于北京）；

辅祭——西利维斯特尔·斯皮钦（1773年殁于北京），索夫罗尼·阿吉耶夫斯基（奥由列斯科夫）（1770年殁于北京），尼基弗尔·科列诺夫斯基（1775年殁于北京），谢尔盖（1768年殁于北京）；

执事——斯捷潘·齐明，伊利亚·伊万诺夫，阿列克谢·达尼洛夫（殁于1772年）；

监督官——瓦西里·伊古姆诺夫。

第六届（1771—1781）

团长——尼古拉·茨维特（殁于1784年）；

司祭——伊乌斯特（1778年殁于北京），约安·普罗托波波夫（1799年去世），尼基福尔；

执事——彼得·罗吉奥诺夫（1815年去世），伊万·格列别什科夫（1771年殁于北京）；

---

① 这些学生在第四届使团期间在京。

随团学生（从1772年起在华）——费奥多尔·巴克舍耶夫（殁于1787年），阿列克谢·帕雷舍夫，阿列克谢·阿加福诺夫（殁于1794年）、亚科夫·科尔金（生卒年代为1745—1779，殁于北京）。

第七届（1781—1794）

团长——约吉姆·希什科夫斯基（1795年殁于北京）；

司祭——安东尼·谢捷尔尼科夫（1782年殁于北京），阿列克谢·鲍戈列波夫（殁于1809年）；

辅祭——伊兹拉伊尔（1795年殁于北京）；

执事——伊万·奥尔洛夫，谢苗·索科洛夫斯基；

随团学生——叶戈尔·萨列尔托夫斯基（1795年殁于北京），安东·弗拉德金（生卒年代为1760—1811），伊万·菲洛诺夫（1790年殁于北京），阿列克谢·波波夫（1795年殁于北京）。

第八届（1794—1807）

团长——索夫罗尼·格里鲍夫斯基（殁于1814年）；

司祭——伊耶谢（1804年殁于北京），瓦尔拉阿姆（1802年殁于北京）；

辅祭——瓦维拉（1797年殁于北京）；

执事——科济马·卡尔津斯基（生卒年代为1765—1845），卡尔普·克鲁格洛波洛夫，斯捷潘·利波夫措夫（生卒年代为1770—1841），伊万·马雷舍夫（生卒年代为1770—1806，殁于北京），瓦西里·诺沃肖洛夫（从1791年起在华）；

监督官——瓦西里·伊古姆诺夫。

第九届（1807—1821）

团长——比丘林（生卒年代为1777—1853）；

司祭——阿尔卡季，谢拉菲姆；

辅祭——涅克塔里；

执事——瓦西里·亚菲茨基，康斯坦丁·帕尔莫夫斯基；

随团大学生——马克尔·拉夫罗夫斯基（殁于北京），列夫·季马依洛夫，米哈伊尔·西帕科夫，叶夫格拉夫·格罗莫夫（殁于北京）；

监督官——谢苗·佩尔武申。

第十届（1821—1830）

团长——П.И.加缅斯基（彼得）（生卒年代为1765—1845）；

司祭——韦尼阿明·莫拉切维奇，达尼尔·西韦洛夫（生卒年代为1798—1871）；

辅祭——伊兹拉伊尔；

执事——尼古拉·沃兹涅先斯基，阿列克谢·索斯尼茨基（1843年去世）；

随团大学生——康德拉特·克雷姆斯基，扎哈尔·列昂季耶夫斯基（生卒年代为1799—1874），瓦西里·阿布拉莫夫；

随团医生——约瑟夫·米哈依洛维奇·沃依采霍夫斯基（生卒年代为1793—1850）；

监督官——Е.Ф.季姆科夫斯基。

第十一届（1830—1840）

团长——韦尼阿明·莫拉切维奇；

司祭——阿瓦库姆·切斯诺依（生卒年代为1801—1866），费奥菲拉克特·基谢列夫斯基（生卒年代为1809—1840，殁于北京）；

辅祭——波利卡尔普·图加里诺夫；

随团学生——Г.М.罗佐夫（生卒年代为1808—1853），库尔良采夫，А.И.科瓦尼科，Е.И.司切夫斯基；

随团医生——П.Е.基里尔洛夫（生卒年代为1801—1864）；

随团画家——А.М.列加舍夫（生卒年代为1798—1865）；

其他派出人员——植物学家А.А.本格，天文学家Е.Н.弗科斯，蒙古学家О.М.科瓦列夫斯基；

监督官——上校М.В.拉德任斯基。

第十二届（1840—1849）

团长——波利卡尔普·图加里诺夫；

司祭——英诺肯季·涅米罗夫（生卒年代为1818—1878），固里·卡尔波夫（生卒年代为1812—1882）；

辅祭——帕拉季·卡法罗夫（生卒年代为1817—1878）；

随团学生——И. А.戈什克维奇（生卒年代为1814—1875），В. В.戈尔斯基（生卒年代为1819—1847），И. И.扎哈罗夫（生卒年代为1814—1885）；

随团医生——А. А.塔塔里诺夫（生卒年代为1817—1876）；

随团画家——К. И.科尔萨林（生卒年代为1809—1872）；

派出人员——硕士В. П.瓦西里耶夫（生卒年代为1818—1900）；

监督官——Н. И.柳比莫夫（生卒年代为1808—1875）。

第十三届（1850—1858）

团长——帕拉季·卡法罗夫；

司祭——叶利谢伊（叶夫兰姆皮）·伊万诺夫（生于1822年），彼得·（帕维尔）茨维特科夫（1855年殁于北京）；

辅祭——米哈依尔（伊拉里翁）·奥沃多夫（生卒年代为1827—1857，殁于北京）；

大学生——М. Д.赫拉波维茨基（生卒年代为1816—1860），Н. И.乌斯宾斯基（1851年殁于北京），Н.И.涅恰耶夫（1854年殁于北京），К. А.斯卡奇科夫（生卒年代为1821—1883）；

随团医生——С. И.巴济列夫斯基（生卒年代为1822—1878）；

随团画家——И. И.奇穆托夫（生卒年代为1817—1865）；

监督官——Е. П.科瓦列夫斯基（生卒年代为1809—1868）。

第十四届（1858—1864）

团长——固里（格里高里）·卡尔波夫；

司祭——亚历山大·库利奇茨基（生卒年代为1823？—1888），伊萨亚·波利金，安东尼·留采尔诺夫；

随团大学生——А. Ф.波波夫（生卒年代为1828—1870，殁于北京），К.帕夫利诺夫，Д. А.佩休罗夫（生卒年代为1837—1903），Н.姆拉莫尔诺夫；

随团医生——П. А.科尔尼耶夫斯基（生卒年代为1833—1878）；

随团画家——Л. С.伊戈列夫（生卒年代为1823—1900）；

监督官——П. Н.佩罗夫斯基。

[摘自 П. Е. Скачков, Очерки истории русского китаеведения（Главная редакция восточной литературы издательства "Наука". Москва. 1974）第 358—361 页]

第十五届（1864—1878）

团长——帕拉季（卡法罗夫）；

司祭——伊萨亚（往届使团留任），谢尔盖（阿尔塔莫诺夫）（1865年被派往库伦），格龙季（列维茨基）（1866年被派到库伦接替谢尔盖，1880年回到莫斯科），约安·拉欣斯基，弗拉维安（1874年抵京）。

第十六届（1879—1883）

团长——弗拉维安；

司祭——拉欣斯基（1881年因年迈退出使团），尼古拉（彼得·斯捷潘诺维奇·阿多拉茨基），阿列克谢（亚历山大·维诺格拉多夫）；

教士——米特罗凡·纪。

第十七届（1884—1896）

团长——阿姆费洛希；

司祭——尼古拉（往届使团留任，1886年返俄），普拉东（彼得·谢尔盖耶维奇·格鲁佐夫）（1885—1892年在京），皮苗（彼得·格里戈里耶维奇·西皮亚吉），小阿姆费洛希，英诺肯季（亚历山大·奥利霍夫斯基），尼古拉·彼得罗维奇·沙斯京，阿列克谢（往届使团留任），米特罗凡·纪（前届使团继任）。

第十八届（1896—1902）

团长——英诺肯季（约安·阿波洛诺维奇·费固罗夫斯基）；

司祭——小阿姆费洛希（往届使团留任），阿列克谢·维诺格拉多夫（往届使团留任，1898年离京），尼古拉·德罗比亚兹金（1899年离京），阿夫拉阿米（瓦西里·恰索夫尼科夫）；

执事——瓦西里·斯克里扎林。

（第十五至十八届俄国东正教驻北京使团成员名单由柳若梅整理）

附录三

给新一届北京东正教使团团长的工作守则

对于眼下的北京东正教使团换届，外交部希望委托一个其经验、头脑及其他方面的条件都与其使命相符的人。外交部注意到您，了解您的勤奋、道德操守和才能，特别是对您在老一届使团数年的经历已经使您既了解汉语和中国人的习俗，又了解我们的各种事项。所以，最高圣命将新一届北京东正教使团团长的职务委托于您。外交部坚信，凭您对属下全体使团成员的关注、公正的监督，凭您根据政府的希望和愿望为成功完成各类事项所付出的日夜不息的努力，完全无愧于对您的信任。为指导您和整个使团未来十年在北京的活动，外交部有责任为您提供本守则，详细陈述使团的目的和根本任务，以及其内部规范和经济原则。

一、使团构成

严格根据与中国人签订条约的条款，北京东正教使团中除团长外，还有3名神职人员和6名世俗人员，即以学习各种语言为主要目的而派出的大学生。据此，以下人等将入选使团成员之列：2名司祭，1名辅祭，6名大学生。大学生中有两名来自神学院毕业生，他们将在辅祭和雅克萨俄罗斯人子弟学校学生的帮助下履行教堂服务人员的职责，被视为履行公职，并为他们保留大学生称号和应有的所有权利。在需要戒备的情况下，在中国人面前他们的身份应该是教堂服务人员。按以往惯例，在世俗人员中还应该有医生和画家。为了使团能够发挥学术和其他方面的作用，大学生中有一人从事中国人非常尊敬的天文观象活动，还有一名大学生是喀山大学的学生，他应该同使团其他成员一样听命于团长。所有来自高等院校的人员都有相应的受教育水平和可靠的道德水平。外交部希望他们能成为您眼中合格的同事和政府意志难得的履行者，同时希望他们生活在互敬互爱、服从团长的气氛中，在各方面都没有任何不满。使团应该像一个家庭一样，所有的成员都应以最大程度尊敬您；而您作为家庭首脑，也应该是他们的保护者、领导者和靠山，像父亲关心孩子一样关心他们。在你们中间应该是一种平和、友爱和互相信任的氛围，这样一切才能井然有序并获得成功。外交部希望使团的所有人都能深深理解建立在经验的基础上的这些话的意思。

二、与前届使团的交接

外交部根据最高圣命任命监督官将护送新使团派往北京，接前届使团回国。外交部选择了一个上级完全信任的人担当此任，所以在必要的情况下使团应当听从他的意见。监督官的义务有：旅途中的各种决定（使团全体成员都必须严格听从）；将新使团的费用款项和需要的所有物品送达；在北京由团长手中接手前届官产；检查上述款项并交由您管理；在意外情况下，您这方面应给予监督官尽可能多的帮助，以完成监督官的上述职责和其他任务（前届使团也有这个义务，其成员也应该一致完成监督官的要求）——由监督官负责进行使团工作的交接，而您则向外交部报告关于安置工作的一切细节，报告完整接收钱物及北京的所有官产。

三、使团团长的主要职责

过去您作为使团成员，使团的活动已使您对使团设立的目的和使团团长、成员的职责有了相当的了解。这些职责体现在守则的如下条款中，其中详细指明了使团未来活动的所有事项。其中一些属于宗教事务，主要是在宗教信仰方面支持生活在北京的雅克萨俄罗斯人；另一些是学术方面以及使团内部管理和经济管理。您应为所有这些活动及各类事务确定一个过程和方向，这个过程和方向应与这里所强调的原则、使团设立的目的及祖国的利益相一致。关注各项事务的良性发展，关注您属下所有成员的道德，关注作为您最重要职责之一的学术部分，您应注意使团应当在各方面成为政府的有利工具，通过自己在北京的联系，推动支持和巩固同中国现在的和平和贸易关系，杜绝可能有损于俄国在东方边陲事务利益的一切现象。

四、宗教事务与雅克萨俄罗斯人的培养

您在北京的牧教活动不仅限于针对使团属员，还要考虑到为数不多的那些信仰东正教的家庭，即那些雅克萨俄罗斯人的后代，他们被中国人俘虏至今已有百余年，他们是使团得以在北京设立的原因。所以您在宗教方面的职责也包括像关心我们教内的兄弟一样关心这些雅克萨俄罗斯人，他

们生活在异教徒中间,要经常警戒性地关注他们,支持他们坚定信仰基督教。但是您关乎信仰的所有行为,您和您使团神职人员的决定都必须符合一个原则——杜绝所有可能引起中国人怀疑和恼怒的事、引起不快或对于使团来说可能产生毁灭性后果的事。出于对中国人的尊重,任何人都不要介入与秘密潜伏在中国的欧洲传教士有任何瓜葛,这一点是对前届使团的严格命令,您也应该严格遵守。外交部谨慎地认为,类似的交往会将使团陷入这里谈到的危险,是永远要严格禁止的。这样在宗教事务方面,您只要确保雅克萨俄罗斯人的宗教信仰,这是中国政府允许的。在这方面您应以温和的方式行事,以规劝、以您和您同伴的个人生活为例,以简单的语言使基督教学说的拯救真理在雅克萨俄罗斯人中生根。为此,您和使团成员的教堂布道经和劝诫就是您最重要的资料,如果劝诫词在汉语中能够足够完善的话,祈祷词和诵经文的译本也是一样。您和使团的神职人员在获得汉语的足够信息之后便可以利用以往使团留下的这方面材料来从事这件事。

  然后,还有一个重要的情况您要注意——就是雅克萨俄罗斯人子弟的教育问题。您已知悉,正是为此我们出资在北京为他们开办了学校。支持这个有用处的机构也是您的职责。这一机构的意义在于:其一,在雅克萨俄罗斯人子弟还没有受异教徒偏见影响之时灌输基督教信仰真理,这样基督教容易在他们幼小的心灵中生根。其二,我们的使团和我们在北京的事业也会由此得到好处,我们会因这些努力和照顾他们而得到加倍的奖励。其三,这一方面外交的主要愿望是让这些学生或其中的优秀者能够掌握俄语和中国学问,指导我们使团的新成员学习汉语;还希望他们掌握教堂诵读和唱诗,不仅能在教堂做事工,在一定程度上还能够承担教堂里的一些职责。比如可以为这类工作设置一些奖励,鼓励他们为此做更多工作。关于这些已经给现在在北京的使团写了信,这届使团会将其以在华10年经验为基础的想法告诉您。您要尽量按要求培养雅克萨俄罗斯人子弟,让国家的钱花到有用之处,绝对不要阻止雅克萨俄罗斯人对地方政府臣服归顺。为他们教授教理和俄语,让他们在我们的主安息教堂做事工,教堂附设学校,您应派一名司祭住在教堂,并派一名辅祭协助司祭(如果有必要的话,还可提供相应的训诫资料)。或者这样安排,在一些特别的日子把您属下的神职人员派过去,具体如何做由您斟酌决定。有一名雅克萨俄罗斯人子弟学生现在在随团医生属下当学徒,帮助准备各类药品,新的随团医生要继续带他。希望其他雅克萨俄罗斯人的孩子也能帮使团成员做些事，比如帮助收集植物学、动物学等自然史方面的标本诸如此类的事。您知道，在北京有一所当地政府出资为满族孩子设立的俄语学校。如果您或您安排使团成员中的合适人选，像往届使团成员那样，在这所学校里担任教师，这将能大大拉近使团同中国政府、同理藩院之间的关系。祈祷在我们北京的教堂即奉献节教堂和圣母安息教堂中进行。仪式应有相应的隆重气氛，至少在节日、礼拜日和大斋期要如此。您应当注意，使团不能不履行我们教会章程规定的礼仪。礼仪的履行要与每个人的身份（神职人员和世俗人员）、与当地的情况相协调。在各方面、各种情况下，使团成员都应当成为我们雅克萨俄罗斯人的基督教兄弟的表率。外交部认为不必再向您重申，必须使我们的教堂总是保持体面的壮丽和整洁，这一点毫无疑问您是会特别注意的。现在教堂必需用品方面完全齐备。按沙皇旨意，现在已为节日祈祷提供了丰富的圣器室，原来已有的物品也增加了一些。

五、学习任务

学术活动是您应当经常特别提醒注意的事情之一，确定其与使团守则及学术体系相一致的方向。政府的目的在于：第一，使团成员从中国返回时具备扎实的语言知识；第二，每名成员在其选定的方面都能提供真实准确的信息，这些信息可能在政治、商贸或工业方面于政府有益，也可能对于科学和教育有益。这样，使团成员的学术活动分为两类：第一类是学习语言；第二类是学术工作和搜集一些有用的信息。在这两方面，外交部认为提供以下主要训令供指导和履行：

学习语言。抵京初年特别应该把精力用于语言学习上。这些语言就像一块奠基石，是进一步取得成绩和使团开展学术工作的基础。往届成员学习了汉语、满语和蒙古语，现在还要加上藏语，学习这些语言需要的钱款和物品（书、学习用具）已经下发。

抵京后您的第一件事是寻找称职、可靠的语言教师，以便和中国政府官派的老师形成互补（这方面往届使团成员会提供有用的建议）；再就是为您使团的成员分派任务。所有成员都需要学汉语，例外的可能只有画家和大学生瓦西里耶夫。画家只需要学汉语口语，瓦西里耶夫另有在华生活守则。世俗人员中将要在亚洲司工作的人必须学满语，这些人是加什盖耶维奇、戈尔斯基和扎哈罗夫，他们除大量学汉语外，还应该掌握满语，并能流畅准确地翻译。因为我们发往北京理藩院的文牒都附有满文译本。政府与中国交往很需要掌握汉语和满语两种语言的官员，最好再能稍通蒙语，使团中也需要有人学蒙语。至于藏语，取决于学习任务和学术工作的性质，以及谁的任务是什么。当然，非常希望使团成员中也有人扎实地学习藏语。外交部的这些目的和计划，是逐渐为学习这些语言建立基础，以便在彼得堡建立这些语言的教研室，这对于使团来说也是一个很好的发展。为此，先向北京派出具备一定素养的人，让他们在北京生活一段时间是很有好处的。因此，本届使团的成员回国时在这些语言方面应拥有尽可能深入的素养，以便将来不仅能当翻译，还能在我们的祖国当教师。

学术工作。当然，在使团获得了足够的语言知识之后，为正确规划工作，特别是学术工作，首先要适时适地制订特别的研究计划，这需要新、旧两届使团在熟知外交部的主要设想和愿望的监督官的领导下进行。在制订计划时要特别注意使团工作守则和原有使团已经完成的工作。使团工作守则融合了各类学术团体的意见，原有使团已完成的工作会告知您，这样也可以减轻新使团成员的相关任务。这个计划通过监督官交由上级确认，使团成员在未来进行学术活动过程中都应严格遵守该计划。

使团的学术计划应当包括如下内容：关于中国及其周边国家的历史、地理、统计学研究；语文学著作；各类信仰的研究；研究中国政体形式并摘录这方面最新奇的和能够对其精神和政府体制形成解释的内容（将其刊发的关于同俄国关系的文书选译成俄语也很有用，用以解释我国历史上的鞑靼统治时期）；收集关于中国人的农业、重工业、轻工业的信息（按自由经济协会的工作指南）；观察和调查中国人的医学、治病方式、各类医学资料等，这主要是随团医生除诊疗外的学术任务。随团医生和大学生戈尔斯基除上述之外还要收集自然史信息，他们在这方面已经有所准备。随团医生因其医术而有机会接触中国上层人士，应对他们的家庭生活做详细记录，记录他们的风俗、性格等，还有听到、看到或了解到的值得注意的、对我们有用的信息。随团医生记录中的重要内容应寄往亚洲司。大学生加什盖维奇除做上面学术计划中提到的事情外，还应在北京从事天文学和物理学观测，他为此已经带去了各种用具和书籍。

画家的活动比较特别，涉及他技艺所及的一切，不论是否对使团有用。他可以在北京为对我们有用的人作画。他还应尽可能地丰富各种图片的收藏，按照您的指令，根据自己的工作指南，用于最终上呈亚洲司。

在制订上述学术计划时，基本依据是每名使团成员都要尽可能地明确其活动，明确自己应特别专注于哪些方面。这是确保他们的活动和调查有助于科学、丰富祖国有用信息的唯一条件。

在接触上述学术任务之前，使团所有成员都要通过关于中国的各种书籍充实自己：语文学书籍、历史学书籍等，还有西藏、蒙古的书籍，以便了解已有哪些成就、欧洲学者关注什么。这样他们的劳动才能为科学和学术界带来益处。所以在获取信息时，先要对原始文献展开研究，他们应该能够进行大量修订、阐释、补充，最终上呈最为准确、完整的资料。也因此用汉语、满语和其他语言翻译一些好书，或者摘录并加上自己的评论性意见，这是很有用的。在教学资料方面，正如上面谈到的，不存在不足：使团已经拥有丰富的藏书，现在再加上近十年来欧洲东部出版的所有最好的书。一切只看使团每位成员是否勤奋好学。您要尽可能地分出一些精力管理使团。但您的核心职责是作为使团团长把握学习和学术活动的秩序和过程，为所有使团成员提出建议，在需要的情况下有分寸地进行劝导以防出现玩忽职守。一旦发生这种情况，就不得不提到每周一次或方便的时候安排一次讨论学习研究会议，会上使团成员谈自己的研究成果、笔记或观察等，在这样的学术讨论中交流新看法。这些成果、辑要、笔记可以编成一种学术日志，每年结束时或每四个月寄往祖国一次。无论神职人员还是世俗人员，每四个月的月底都要向您提交其活动的总结，其内容您要在给亚洲司的报告中详细介绍并附以必要的解释，附上您对于每名成员成就的证明。这一程序对于大学生瓦西里耶夫也不例外，关于他学习情况的报告也由您来提交，就是报到这里，通过您提交给亚洲司，亚洲司再将情况传达给喀山大学领导。关于向科学院寄送自然历史方面的各种物品，到时候也需要按这个程序。总而言之，使团中的任何人都不得绕开使团团长直接跟学术界或其他地方发生关系。

总的来说，外交部希望使团的神职成员和世俗成员竭尽全力，在学术和其他对他们来说非常重要的事情上不辜负政府的期望，并以此获得应有的奖励。大家在北京期间，外交部收到您关于使团成员的行为、研究成果和成绩的详细报告时，不会忘记这些兢兢业业的、勤奋的人们。

六、同祖国的联系以及与中国人的交往和生活方式

关于您的工作的介绍。已向您说明政府对北京东正教使团的主要设

想和期望。抛开将使团安置在中国的这种政治方面的考虑，您所领导的使团在维护雅克萨俄罗斯人的东正教的同时，主要目的是取得关于中国的可靠信息，培养业务熟练的翻译、东方工作者和真正的东方学家，以便提供关于他们的成绩和委托您管理的各种事务的情况的频繁信息，能够给使团各种补充的指令，指导使团的活动。报告所有的事情也都是您的职责。报告越频繁越符合亚洲司的意思，也对我们在北京的整体事务更有好处。多年的经验表明，中国人不阻碍使团向祖国寄送包裹。若一旦遇到刁难，可以提出一个不致引起他们疑虑的比较堂皇的理由。希望您至少每年提交三次报告。但是您的公文必须按规定的渠道——通过理藩院递送，因为其他任何方式都会给使团带来很大麻烦，所以是严格禁止的。除详细报告学术活动和其他事务、报告钱款之事外，您还要报告关于中国当前状况、中国及相邻各国各地的大事、贸易情况，附带对我们的设想有用的、尽可能详尽的信息。总之，值得注意的一切事情都要报告（还要摘抄一些中国报纸并做必要的说明）。这样确保您的报告能够总是有在政治、贸易及其他方面对政府来说新鲜有用的内容。当然，做这一切的时候您应当保持小心谨慎：中国人应当只把您当成是俄国的大神父，而绝对不是政治代表。为所有事情取得成功和为使团避免麻烦，您应在北京保持和扩大有用处的交往，大量结交对我们有用的人。这是一个您应当特别注意的问题，因为这关乎使团能否平稳持续以及使团在北京很多事情能否成功，同时，这些关系对于政治方面也有好处。另外，不仅要结交当地的汉人和满人，还要结交蒙古人和朝鲜人等来北京的外国人，通过他们您可以搜集到关于中国（中国政治、贸易、风俗）的很多信息，关于中国的藩属国的信息，关于东突厥斯坦或小布哈拉的情况，关于伊犁和塔尔巴哈台的情况，关于吉尔吉斯人和中亚相邻民族对中国的态度，关于日本（如果能够搜集到关于这个国家对我们有用的什么消息的话），最后还有关于中国对欧洲列强特别是英国的态度。一旦中英之间发生决裂，那么这是值得特别关注的一件事。上述所有信息，您要同使团的学术成果一起提交给亚洲司。为在北京建立、扩大联系和交往，给您配备了大量各类作为礼物的物品和另拨发的特殊款项。作为礼品的钱款和物品由您根据自己的判断、想法酌情使用。如果使团成员中有人从有利于使团事业的需要出发，偶有需要向外国人赠送礼品，他可以向您报告，但绝对没有权力决定，是否赠送要由使团团长总体衡量。使团团长可以满足他的报告请求，也可以交由使团管理委员会讨论。使团管理委员会根据本守则第七条的总规定做出决定。以下方面是同中国人发展和扩大联系的有利工具：医生、负责天文观测的大学生和画家。使团可以派他们向中国官员及其他对我们有用的人员效劳，如果这是那些中国人和我们都乐于接受和做到的话。医生能够以其医术和获得的信任发挥作用，以往我们在北京的医生都取得了中国人的信任。但同时医生在诊治中国病人时也应特别细心和小心，进行有把握的救治，避免引起怨言乃至不利于我们使团的后果。在这方面原使团的医生可以给他不少有经验的建议。在结交北京的外国人向他们示好时应注意，这种行为应不是出于个人关系和个人想法，而只能以有利于使团、有利于我们在北京的所有事务为唯一出发点。医生在其诊病实践中要注意这一点，其他人员在按使团团长的指令行事时也绝对不能忽视这一点。

关于使团所有成员在北京的生活方式，毫无疑问，所有人从到达北京的第一天直到最后一天都必须行为端庄，给中国人留下一个好印象并使其由此而敬仰俄罗斯。您必须密切关注您的下属的行为，以慈父般的关心和政府给予您的权力排除所有引发诱惑、争吵及不道德的行为和对他们来说应该受到指摘的有害行为。

[以上摘自《中国福音报》（Китайский благовестник）1912年第7期（9月12日）]

七、内部秩序和使团委员会

新一届使团抵达北京后，您将从使团事务顺利运行及所有信徒的共同利益出发，根据情况确定使团成员的职责。年长的司祭英诺肯季神父是您的助手。他应该勤劳地分担您的工作，是您关于使团内部秩序和对外关系的所有委托和命令的第一个顺从的执行者。如遇您患病，他可接替您的岗位。另外一名司祭固里神父，履行财务管理的职责。另外两名司祭，还有使团医生和负责天文的大学生，共同组成使团委员会，您担任委员会主席，辅祭担任上报员，其余大学生担任记录员。在委员会中只有您、司祭和两名世俗人员有投票权，其他人员都不参与决断。使团团长认为有必要通过委员会决定的所有日常事务，都由多数票决定。您作为委员会主席享有两票权利，即使两名司祭和世俗人员都反对您的意见，也仍然可以按您的意见执行，但在这种情况下应向亚洲司提交大家签名的记录抄件。记录中应叙述委员会大多数成员的意见，反对意见应详细记录。有必要的情况下，所有事务都可向距离使团最近的伊尔库茨克长官报告，他也许可以给使团提供对于领导使团有用的指令。使团成员投票时对团长的态度应当得体、崇敬。如果某人在某事上不同意团长的意见，可以书面提出自己的反对意见，以免产生哪怕是细小的争执，细小的争执也是被严格禁止的。亚洲司会为您提供特殊的装订簿用作委员会记录本，委员会的记录和摘抄情况也应经使团成员共同签字后提交给亚洲司，因为这样亚洲司就能清楚地看到使团所有事务进行的情况。如遇重大事件可将记录本副本提交。圣赐赋予委员会，每隔三年或稍长时间，依使团大学生是否勤奋、有效、无过错的工作而奖励九级以下（含）文官官职，如工作出色，经委员会向亚洲司上报，可再提升官职。委员会也可以同样的方式针对使团的神职人员的特殊贡献提出奖励。如果使团成员中有人行为不端，您进行规劝（训斥、建议、家庭式谈话）之后仍无济于事，则经您提议，委员会应处理此事：公开谴责，然后监禁或减薪和类似的纠正措施，同时将一切向上级报告。委员会所采取的这些措施都应记录在册，形成档案或记入履历表。最后，如果这些纠正措施仍无济于事，或者有某种特别重要的情况，委员会可将过错人送回俄国接受处罚。上述程序对于作为委员会成员的司祭和世俗成员本身也同样生效，相反，政府对他们的要求更为严格，因为作为位高者他们应该为其他人在勤奋和道德方面做出表率。被评判的人在这种情况下就失去了出席使团委员会会议的权利和投票权。上述内容是守则中的必备原则，守则中所有可能的情况都应预见到。但外交部相信，使团的各位成员，每人都清楚自己的责任，愿意向政府证明其希望的实现，而不将自己置于被严苛处罚的境地，时刻牢记，那些被严苛处罚的行为会使自己失去所有的奖励和财物，奖励和财物只会颁发给值得享有的北京东正教使团成员。

八、经济秩序

作为使团团长，使团的经济事务也是您的直接职责：

（1）我们制订的薪水和使团其他开销的计划应该是经济事务的基础。应有5本账簿用来记录使团监督官在北京交给您的银两用度和开销，这些银两只有经您、您的助手和财务管理员印章才能在教堂支取和存入。使团财务管理员应按您的书面指令派发薪水及其他计划内用度。使团财务管理员应以您的书面指令作为出纳必备文件保存，将每一笔支出记入账簿。每月初使团全体成员清查账簿、其他文件和现银，按账簿核对现银数量，最后由使团委员会所有成员签名。

（2）按费用计划应每年有1000银卢布用于雇用仆从和两名杂役的费用，使团团长配一名杂役，使团其他成员配一名杂役。这笔银两的使用这样划分：500银卢布用于除医生外的使团所有成员，医生由于经常出诊，可从每年用于药品的特殊款项中拨出250银卢布用于雇用一名杂役和一名仆从，如此笔款项不足您可酌情从其他款项中支出。

科学院保证出资，让使团给随团医生塔塔里诺夫和大学生戈尔斯基每年45银卢布用于为科学院博物馆购买各种生物标本。您应允许从某项余款中支出这项用度购买自然史标本，因为这笔用度您也应上报，并最终从科学院的开支中支出。所以您应注意这项开销要真正用到实处。还希望除为科学院获取标本外，使团也为其他学术团体带回自己的此类劳动成果，这类成果可上交亚洲司（或寄给亚洲司），这也是使团为科学各个领域不倦工作的证明。使团有专项计划经费支持此项工作。

由于前届使团中有的成员提前回国，因而前一届使团形成了节余经费，这部分经费交给您。这笔经费可以用于使团房屋修建、修缮而需要的各种巨大开销，也可用于使团监督官守则中的各类事项。

（3）您有义务努力使教堂田地和房屋及我们在北京的各类产业增值，有义务保持田产、房产处于较好状态并及时维护。由这些田产和房产而产生的收入应记入账簿，用于使团驻地、教堂的维护和修建及其他特别的必需之用。关于前届使团事务总管阿瓦库姆神父报告中提到的教堂建筑中的一些维护和修建项目，已向使团监督官发出的特别训令，相关事宜按训令行事。

您应向亚洲司提交所有账簿关于使团各项事务年度决算的简要摘录。

如果使团计划费用中的必需费用出现不足，可以由其他同类费用中转用（不超出年度预算），这种情况只适用于极其需要的情况下，且应经您和委员会所有成员的一致决定。

九、奖励

北京东正教使团在华工作10年无过错，使团团长认定其学习卓有成绩，政府可颁发以下奖励：

（1）如果使团团长或修士大司祭完全履行其职责和政府的期望，回国后将晋升为主教，获得每年2000银卢布的俸银直至去世。

（2）两名司祭将晋升为修士大司祭，每人每年获得650银卢布，日后可调往高一级岗位，如果个人希望、外交部需要，也可留任外交部。

（3）辅祭也可以每人每年得到650银卢布，日后可能得到教职上的奖励，同时也可以根据需要和个人的愿望留任外交部。

（4）大学生在北京期间可以每隔三年或稍长时间获得九级（含）以下文官官职的奖励，提升更高官职情况见第七款。回国后他们的官级较回国时提升一级，并按外交部决定安排在与他们的能力相当、职级相应的岗位上工作。此外，他们每年还有补贴：医生每年700银卢布，大学生每年500银卢布，表现特别优异者还将获得勋章。

（5）使团大学生瓦西里耶夫，其学习任务由喀山大学委派，回国后回原单位，依使团领导证明在华期间的学习工作和良好表现，由国民教育部为其颁发奖励。使团每名成员，经使团领导鉴定，其在华行为有违俄国声誉的，或在使团工作不满10年的，或满10年回国但在学习工作中没取得亚洲司为其制定相应成绩的，则没有权利得到上述奖励。

本守则所包含的所有原则适用于检查北京东正教使团，应向使团所有成员公布。

[以上摘自《中国福音报》1912年第8期（10月5日）]

附录四

俄罗斯东正教驻北京使团成员已出版论著目录①

一、阿列克谢·阿加福诺夫（殁于1794年），第六届使团学生，在华时间为1771—1781年。其著作见《中国书目》第1185—1190条。

1.《皇帝——大臣的朋友，或者康熙之子雍正所集满清皇帝康熙的朝廷政治训诫和道德标准》，123页，译自满文，彼得堡，1795年。该书为1788年出版的《圣祖圣训：圣德》的第2版（见本目录第4条）。见《中国书目》第1185条。

2.《忠经》，56页，译自汉文、满文，莫斯科，1788年。见《中国书目》第1186条。

3.《中国皇帝简明年表：摘自〈资治通鉴〉，附自中华帝国开始至1786年的中国纪年和罗马纪年》（从公元前2953年至清代），俄译本，56页，莫斯科，1788年。见《中国书目》第1187条。

4.《圣祖圣训：圣德》（1662—1722年康熙论生活行为准则），118页，译自满文，彼得堡，1788年。见《中国书目》第1188条。

5.《圣祖圣训：求言》，55页，译自满文，彼得堡，1788年。见《中国书目》第1189条。

6.《圣祖圣训：论治道》（1644—1661年顺治关于行为准则的训诫），101页，译自满文，彼得堡，1788年。见《中国书目》第1190条。

二、彼得·斯捷潘诺维奇·阿多拉茨基（教名尼古拉）（1849—1896），第十六届、十七届使团修士司祭，1882年入华，1886年离开北京，其著作见《中国书目》第4088、4089、4876、4877、5137、5138条。

---

① 本目录中使团成员按姓名字母排序，并注明其属第几届使团及在华时间；书籍目录从按字母顺序排列的第一位使团成员著作一贯而下。目录中第1—290条由柳若梅整理翻译，第291—373条由莫斯科大学亚非学院于捷老师整理翻译。翻译过程中参考了《俄苏中国学手册》一书中孙越生先生整理的"俄国的中国学家"和"发表中国问题文章的俄国报刊……"两节，整个目录由柳若梅最后统稿、定稿。

7.《天主教在华传教历史概貌》（为纪念俄国外交使团特使和成员而作），48页，喀山，1885年；另载《正教之友》1885年第9期，第24—69页。见《中国书目》第4088条。

8.《在华传教状况》，29页，喀山，1885年；另载《正教之友》1885年第5期，第68—96页。见《中国书目》第4089条。

9.《驻北京东正教使团活动第一时期及第二时期的历史资料》，9页，喀山，1888年；另见《正教之友》抽印本1888年第1期，第148—156页。见《中国书目》第4876条。

10.《东正教使团在华二百年》（修士司祭尼古拉按档案文件所进行教会历史研究，第一册为《东正教驻北京使团活动的第一时期（1685—1745）》，165页，喀山，1887年；第二册为《东正教驻北京使团活动的第二时期（1745—1808）》，534页，喀山，1887年。同时载《正教之友》1887年第2—10月；另见《正教之友》1887年抽印本，第162—367页。见《中国书目》第4877条。

11.《东正教驻中国使团的活动》，载《中国福音报》1912年第3期，第8—20页。见《中国书目》第5137条。

12.《东正教在华二百年》，载《朝圣者》1887年4—5月，第49—77页。见《中国书目》第5138条。

三、巴济列夫斯基·斯捷潘·伊万诺维奇（1822—1878），第十三届使团（1850—1858年在华）医生。其论著见《中国书目》第10911条。

13.《来自北京的经济研究消息》，载《内务部杂志》1852年2月，第263—267页。见《中国书目》第10911条。

内容概要：

引自与植物学家Ф.Б.菲舍尔的通信。

四、比丘林·尼基塔·亚科夫列维奇（教名亚金夫）Н. Я. (1773—1853)，第九届使团团长，在华时间为1807—1821年，其著作见《中国书目》第697、697 a、698、698 a、699、700、898、989、1152、1194、1195、1196、1197、1198、1199、1200、1201、1202、1203、1340—1356、1721、4174、4485、8494、8654、8937—8940、9703、10260、

10721—10723、11077、11757、11791、12143、12144、12546、14378、14490、14619、14620、14929、14930、14964、14987、14988、14989、15089、15261、15262、17640、17716、17717、17738、17893、18423、18424、18466、19291、19337、19513、19590条，以及1957年至近年来出版和再版的一些书籍。

14.《中国的民情和风尚》，共四部分，彼得堡，1848年；第一部分：185页；第二部分：145页；第三部分：154页；第四部分：179页，附图、表一幅。见《中国书目》第697条。

再版情况：

（1）第2版，第一部分：88；第二部分：66页；第三部分：75页；第四部分：89页，北京，1911—1912年；

（2）第3版，432页，莫斯科，2002年。

内容概要：

第一部分：国家体制基本情况；日历、度量衡、钱币；国家制度、经济；造船。

第二部分：刑法基本情况；皇室王公贵族；逃兵。

第三部分：教育；教学研究机构；根据生活活动划分居民；民间食品供应的计量，粮店。

第四部分：中国人的社会生活和个人生活；宫廷礼仪；民间习俗。

相关评论：

（1）《读书》1848年第91期，第1—24页；1849年第92期，第1—36页。

（2）《内务部杂志》（И.加拉宁）1848年第57期，第110—127页。

（3）杰米多夫奖第十七届颁奖大会（科瓦列夫斯基），第131—137页。

（4）《现代人》（В.Г.别林斯基）1848年第7期，第44—49页。

（5）《俄罗斯人》1848年第3期，第47—52页。

（6）《文集》1859年第四部分，第405—479页。

15.《中国，其居民、风俗、习惯与教育》，445页，附图表，彼得堡，1840年。见《中国书目》第697a条。

内容概要：

汉语及其书写，概要介绍关于中国的一些具体消息；谈中国的教育；学校；教育及天文机构；翰林院衙门；社会生活和个人生活；建筑的建造和位置；时间的计量；亲属称谓；宫廷和家庭礼仪；服饰；节日；饮食；法律；报纸；意识形态。

相关评论：

（1）《读书》1841年第14期，第33—37页，第49页，第1—60页。

（2）《文集》（先科夫斯基，巴伦·布拉姆别乌斯）1859年第四部分，第444—479页。

（3）《国民教育部杂志》（Ф.缅佐夫）1841年第30期，第142—157页。

16.《准噶尔和东突厥古今志》，译自《西域传》《前汉书》《西域闻见录》《西域同文志》，第一部分109页，第二部分363页，附3帧图片。见《中国书目》第698条。

内容概要：

前言；按字母表顺序解释书中古地名；准噶尔史地志。

相关评论：

《莫斯科电讯》1828—1829年，第533—543页。

17.《维尔斯特向克鲁森施滕所提关于中国的问题及作答》，63页，彼得堡，1827年。同时期的还有《北方档案》，1827年第29期，19卷，第220—238页；20卷，第307—328页；第30期，21卷，第45—67页。见《中国书目》第698a条。

内容概要：

高利贷；奴仆；资产阶级；纸币；同业会和行会；邮政；工厂；度量衡；商会；居民；饮食等。

18.《通讯院士亚金夫神父向皇家科学院通报的关于中国的具体消息》，19页，彼得堡，1837年；同时刊登于《国民教育部杂志》1837年第16期，第227—243页。见《中国书目》第699条。

内容概要：

中国行政区划；中华帝国的军事力量。

19.《中华帝国详志》，共两部分，附5页地图，上部分共310页和1个表格，下部分共348页，附1个表格，彼得堡，1842年。见《中国书目》

第700条。

再版情况：

第2版，311页，北京，1910年。

第3版，463页，莫斯科，2002年。

内容概要：

第一部分：疆界和名称；地理概貌；动物区系；植物区系；居民；宗教；教育；军队构成；民族工业；贸易；度量衡；钱币；邮政；国家预算；历史概貌；现代行政区划；统治形式；刑法；军队。

第二部分：满族在中国的统治；地理概貌；居民；教育；工业；贸易；行政区划；关于蒙古、东突厥和西藏；补充资料；茶工业；中国的水路；阿穆尔河志；朝鲜；古代中国。

20.《老子及其学说》，载《祖国之子》1842年第5期，第16—31页。见《中国书目》第898条。

21.《中国关于东西伯利亚的曼古特山洞的消息》，载《内务部杂志》1851年3月，第384—389页。见《中国书目》第989条。

22.《谈施密特关于成吉思汗墓碑上的蒙文新译》，载《芬兰通报》1847年第17期，第17—20页。见《中国书目》第1152条。

23.《古代中亚各民族历史地图地名表》，123页，彼得堡，1851年。见《中国书目》第1194条。

24.《关于蒙哥汗时期蒙古碑文之争的意见》，见修士大司祭阿瓦库姆的《在东西伯利亚寻找到的蒙哥汗时期的蒙古碑文》一书，彼得堡，1846年。同时载《芬兰通报》1848年第5期，第四部分；《东北亚古迹》，第1—6页，藏于列宁格勒谢德林公共图书馆。见《中国书目》第1195条。

25.《蒙古札记》，附蒙古地图及各类服装饰图，分上下卷，第一卷由两部分组成，243页，并附有4帧图片；第二卷由两部分组成，346页，彼得堡，1828年。见《中国书目》第1196条。

内容概要：

上卷：从北京到张家口；长城；从张家口到库伦；从库伦到恰克图；蒙古地理、政治、经济志。

下卷：蒙古民族史序言；蒙古历史；蒙古法律；扉页前有比丘林像。

相关评论：

《莫斯科通报》（М.波戈金）1828年第十二辑第23—24期，第300页。

26.《成吉思汗家族前四汗史》，译自《元史》和《通鉴纲目》，466页，附地图1帧，彼得堡，1829年。见《中国书目》第1197条。

27.《厄鲁特人或卡尔梅克人历史评述》，253页，彼得堡，1834年。见《中国书目》第1198条。

内容概要：

蒙古征服中国（第10页）；11—13世纪汉人在蒙古征战（第11—13页）；汉人同蒙古人、厄鲁特人的战争（第14—21页）；蒙古人的中国……（第67页）；谈判（第80页）；汉人将卡尔梅克人逐出西藏（第94页）；汉族人和厄鲁特人（第98、101、109—136、177—204页）；中国和俄罗斯（第190—200页）。

相关评论：

（1）《文集》（先科夫斯基）1859年第4期，第27—36页。

（2）《分析传言》1833年第46期，第307—308页。

（3）《读书》1838年第11期，第1—30页。

（4）《北方蜜蜂》1836年第3期。

28.《公元前2282年至公元1227年间西藏青海史》，附历史图表，译自汉文，第一部分289页，第二部分268页，另附图1帧，彼得堡，1833年。见《中国书目》第1199条。

内容概要：

第一部分：唐古特人的起源；同中国的政治关系及战争；中国的统治；中国与唐古特族；同中国的政治关系；西藏人的起源；同中国的关系；战争。

第二部分：唐古特人、契丹人和汉族人。

相关评论：

（1）《俄国皇家科学院资料：历史、语文和政治学》（施密特）1836年第1期，第33—39页。

（2）《北方蜜蜂》（先科夫斯基）1833年第21期，第83—84页；第22期，第87—88页。

（3）《传言》1833年第四—五卷第37—39期，第146—156页。

29.《北京志》，附1817年绘制的京师地图，译自清代吴元丰所辑

《宸垣识略》，148页，彼得堡，1829年。见《中国书目》第1200条。

再版情况：

第2版：107页，北京，1906年。

内容概要：

紫禁城；皇城；内城；长安门、安定门、平则门、西直门外的名胜古迹；外城；本书中一些问题的解释。

相关评论：

（1）《北方蜜蜂》1829年第116期。

（2）《莫斯科通报》1829年第30期，第238—242页。

30.《古代中亚各民族资料汇编》，分为三部分，附3帧大图，第一部分528页，第二部分183页，第三部分279页，附古代中亚各民族历史地名表计133页。彼得堡，1851年。见《中国书目》第1202条。

内容概要：

前言；论中国人的史书；匈奴；乌桓；鲜卑；柔然；回鹘；突厥；契丹；在中国东部生活的民族；西部中国。

相关评论：

（1）《第十八届杰米多夫奖颁奖致辞》（作者O.科瓦列夫斯基），彼得堡，1849年，第91—101页。

（2）《祖国纪事》（作者A.卡泽姆别克）1854年第五卷第84期，第1—34页。

（3）《国民教育部杂志》1851年第六卷第71期，第1—14页。

（4）《现代人》1851年第六卷第26期，第33—39页。

31.《古代中亚各民族资料汇编》，А.Н.别列斯坦和Н.В.屈纳编并写序言、做注释。第一——三卷，莫斯科、列宁格勒，1950—1953年。见《中国书目》第1203条。

内容概要：

第一卷：

第一部分：471页，插图是比丘林像，比丘林和他的著作（别列斯坦），第5—6页；比丘林译自汉语的作品（屈纳）；中部亚洲和南西伯利亚，蒙古概观。

第二卷：

第二部分和第三部分：335页，并附比丘林像。第二部分，满洲、朝鲜和日本；第三部分，中亚和东突厥。

第三卷：

332页，附录，1953年。古代中亚各民族历史地图地名表，索引，Б.А.马利克维奇，比丘林著作目录资料；Н.В.屈纳，文中拼音表，译名表部分由Г.А.格洛瓦茨基和Е.Т.杜布罗温编，注释部分由伯列斯坦、屈纳和С.П.托尔斯托夫编，中国历史地图部分由伯列斯坦编；西部地图，比丘林地图（收藏品）。

相关评论：

（1）《古代史通报》（作者Л.В.西蒙诺夫斯卡娅）1951年第3期，第137—142页。

（2）《现代民族学》（作者Г.Г.斯特拉塔诺维奇）1955年第2期，第166—169页。

（3）《塔什干共和国科学院消息》（作者А.А.谢苗诺夫）1952年第1期，第57—60页。

32.《中国皇帝每日起居》，载《莫斯科电讯》1828年第7期第四部分，第101—107页。见《中国书目》第1340、10721条。

33.《有形的和无形的法律的起源》（译自汉语），载《莫斯科电讯》1832年第48期第二十一部分，第3—33页；第二十二部分，第157—193页；第二十三部分，第285—316页；附图一张。见《中国书目》第1341条。

34.《厄鲁特人或卡尔梅克人历史评述》，载《内务部杂志》第八部分第3期，第283—303页；第4期，第371—413页；第5期，第36—111页。又载《彼得堡消息》，第171、176、178、180期（与本目录第27条的单行本内容有别）。见《中国书目》第1342条。

35.《中国，其居民、道德、习俗、教育》，载《祖国之子》1841年第二卷，第293—338页。见《中国书目》第1343条。

36.《中国的王公制度》，载《祖国之子》1843年第三卷（书）第二部分第五辑，第1—13页。见《中国书目》第1344、14378、19290条。

37.《蒙古人是什么人》（根据中文资料，与克拉普罗特的论辩），载《俄罗斯人》1850年第四部分，科学艺术卷，第85—92页。见《中国书目》第1345条。

38.《论中华帝国》（含至1790年的人口表、国家收入），载《祖国之子》1829年第一卷，第331—342、388—393页；第二卷，第8期，第24—33页（税收表）。见《中国书目》第1346条。

39.《谈中华帝国详志》，载《国民教育部杂志》第34期，1842年第5期第二辑，第31—48页。见《中国书目》第1347条。

40.《中国人的社会生活和个人生活》，载《祖国纪事》1840年第5期第十部第二辑，第1—36、63—103页；又载《国民教育部杂志》第27期，1840年第6期，第202—205页。见《中国书目》第1348、8494、10723条。

内容概要：

中国人关于自己的国家的地理著作，中国地图，中国行政区划和中国的名称。

41.《由孔子最先确立的、中国文人接受的中国历史基本原则》，载《祖国之子》1839年第七卷第一期第三辑，第1—11页。见《中国书目》第1349条。

42.《就比丘林关于蒙古人历史的著作的意见答克拉普罗特》，载《莫斯科电讯》1831年第39号第9期，第82—99页；第10期，第210—230页。见《中国书目》第1350条。

43.《中国全志节选》，载《祖国之子》1838年第2期，第97—137页。见《中国书目》第1351条。

44.《中国历史概要》，载《国民教育部杂志》1840年第28号第6期，第232—238页。见《中国书目》第1352条。

45.《中国历史概要》，载《祖国之子》1840年第5号第4期第一辑，第53—92页。见《中国书目》第1353条。

46.《中国杂讯》，载《北方档案》1828年第三十一卷第2期第五辑，第289—311页。见《中国书目》第1354条。

47.《中亚与法国学者》，载《俄罗斯人》1848年第三部分第6期，第87—127页。见《中国书目》第1355条。

内容概要：

致克拉普罗特对《蒙古札记》的批评意见，古代中国历史上对匈奴和乌桓的统治。

48.《准噶尔现状详评》（译自汉文），载《俄罗斯通报》1841年第四卷第9期，第615—636页。见《中国书目》第1356条。

内容概要：

节选自1821年出版的《新疆志聊》。

49.《中国的粮店》，载《农业报》1845年第74期，第585—590页；第75期，第593—598页；第76期，第601—608页；第77期，第609—613页。以上各篇摘要载《内务部杂志》（无署名）1836年第12期，第546—566页。见《中国书目》第1721条。

50.《传教士郭实腊》，载《国民教育部杂志》第七十一卷第6期，第232—234页；又载《现代人》，1851年第二十七卷，第111—126页。见《中国书目》第4174、19291条。

51.《致1816年抵北京的英国使团的谕令和文件》（译自汉语），载《北方档案》1825年第16期，第134—151页；1828年第32期，第199—218页；第34期，第3—39页。见《中国书目》第4485条。

内容概要：

共包含11条谕令。英国阿姆赫斯特使团。

52.《西藏现状》（译自汉语）译者序，附成都至日喀则道路彩图，249页，彼得堡，1828年。见《中国书目》第8654条。

内容概要：

第一部分：译者比丘林序。描述从成都至日喀则的路线。

第二部分：西藏史评、西藏道德习俗、法律。

相关评论：

（1）《莫斯科通报》1828年第10期，第167—178页。

（2）《祖国之子》1828年第9期，第101—104页。

（3）《莫斯科电讯》1828年第二十三部分，第329—334页。

（4）《北方蜜蜂》（先科夫斯基）1828年第72期，第75—78页。

53.《将中国和蒙古分开的长城》，载《祖国札记》1842年第二十二卷第6期，第79—83页。见《中国书目》第8937条。

54.《中国重镇评》，载《国民教育部杂志》第三十卷，1841年第6期，第142—153页。见《中国书目》第8938条。

55.《现为英师据点的中国滨海重镇评》，载《祖国札记》1841年第十五卷第3期，第1—12页。见《中国书目》第8939条。

56.《中国详讯》，载《国民教育部杂志》，第十六卷，1837年第10期，第227—243页。见《中国书目》第8940条。

57.《中华帝国地图》（比例尺为1英寸=200俄里），两页为满洲地图，另为《中华帝国详志》注释。彼得堡，1842年。见《中国书目》第10260条。

58.《1831年12月5日自伊尔库茨克来信摘录》（关于中国珍品），载《莫斯科电讯》，第十二部分，1831年第22期，第268—273页。见《中国书目》第10722条。

59.《中国农业》（附72种农具图），112页，两份表格，一幅插图，彼得堡，1844年。见《中国书目》第11757条。

60.《中国人的农历》（译自汉文），载《莫斯科电讯》1830年第7期，第163—281页。见《中国书目》第11791条。

61.《中国的粮食供应措施》，载《祖国札记》1839年第7期第二辑，第47—56页。见《中国书目》第12143条。

内容概要：

粮店组织。

62.《中国的粮店》，载《农业报》1845年第74期，第585—590页；第75期，第93—98页；第76期，第601—613页。以前曾简短地发表在《内务部杂志》上，见1836年第12期，第564—566页。见《中国书目》第12144条。

63.《中国的农业税》，载《俄罗斯人》1841年第六部分第12期，第370—384页。见《中国书目》第12546条。

64.《关于涅沃林文集的建议》，载《俄罗斯人》1844年第五部分第9期，第149—153页。见《中国书目》第14490条。

内容概要：

由涅沃林《法律常识百科》一书中关于中国法律的问题谈起。

65.《中国军人的培养》，载《国民教育部杂志》第三十三辑，1842年第6期，第153页；另载《祖国札记》，1841年第十九辑，第59—63页。见《中国书目》第14619条。

66.《中国的军事力量》，载《祖国之子》1840年第五辑第2期，第261—294页。见《中国书目》第14620条。

67.《俄国关于中国地理的滑稽认识》，载《彼得堡消息》1840年第186期。见《中国书目》第14929条。

68.《天主教传教士传入中国的关于欧洲的消息》，载《祖国札记》

1845年第四十辑第6期,第91—97页。见《中国书目》第14930条。

69.《再谈中国》,载《祖国之子》1842年第8期,第24页;1843年第4期,第26—35页。见《中国书目》第14964条。

内容概要:

必须保持正确的中国观,驳《中国人在天文学上的认识》一文。

70.《谈缅佐夫先生的〈论中国的启蒙教育状况〉一文》,载《国民教育部杂志》1840年第二十六辑第7期,第12—16页。见《中国书目》第14987条。

71.《三字经》(译自汉文),83页,彼得堡,1829年。见《中国书目》第14988条。

相关评论:

(1)《阿德奈》1830年第一部分第1期,第197—199页。

(2)《文学报》1830年第一部分第1期,第5—6页。

(3)《莫斯科电讯》1829年第三十卷,第454—458页。

(4)《北方蜜蜂》1829年第153期。

72.《看中国的教育》,75页,彼得堡,1838年。另载《国民教育部杂志》,第二十八辑,1838年第5期,第324—368页;第6期,第568—595页。见《中国书目》第14989条。

73.《论汉字的发音》,4页,彼得堡,1839年。见《中国书目》第15089条。

说明:

这是从《国民教育部杂志》第二十一卷第7期第9页上抽出的一篇文章,是对《汉文启蒙》一书的补充。

74.《汉语语法》(石印本),32页,恰克图,1831年。见《中国书目》第15261条。

75.《汉文启蒙》,265页,彼得堡,1838年。见《中国书目》第15262条。

再版情况:

第2版:151页,北京,1908年。

相关评论:

(1)《祖国之子》(H.波列伏依),1838年第四卷第4期,第1—36页。

（2）《科学院杰米多夫奖报告》（М.И.布罗塞），1839年，第33—44页。

76.《中国的祭祀活动》，附祭祀时服装、祭品、祭祀用器具、祭坛及祭坛内人物的位置、物品摆放图。北京，1906年（该书写于1844年）。见《中国书目》第17640条。

77.《佛教神话》（译自蒙文），载《俄罗斯通报》1841年第7期，第136—160页。见《中国书目》第17716条。

78.《佛教》（译自蒙文），载《国民教育部杂志》1841年第三十辑第6期，第174页；另载《俄罗斯通报》1841年第一卷第3期，第682—709页。见《中国书目》第17717条。

79.《谈萨满教》，载《祖国之子》1839年第6期，第73—81页；另载《军事学校教育者杂志》1841年第29期第二十九卷，第113期，第133—135页。见《中国书目》第17738条。

80.《分析克拉普罗特先生对于〈1820—1821经蒙古至中国游记〉法译本的评论和补充》，载《莫斯科电讯》1828年第二十一部分第12期，第467—486页；第二十二部分第13期，第50—65页。见《中国书目》第17893条。

81.《西伯利亚游记节选》，载《俄罗斯通报》1841年第10期，第74—94页。见《中国书目》第18423条。

82.《现代俄罗斯作家》，24页，莫斯科，1849年。见《中国书目》第18424条。

说明：

选自1849年第8期和第9期《俄罗斯人》。

83.《1830年9月克拉普罗特向巴黎亚洲协会提交的亚金夫神父关于蒙古历史的著作目录》（译自法文），载《莫斯科电讯》1831年第七辑，第360—377页；第八辑，第513—534页。见《中国书目》第18466条。

84.《亚金夫神父答克拉普罗特》，载《莫斯科电讯》1831年第9期，第82—99页；第10期，第210—230页。见《中国书目》第18466条。

85.《答克拉普罗特针对比丘林出版的关于蒙古历史的著作的意见》，载《莫斯科电讯》1831年第9期，第82—99页；第10期，第210—230页。见《中国书目》第19337条。

86.《比较中国、俄国、英国的度量衡》，载《祖国之子》1839年第8

期第六辑，第21页。见《中国书目》第19513条。

五、瓦西里·帕夫洛维奇·瓦西里耶夫（1818—1900），第十二届使团随团学生（硕士），1840—1849年间在华。其著作见《中国书目》第991—993、1039—1041、1206—1213、1370—1372、1731—1733、1957、1958、4850、4851、4909、4910、5183、5184、8516、8517、8765、8986—8991、9384、9705、9908、10265、10383、10507、12010、14933、15092—15095、15272—15275、15398—15401、15413、15468、15469、15571、15572、16330、17079、17643—17646、17673、17721、17722、17897、18000、18015、18556、18756、19206条。

87.《10—13世纪中亚东部的历史和古迹》（附《契丹国志》和《蒙鞑备录》译文，《皇家考古协会会刊》1859年第十三卷，第1—235页抽印本），235页，彼得堡，1857年。另载《俄国考古协会东方部著作集》1859年第4期，第1—230页。见《中国书目》第991条。

88.《阿穆尔河附近特尔山崖古迹铭文考》，载《科学院消息》第四卷，1896年第4期，第365—367页。见《中国书目》第992条。

89.《高昌柴达木地区鄂尔浑古迹上的汉文铭文》，载《鄂尔浑考察论集》第三辑，第59页（含汉文铭文和3幅图表），彼得堡，1897年。见《中国书目》第993条。

90.《长老暮年勋章和盛宴》，载《皇家考古协会消息》1858年第四辑，第217—223页。见《中国书目》第1039条。

91.《关于1877年8月在博尔加村发现的10—11世纪精美中国钱币》，载《喀山大学消息及教学札记》1879年第7—8期，第420—421页。见《中国书目》第1040条。

92.《就〈金皇陵〉一文致地理学会官员的信》，载《皇家地理学会消息》第二辑，1866年，第97页。见《中国书目》第1041条。

93.《军机大臣马思哈出巡北部边疆日记》（译自汉文，《皇家地理学会会刊》第六辑抽印本），6页，彼得堡，1883年。见《中国书目》第1206条。

94.《亚洲现状，中国的进步》（彼得堡大学1883年2月8日结业典礼上的演讲），载《皇家彼得堡大学1882年年度总结》，彼得堡，1883年，第24页；另见《亚洲地理、地形及统计资料汇编》，1884年，第17期。见《中国书目》第1207条。

内容概要：
对亚洲尤其是中国的状况的评论。

95.《清初对蒙古人的安抚》（译自《圣武记》，《俄国皇家地理学会会刊》第六辑抽印本），32页，彼得堡（无出版年代）。另见 Г.Н.波塔宁《蒙古北方札记概要》一书附录，第306页。见《中国书目》第1208条。

内容概要：
内蒙古和外蒙地区，青海和阿拉山地区的蒙古人。

96.《中国历史》（石印本），277页，彼得堡。见《中国书目》第1209条。

内容概要：
截至清代以前，从历史上看中国地理概要。

97.《汉语文选第一册注释》（汉语），145页，彼得堡，1896年。见《中国书目》第1210、15275条。

内容概要：
中国谚语，笑话，康熙家训，聊斋故事，军事活动史，中国和俄国的交往。

98.《汉语文选第二册注释》（石印本），125页，彼得堡，1844年。见《中国书目》第1211条。

内容概要：
《论语》俄译及注释本。

99.《汉语文选第三册注释》（《诗经》俄译及注释，石印本），160页，彼得堡，1882年。见《中国书目》第1212、15274条。

再版情况：
第2版：306页，彼得堡，1898年。

内容概要：
此版本为《诗经》的第一个公开出版的俄译本。

100.《元明两朝满洲人资料》，75页，彼得堡，1863年。载《彼得堡大学1859年结业典礼》，第83—157页。见《中国书目》第1213条。

内容概要：

摘自《满洲源流考》等中国史籍，并根据中国史籍得出1214—1582年间中国东北地区的历史概貌。

101.《问与疑》，载《俄国考古学会东方分会会刊》1889年第4期，第379—381页。见《中国书目》第1370条。

102.《古代中国地理地图》，载《俄国皇家地理学会通讯》1854年第2期，第91—94页；另载《国民教育部杂志》1854年6月号，第91—94页。见《中国书目》第1371、10265条。

内容概要：

根据中国的资料绘制的中国地图，已上交地理学会，曾保存在国家地理学会档案馆，现已遗失。

103.《成吉思汗和他的继承者年表》，载《俄国考古学会东方分会会刊》1889年第4期，第375—378页。见《中国书目》第1372条。

104.《北京日记节选》，载《俄罗斯通报》1857年第九卷第10期，第145—200页；第12期，第477—497页。见《中国书目》第1731、1957条。

105.《关于伊宁沦陷和俄国人占领伊宁的两份中国记录》，载《俄罗斯通报》1872年第五辑，第130—191页。见《中国书目》第1732条。

106.《亚洲现状和中国的进步》（大部分节选自1883年彼得堡大学结业典礼上的讲话），载《东方评论》1883年第10期，第3—5页；第11期，第10—12页；第13期，9—12页。见《中国书目》第1733条。

107.《东突厥状况》，载《突厥学论集》第77期，第385页。摘自《市场管理》，1874年，第98期。见《中国书目》第1958条。

108.《法国和中国的碰撞》，载《东方评论》1883年第46期，第1—2页。见《中国书目》第4850条。

109.《中法战争》，载《东方评论》1884年第36期，第1—3页；第37期，第2—3页。见《中国书目》第4851条。

110.《瓦西里耶夫院士的〈发现中国〉一文及其他文章》（附作者像），172页，彼得堡世界历史通讯杂志社，1900年。见《中国书目》第4909条。

内容概要：

瓦西里耶夫的回忆，俄罗斯和欧洲人对中国的态度，北京回忆，俄中条约，中国的伊斯兰教，中国的进步。

111.《俄中条约》，61页，彼得堡，1862年。摘自《北方蜜蜂》1862年第52期和第54期。见《中国书目》第4910条。

内容概要：

从斯帕法里使团到克罗波托夫使团。

112.《东方和西方》，载《东方评论》1882年第1期，第2—5页。见《中国书目》第5183条。

113.《我们对中国的态度》，载《东方评论》1882年第8期，第5—7页。

114.《西藏地理》（译自西藏文献），95页，彼得堡，1895年。见《中国书目》第8516条。

内容概要：

第1—69页为西藏情况，第69页之后是关于印度的情况。

115.《满洲志》，109页，彼得堡，1857年。另载《俄国地理学会会刊》1857年第十二辑，第1—109页。见《中国书目》第8517条。

116.《俄国皇家地理学会消息1880年总结》，载《古今俄国》1881年第1期，第175—176页。见《中国书目》第8765条。

117.《宁古塔纪略》，载《俄国皇家地理学会会刊》1857年第12期，第79—109页。见《中国书目》第8986条。

118.《土城》，载《俄国皇家地理学会消息》1865年第一辑第2期，第173页。见《中国书目》第8987条。

119.《北部蒙古的河流状况》（摘自中国地理著作），载Г.Н.波塔宁的《蒙古西北概貌》第三册，彼得堡，1883年，第252—265页。见《中国书目》第8988条。

120.《突厥游记》（西藏），载《俄国地理学会消息》第九卷，1873年第10期，第380—381页；另载《突厥学论集》第八十三卷，第49页。见《中国书目》第8989条。

121.《关于选拔去中国的旅行者的建议》，载《俄国地理学会消息》，1889年第二十五卷第三册附录部分，第23—28页。见《中国书目》第8990条。

122.《中亚和中国辖区内的主要山脉》，载《国民教育部杂志》1853年第2期，第117—132页。见《中国书目》第8991条。

123.《注入阿穆尔河的主要河流》（译自汉文），载《俄国皇家地理学会通报》1857年第十九辑第二册，第109—123页；1858年第二十三辑，第25—36页。见《中国书目》第9384条。

124.《北京回忆》，13页，彼得堡，1861年。见《中国书目》第9705条。

内容概要：

摘自《北方蜜蜂》，地理位置，简要历史概貌，日常生活。

125.《论满洲存在活火山》，载《俄国皇家地理学会通报》1855年第5期，第31—36页。见《中国书目》第9908条。

126.《图申图汗盟的游牧区》（节选自《蒙古游牧记》），载Н.Г.波塔宁的《西北部蒙古概貌》，第三册，彼得堡，1883年，第266—293页。见《中国书目》第10383条。

127.《臣服俄国不久的中国人》，载《东方评论》1884年第2期，第1—3页。见《中国书目》第10507条。

内容概要：

移民东干人。

128.《中国的饲料草》，载《喀山省管理》1851年第5期，第563—564页；另载《读书》1852年第113期，第3—4页。见《中国书目》第12010条。

129.《中国的进步》，载《东方评论》1884年第40期，第8—9页。见《中国书目》第14993条。

内容概要：

把"实用"科学引入中国的尝试。

130.《汉字解析》（石印本），94页，彼得堡，1866年。见《中国书目》第15092条。

内容概要：

语言的一般概念，汉字的结构，声调表，语音的范畴，偏旁。

131.《汉字解析》，第2版第一部分由伊万诺夫斯基编辑。133页，彼得堡，1898年。见《中国书目》第15093条。

内容概要：

汉字外形图解，汉字的范畴，偏旁，语音部分，字根。

132.《汉字解析》第二部分"汉字的要素"。106页，彼得堡，1884

年。见《中国书目》第15094条。

内容概要：

按字形体系分析汉字。

133.《汉语同中亚语言的关系》（《国民教育部杂志》抽印本，1872年第一百七十三辑第二册，第82—124页），142页，彼得堡，1872年。见《中国书目》第15095条。

134.《汉语文选》，第一卷，162页，彼得堡，1868年。见《中国书目》第15272条。

再版情况：

第2版：彼得堡，1883年。

第3版：彼得堡，1890年。

135.《汉语文选》，第二部分"论语"，附中文原文，89页，彼得堡，1868年。见《中国书目》第15273条。

136.《汉语文选》，第三册，《诗经》，203页，彼得堡，1868年。

137.《初级满语文选》，228页，彼得堡，1863年。见《中国书目》第15398条。

138.《满俄词典》（石印本），142页，彼得堡，1866年。见《中国书目》第15399条。

139.《确定拼读基本原则的必须性》（与В.拉德洛夫和К.扎列曼合著，内有满语读音规则），75页，彼得堡，1888年。见《中国书目》第15400条。

相关评论：

见《东方评论》（Н.Ф.卡塔诺夫）1889年第7期，第11页。

140.《普通语言学基础》（与В.拉德洛夫和К.扎列曼合著），彼得堡，1888年。见《中国书目》第15401条。

141.《谈扎哈罗夫教授的满俄大词典》（与И.П.米纳耶夫合写），载《俄国皇家地理学会消息1877年年度总结》附录1，第6—15页。见《中国书目》第15413条。

142.《汉字的字形体系》（抽印本26页），载《国民教育部杂志》1856年第12期，第333—358页。见《中国书目》第15468条。

143.《汉字的字形体系，第一部大学汉语词典试编》，472页，彼得堡，1867年。见《中国书目》第15469条。

相关评论：

载《俄国皇家地理学会1870年度总结》附录1（И.И.扎哈罗夫），第104—109页。

144.《中国文学史资料》。见《中国书目》第15571条。

145.《中国文学史》（在Ф.科尔什、К.Л.皮卡尔编《世界文学史》中），163页，彼得堡，1880年。见《中国书目》第15572条。

146.《诗经译解》，附《汉语文选第三册注释》，171页，彼得堡，1882年。见《中国书目》第17079条。

147.《佛教及其教义·历史和文献》，第一部分，总论，365页，彼得堡，1857年。见《中国书目》第17643条。

相关评论：

（1）《祖国纪事》（И.Н.别列津）1857年第123期，第104—121页。

（2）《国民教育部杂志》1857年第95期，第1—16页。

148.《佛教及其教义·历史和文献》（附杜波罗留波夫评论），第三部分，印度佛教史（译自藏语的达拉那塔文集），310页，彼得堡，1869年。见《中国书目》第17644条。

149.《中国的穆斯林运动》（译自汉语），载《1867年12月2日彼得堡大学结业典礼》，彼得堡，43页。见《中国书目》第17645条。

150.《东方的宗教·儒教、佛教和道教》，183页，彼得堡，1873年。另载《国民教育部杂志》1873年4月号，第239—310页；5月号，第29—107页；6月号，第260—293页。见《中国书目》第17646条。

相关评论：

《国民教育部杂志》（И.米纳耶夫）1874年第3期，第127—148页。

151.《〈从西伯利亚的佛教徒看佛教〉一书书评》，载《国民教育部杂志》第四卷第100期，第89—104页。见《中国书目》第17673条。

152.《佛教概述》，载《科学院消息》，丛书第5套第10期，第337—354页；第6套第10期，第393—402页。见《中国书目》第17721条。

153.《由毗奈耶（大乘）而全面发展的佛教》，载《东方简讯》，彼得堡，1895年，第1—7页。见《中国书目》第17722条。

154.《论俄国东方语言教学》，载《东方评论》1866年第7期，第7—

10页；第8期，第8—10页。见《中国书目》第17897条。

155.《谈喀山大学图书馆藏佛教史书籍》，载《皇家科学院学术论丛》第三卷第一册，1955年，第1—33页。见《中国书目》第18000条。

156.《彼得堡大学藏东方书籍》，载《俄罗斯通讯》1875年第11期，第305—343页。见《中国书目》第18015条。

157.《回忆И.И.扎哈罗夫》（《国民教育部杂志》1855年抽印本第11期，第94—100页），19页，彼得堡，1855年；另载《历史通讯》1855年第2期，第481页。见《中国书目》第18556条。

158.《瓦西里耶夫院士评波塔宁的著作》，载《1881年俄国皇家地理学会年度报告》。见《中国书目》第19296条。

六、维诺格拉多夫·亚历山大·尼古拉耶维奇（阿列克谢）（1845—1919），第十六、十七届使团修士司祭，1881—1887年间在华，1895—1898年作为第十八届使团修士司祭再次来华。其论著见《中国书目》第1216、4070、4157、17649、17899、19304条。

159.《在阿西罗-瓦维洛尼亚、波斯和中国的皇帝宗法时代。历史文献上的犹太人、穆斯林和宗法时代的编年史及理论（新发掘并经过科学鉴定的）》，《东方〈圣经〉史》一书的附录，85页，彼得堡，1898年。关于中国的内容见书中第7—12、15—23、48—62、62—78页。见《中国书目》第1216条。

160.《利玛窦同中国学者的传教对话：谈基督教与多神教·16—18世纪中国教会罗马天主教文献》，128页，彼得堡，1889年。见《中国书目》第4070条。

161.《西方基督教会在中国的历史概貌，其任务、方法、手段、困难，在中国传教特别是建立学校的范围》，载《正教之友》1886年第6期，第136—192页；第8期，第397—409页；第9期，第43—64页；第10期，第189—206页；第12期，第421—439页（抽印本，73页，喀山，1886年）。见《中国书目》第4157条。

162.《东方〈圣经〉史·〈圣经〉翻译可行、不可行的条件和方法，向汉族人、蒙古族人、满族人、藏族人、朝鲜人、日本人、波斯人、土耳其人、阿拉伯人、阿比西亚人、亚美尼亚人、格鲁吉亚人等传教》，彼得堡，1889—1895年。见《中国书目》第17649条。

内容概要：

本书提供了很多有关中国宗教问题的材料。

163.《俄国驻北京东正教使团和外交使团成员的中文藏书和学术论著》（附录为书目、地图和图片）（中文书名已译成俄语），85页，彼得堡，1889年。见《中国书目》第17899、19304条。

七、弗拉德金·阿列克谢，第二届使团（1729—1735年在华）学生，1732年入华。其论著见《中国书目》第1377、1378条。

164.《中国笑话》（译自汉语），载《祖国之子》1839年第十二辑，第86—92页。见《中国书目》第1377条。

165.《唐代皇帝的军令·中国历史笑话》，载《缪斯》1796年第4期，第193—197页。见《中国书目》第1378条。

八、安东·弗拉德金(1760—1811)，第七届使团（1781—1794年在华）学生。其论著见《中国书目》第859、860、861条。

166.《金镜子·宋太宗皇帝的思想》（译自汉文和满文），载《祖国之子》1839年第十辑第二部分，第97—104页。见《中国书目》第859条。

167.《老子和他的学说》，载《祖国之子》1842年第二辑，第16—34页。见《中国书目》第860条。

168.《名相集，或诸子百家之说》（译自汉文），载《祖国之子》1839年第七辑，第104—114页。见《中国书目》第861条。

九、戈尔斯基·弗拉基米尔·瓦西里耶维奇（1819—1847），第十二届使团学生，1840年入华，1847年殁于北京。其论著见《中国书目》第1394、1395、5225、5226条。

169.《来自北京的两封信》，载《祖国纪事》第二十八辑，1843年5月号，第15—20页。见《中国书目》第5225条。

170.《俄国东正教驻北京使团历史上的一页》（传教士的信），载《神学通报》1897年5月号，第225—239页；8月号，第158—175页；10月号，第103—113页；11月号，第254—266页。1898年1月号，第89—100页；2月号，第230—241页；4月号，第61—80页，6月号，第342—359页；8月号，第202—224页；10月号，第92—102页；11月号，第212—226页；12月号，第361—372页。见《中国书目》第5226条。

171.《满洲王室的崛起》，载《俄国东正教驻北京使团成员论著集》第一卷，1852年，第1—187页。见《中国书目》第1394条。

内容概要：

满洲王朝的历史。

172.《论当今统治中国的清朝的始祖及满族的起源》，载《俄国东正教驻北京使团成员论著集》第一卷，1852年，第189—244页。见《中国书目》第1395条。

十、戈什克维奇·约瑟夫·安东诺维奇（1814—1875），第十二届使团学生（1839—1848年在华）。其论著见《中国书目》第9721、11080、11081、11819、11820、12012条。

173.《香港》，载《俄国东正教驻北京使团成员论著集》第三卷，1857年，第393—409页。见《中国书目》第9721条。

174.《中国算盘》，载《俄国东正教驻北京使团成员论著集》第二卷，1853年，第169—194页。见《中国书目》第11080条。

175.《中国人生产墨、白粉和胭脂的方法》，载《俄国东正教驻北京使团成员论著集》第一卷，1852年，第361—382页。见《中国书目》第11081条。

176.《御稻米或香稻米》，载《俄国东正教驻北京使团成员论著集》第三卷，1857年，第125页。见《中国书目》第11819条。

177.《山药的培植》，载《俄国东正教驻北京使团成员论著集》第三卷，1857年，第119—124页。见《中国书目》第11820条。

178.《蚕业》（译自汉文），载《俄国东正教驻北京使团成员论著集》第三卷，1857年，第411—450页。见《中国书目》第12012条。

十一、格里鲍夫斯基·索夫罗尼（？—1814），第八届使团（1794—1807年在华）团长。其论著见《中国书目》第1293、1396、9063条。

179.《关于现在中国即现在的满清的消息》，97页，莫斯科，1861年。另载《莫斯科大学莫斯科历史和古俄罗斯学会讲座》1861年第1期，第23—119页。见《中国书目》第1293条。

内容概要：

介绍了中国人的日常生活、道德习俗和一些历史事件，如李自成起义，是一些个人的观察。

相关评论：

《祖国之子》（A.希特罗夫）1861年第44期，第1316—1321页。

180.《孙子兵法摘译》（译自法译本），载《军事杂志》1818年第二辑，第1—5页。见《中国书目》第1396条。

181.《修士大司祭索夫罗尼·格里鲍夫斯基1808年从北京至恰克图之行》，载《西伯利亚通报》1823年第1期，第1—62页。见《中国书目》第9063条。

十二、扎哈罗夫·伊万·伊里奇（1814—1885），第十二届使团学生（1840—1849年在华）。其论著见《中国书目》第10089、10443、12161、15412、15413、15469条。

182.《生长在中国、突厥和伊犁的甜高粱、粮食作物》，载《自由经济学会论集》第三卷第2册，第179—190页；另载《莫斯科农业杂志》，1857年。见《中国书目》第10089条。

183.《中国人口问题史评》，载《俄国东正教驻北京使团成员论著集》第一卷，1852年，第247—360页。见《中国书目》第10443条。

184.《中国土地所有制问题》，载《俄国东正教驻北京使团成员论著集》第二卷，1853年，第1—96页。见《中国书目》第11820条。

185.《满语语法》，330页，彼得堡，1879年。

186.《满汉大词典》，1165页，彼得堡，1875年。见《中国书目》第15413条。

相关评论：

《扎哈罗夫教授的〈满汉语大词典〉的影响》（В.П.瓦西里耶夫和И.П.米纳耶夫），载《俄国皇家地理学会1877年总结》附录1，第6—15页。

187.《评瓦西里耶夫教授的汉字解析》，载《俄国皇家地理学会1870年总结》附录，第104—109页。见《中国书目》第15469条。

十三、伊戈列夫·列夫·斯捷潘诺维奇（1823—1880），随第十四届使团来华的画家，在华时间为1858—1864年。其文章见《中国书目》第9144条。

188.《俄罗斯画家的京郊山行》，载《恰克图快报》1862年第18期，第4—12页。见《中国书目》第9144条。

十四、加缅斯基·帕维奇·伊万诺维奇（1765—1845），教名彼得，第十届使团团长，在华时间为1821—1830年。其论著见《中国书目》第918、4961、5256、14789、17748、17960条。

189.《中国人的美德与罪过的镜子》（译自满文），载《国民教育司杂志》1821年第3期，第153—157页。见《中国书目》第918、17748条。

190.《雅克萨俄罗斯人札记》，17页，北京，1906年。见《中国书目》第4961条。

191.《俄国的亚洲边疆纪行》，530页，彼得堡，1868年；另见《突厥论集》第九卷，第1—528页。

内容概要：

俄中新旧条约，第300—386页，补充条款，第524—526页。

相关评论：

（1）《俄国皇家地理学会消息》1868年第四卷第3期，第248—249页；

（2）《突厥论集》第九卷，第530—531页。

192.《1676年即康熙十五年被派中国的俄国使臣尼古拉·加夫利罗维奇·斯帕法里在北京期间记事》（译自满文），载《西伯利亚通报》1823

年第3期，第29—50、51—82、83—100页。见《中国书目》第5256条。

193.《中国植物人参》（附图），载《自由经济学会论集》1815年第67期，第158—162页。

194.《科学院图书馆藏汉语和日语书籍目录》（与利波夫措夫合编，书名均已译成俄语），57页，彼得堡，1818年。见《中国书目》第17960条。

十五、卡法罗夫·彼得·伊万诺维奇（1817—1878），教名帕拉季神父，第十二届使团修士辅祭，第十三届使团团长，第十五届使团团长。其论著见《中国书目》第1135、1455—1459、1888、4964、5133、5308、5309、8585、8586、9168—9175、10533、10534、10761、10762、10845、14284、14566、14936、14937、15504、17750—17753条。

195.《评帕杰林的〈喀喇昆仑山和鄂尔浑河附近的其他遗址〉》，载《俄国皇家地理学会消息》1873年第九辑，第355—360页。见《中国书目》第1135条。

196.《对"喀拉中国"和"喀拉中国族"名称的看法》（帕拉季神父的信），载《俄国皇家地理学会消息》1874年第十辑第8期，第354—355页；另载《突厥论丛》第77卷，第378页。见《中国书目》第1455条。

197.《从满洲的历史看乌苏里地区的历史概貌》，8页，彼得堡，1879年；另载《俄国皇家地理学会会刊：世界地理》1879年第三辑第二卷，第221—228页。见《中国书目》第1456条。

198.《关于成吉思汗的中国古代传说》（译自汉语），载《东方论丛》1877年第一辑，第149—294页。见《中国书目》第1457条。

199.《十三世纪上半叶中国人张德辉蒙古旅行记》，载《俄国地理学会西西伯利亚分会会刊》第九—十辑，1867年，第582—591页。见《中国书目》第1458、9175、14936条。

200.《关于成吉思汗的蒙古古代传说》（译自汉文，带注释），载《俄国东正教驻北京使团成员论著集》第四卷，1866年，第1—258页。见《中国书目》第1459条。

内容概要：

一、译者前言；

二、正文；

三、注释；

四、成吉思汗家族宗谱。

201.《1858年北京日记摘录》（1月17日至8月6日），载《海事文汇》1860年第9期，第483—509页；第10期，第88—105页。见《中国书目》第1888条。

内容概要：

1858年5月8日在溏沽同英国人的战争；中国南方风潮；与俄国缔结条约；英中条约；参加溏沽战争的将士的命运。

202.《帕拉季神父1858年的日记》（《外交部消息》1912年第二辑第224—282页的抽印本），58页，彼得堡，1912年；《海事文汇》1860年第9期第483—509页、第10期第88—105页刊登了日记摘录。见《中国书目》第4964条。

内容概要：

帕拉季神父在太平天国起义期间以及伊格纳季耶夫在京期间所记的日记。

203.《修士大司祭帕拉季神父论哥萨克佩特林中国之行观感》，载《俄国考古学会东方分会会刊》1891年第6期，第305—308页。见《中国书目》第5308、9169条。

204.《十四世纪上半叶在中国的俄国居民》，载《宗教对话》1863年第十八辑，第27期，第368—370页；另见《再现古风》1894年第1期，第65—67页。见《中国书目》第5309条。

205.《1847年和1859年蒙古旅行观感》（附贝勒施奈德所绘东部蒙古路线图）（《俄国皇家地理学会会刊·世界地理卷》第二十二辑，1892年第一册抽印本），248页，彼得堡，1892年。见《中国书目》第8585条。

206.《修士大司祭帕拉季评马可波罗的华北之行》（附卡法罗夫像，Н.И.维谢洛夫斯基做前言），47页，彼得堡，1902年。见《中国书目》第8586、9170条。

207.《1858年日记摘录》，载《海事文汇》第五十辑1860年8月第9期非正式部分，第483—509页；9月非正式部分，第88—105页。见《中国书目》第9168条。

208.《天津和上海之间的海上交通》,载《俄国东正教驻北京使团成员论著集》第三卷,1857年,第383—392页。见《中国书目》第9171、14284条。

209.《通过中国及其属国的商路》,载《俄国皇家地理学会会刊》第四辑,1850年,第224—259页。见《中国书目》第9172条。

210.《西游记》,载《俄国东正教驻北京使团成员论著集》第四卷,1866年,第259—434页。见《中国书目》第9173、14937条。

211.《从海参崴至长崎》,载《俄国皇家地理学会消息》第八辑,1872年,第1—7页。见《中国书目》第9174条。

212.《乌苏里地区的满人》,载《俄国皇家地理学会消息》第七辑,1871年,特刊2,地理消息,第369—377页。见《中国书目》第10533条。

213.《南乌苏里地区的民族学考察》,载《俄国皇家地理学会消息》第六辑,1870年,第2期,地理消息,第176—178、233—238页;第七辑,1871年,地理消息,第91—97页,第262页,第325—327页。见《中国书目》第10534、10762、10845条。

214.《京郊寺庙的一周》,载《现代人》1863年第6期,第403—438页。见《中国书目》第10761条。

215.《汉俄合璧韵编》(附帕拉季神父像),北京同文馆,1888年,第一卷,736页;第二卷,737页。见《中国书目》第15504条。

内容概要:

Ⅱ.C.波波夫的前言中有帕拉季·卡法罗夫的生平介绍。

相关评论:

(1)载《俄国考古学会东方分会会刊》1890年第5期,第324—325页;

(2)载《敖德萨新闻》1890年,第9页。

216.《古代佛教的历史概论》,载《俄国东正教驻北京使团成员论著集》第二卷,1853年,第97—168页。见《中国书目》17750条。

217.《中国的伊斯兰文献》,载《俄国考古协会东方分会会刊》1877年第17期,第149—188页。见《中国书目》第17751条。

内容概要:

介绍刘至亮的汉语伊斯兰文集《御览至圣实录》的内容。

218.《从北京的一所清真寺看中国的伊斯兰教徒》，载《俄国东正教驻北京使团成员论著集》第四卷，1866年，第435—460页。见《中国书目》第17752条。

219.《从中国的史料看基督教在中国的古代遗迹》，载《东方论丛》第一卷第一册，1872年，第1—64页。

十六、科瓦列夫斯基·叶戈尔·彼得罗维奇（1809—1868），第十三届使团的监督官（1850—1858年间在华）。其著作见《中国书目》第1788、8593、8594、9486条。

220.《1849年和1850年的中国》（旅行笔记），载《祖国纪事》1853年第3期，第1—46页；第4期，第1—38页。见《中国书目》第1788条。

内容概要：

北京；城市；日常生活；道观；国家体制；茶；鸦片；鸦片进入中国；鸦片的传播。

221.《科瓦列夫斯基的中国之行》，共两卷，上卷203页（含两页的插图），下卷219页（含两页插图），1853年，彼得堡。见《中国书目》第8593条。

内容概要：

集训并派往国外；俄罗斯人同中国的接触；组建使团的原因；取道蒙古；张家口；宣化府；北京城；从边界到北京的记录。

相关评论：

（1）见《俄国皇家地理学会通报》1853年第9期，第55—62页；

（2）见《现代人》1853年，第39—48页；

（3）见《祖国纪事》1853年第31期，第1—5页；

（4）见《俄罗斯人》1853年第22期，第9—20页；

（5）见《光线》1853年第12期，第397—409页；

（6）见《读书》1853年第22期，第21—23页。

222.《海陆旅行者》（四部分，附作者像和生平），载《科瓦列夫斯基选集》，474页，插图1页；另见《突厥学论集》第三十二卷，第1—

238页。见《中国书目》第8594条。

内容概要：

伊宁之行（第178—205页）。

223.《一位俄国军官从谢米帕拉京斯克进入中国国境遇的日记摘抄》，载《军事学校教育者杂志》1846年第245期，第7—27页。见《中国书目》第9486条。

十七、科瓦列夫斯基·奥西普·米哈依洛维奇（1800—1878），随第十一届使团来华的蒙学家，在华时间为1830—1841年。其论著见《中国书目》第697、1468—1470、4100、4290、4291、14965、17962、18004—18006条。

224.《契丹》，载《国民教育部杂志》1839年第二十四辑第二册，第132—167页。见《中国书目》第1468条。

225.《17世纪中期中国的政治转折》，载《国民教育部杂志》1840年第二十五辑第二册，第132—167页。见《中国书目》第1468条。

226.《康熙王朝》，载《国民教育部杂志》1839年第二十二辑第五册，第81—102页。见《中国书目》第1470条。

内容概要：

康熙和耶稣会士；平定噶尔丹；中国和俄国。

227.《论欧洲人对亚洲的认识》（1837年8月8日奥西普·科瓦列夫斯基在喀山大学全校大会上的讲话），17页，喀山。见《中国书目》第4100条。

再版情况：

第2版，17页，1839年。

228.《1849—1850年间的中国》，载《国民教育部杂志》第二十八辑1840年第6期，第2—4页。见《中国书目》第4290条。

内容概要：

鸦片贸易；吸食鸦片。

229.《论欧洲人对亚洲的认识》，载《国民教育部杂志》第二十六辑1837年第11期，第251—272页。见《中国书目》第4291条。

230.《中国的农历》（《喀山大学学刊》1835年第一辑，第111—138

页抽印本），28页，喀山，1834年；另载《国民教育部杂志》1836年第十一卷第8期，第463—467页。见《中国书目》第14965条。

231.《科学院的中国藏书》，载《国民教育部杂志》第三十辑第6期，第6—22页，见《中国书目》第17692条。

232.《喀山大学图书馆藏梵文、蒙文、藏文、满文和汉文书籍、手稿目录》，30页，喀山，1834年；另载《喀山大学学刊》1824年第11期，第263—292页。见《中国书目》第18004条。

233.《谈北京方面为喀山大学所做的工作》，载《喀山通报》1833年第33期。见《中国书目》第18005条。

234.《论皇家喀山大学亚洲语言教学的建立及其成就》，38页，喀山，1842年；另载《国民教育部杂志》1843年6月，第50—78页。见《中国书目》第18006条。

十八、科瓦尼科·阿列克谢·伊万诺维奇，第十一届使团随团学生，在华时间为1830—1841年，其文章见《中国书目》第9838、11288条。

235.《京郊的地质状况》，载《矿山杂志》1838年第二辑第二册，第34—59页。见《中国书目》第9838条。

236.《看京郊》，载《矿山杂志》1839年第4期，第34—81页。
内容概要：
采矿业。

十九、科尔尼耶夫斯基·彼得·阿列克谢耶维奇（1833—1878），第十四届使团医生，在华时间为1858—1864年。其论著见《中国书目》第14807—14810、17220条。

237.《中国人的内科学》，载《俄国医生协会记录》，1862—1863年，第265—279页。见《中国书目》第14807条。

238.《中国的太医院》，载《俄国医生协会记录》，1862—1863年，第33—54页。见《中国书目》第14808条。
相关评论：
（A.A.塔塔林诺夫）《分析科尔尼耶夫斯基的"太医院"》，载《俄国医生协会记录》，1862—1863年，第68—71页。

239.《中医史资料》，112页，第比利斯，1877年（即《医学论丛》第24期附录，并另载《医学论丛》1876年，第24、25期）。见《中国书目》第14809条。

240.《论中医》，载《医学通报》1876年第36期，第421—436页；第37期，第434—435页；第38期，第446—447页；第39期，第458—459页；第40期，第469—471页；第41期，第482—483页；第43期，第506—507页。见《中国书目》第14810条。

内容概要：

中医应该学些什么。

241.《中医歌诀》，载《现代医学》1864年第32期，第521—528页；第33期，第537—544页；第34期，第533—560页。见《中国书目》第17220条。

二十、克雷姆斯基·孔德拉特·格利戈里耶维奇（1800？—1861），第十届使团学生，在华时间为1821—1830年。其论著见《中国书目》第804、14819条。

242.《孔子学说的本质》，45页，北京，1906年。见《中国书目》第804条。

再版情况：

第2版：1913年。

243.《中国植物人参》（译自汉语），载《自由经济协会论集》1850年第三辑第7期第三册，第27—29页。见《中国书目》第14819条。

二十一、库利奇茨基·亚历山大（1823？—1888），第十四届使团修士司祭，在华时间为1858—1864年。其论著见《中国书目》第10779条。

244.《中国人的婚姻》，77页，北京，1908年。另见《中国福音报》1907年第7—8期，第21—24页；第16—17期，第17—21页。1908年，第23—24期，第2—11页；第25—26期，第14—18页；第23—30期，第20—

23、29—32页。1909年第2期，第29—31页；第3—4期，第20—28页。见《中国书目》第10779条。

内容概要：

中国人的婚姻；婚礼的形式。

二十二、拉德任斯基·米哈依尔·瓦西里耶维奇，第十一届使团监督官，在华时间为1830—1841年。其论著见《中国书目》第5244条。

245.《北京日记（自1830年12月1日起）》，载《中国东正教兄弟会消息》1907年第42—55期。另见《中国福音报》1907年第3—4期；1908年第14—17、20—22、25—32、34期；1909年第2—10期；1910年第2—22期；1911年第8—13期；1912年第7期；1913年第5—28期。总187页。见《中国书目》第5244条。

二十三、列昂季耶夫·阿列克谢·列昂季耶维奇（1716—1786），第三届、第四届使团学生，在华时间为1744—1755年。其论著见《中国书目》第748、808—811、877、899、999、1259—1262、1285、1485、1796、5095、10783、11779、14475、14481、14487、15022、17666条。

246.《中国及其属国、藩国基本情况概要》（译自《大清一统志》），332页，彼得堡，1778年。见《中国书目》第748条。

247.《格言》（译自汉语），112页，彼得堡，1776年。见《中国书目》第808条。

再版情况：

第2版，106页，彼得堡，1779年。

248.《中国人德佩》，50页，彼得堡，1771年。见《中国书目》第809条。

249.《中庸》俄译本，116页，彼得堡，1784年。见《中国书目》第810条。

250.《四书解译》俄译本，125页，1780年，彼得堡。见《中国书目》第811条。

内容概要：

序言部分为康熙御批；《大学》全文。

251.《雍正遗诏》俄译本，79页，莫斯科，1954年。见《中国书目》第877、1485条。

252.《名臣奏议》，载《雄蜂》，1770年2月23日；另见《诺维科夫的讽刺杂志》一书第209—212页、第550页，莫斯科、列宁格勒，1951年。见《中国书目》第899条。

253.《在中国公元781年石刻汉语的传播耶稣救世说布道词》（译自保存在皇家科学院图书馆的拓印本），10页，彼得堡，1784年。见《中国书目》第999条。

254.《中国思想》（译自满语、汉语），209页，彼得堡，1772年。见《中国书目》第1259条。

内容概要：

雍正圣谕；从2世纪至18世纪中国有学问的官员给皇帝的谏言；孙子兵法。

再版情况：

第2版，共331页，彼得堡，1786年，在第1版的基础上增加了《世袭官员德佩》一文。

255.《圣谕广训》俄译本，62页，彼得堡，1788年。见《中国书目》第1260条。

再版情况：

第2版，彼得堡，1819年。

256.《中国皇帝康熙的书》（译自汉语和满语），彼得堡，1780年。见《中国书目》第1261条。

257.《关于1677—1689年中国人与准噶尔人的战争》（译自《平定准噶尔方略》，109页，彼得堡，1777年。见《中国书目》第1262条。

内容概要：

康熙御批；噶尔丹与喀尔喀蒙古之战；噶尔丹给康熙的奏书和康熙御批；平定噶尔丹；附录：三个蒙古汗国。

258.《八旗通志》（与罗索欣合译）第一卷，236页；第二卷，第239—442页；第三卷，426页；第四卷，339页；第五卷，276页；第六、七、八卷，271页；第九卷，382页；第十卷，172页；第十一卷，260

页；第十二卷，181页；第十三卷，240页；第十四、十五、十六卷，312页；附集中有所有满人、汉人名号索引、皇帝年号、职官、普通人称谓……（无出版地和出版年代），323页；列昂季耶夫介绍中国省份，5页。见《中国书目》第1285条。

259.《雍正传子遗诏》，载《闲谈者》1770年6月，第65页；另载《诺维科夫的讽刺杂志》，莫斯科—彼得堡，1951年，第267—271页。见《中国书目》第1485条。

260.《列昂季耶夫译作》，载《每月研究文章和消息》1764年第12期，第516—536页。见《中国书目》第1796条。

内容概要：

（1）译自汉语的刊印拓片；

（2）耶稣会士的呈文，译自康熙三十一年二月五日的中国报纸。（1625年在西安府找到的铭文；关于驱逐耶稣会士的呈文）。

261.《异域录》（译自满文），166页，彼得堡，1782年。见《中国书目》第5095条。

再版情况：

第2版，彼得堡，1788年。

262.《中国象棋》，7页，彼得堡，1775年；另载《象棋》1877年第7—8期，第187—189页。见《中国书目》第10783条。

263.《关于茶叶和丝绸》（译自《万博卷》），46页，1775年。见《中国书目》第899、11779条。

264.《大清律例》俄译本，分两个部分，第一部分305页，彼得堡，1778年；第二部分244页，彼得堡，1779年。见《中国书目》14475条。

265.《大清会典》俄译本，共分三卷，第一卷，479页，彼得堡，1781年出版；第二卷，403页，1782年出版；第三卷，607页，1783年出版。见《中国书目》第14487条。

266.《中国儿童启蒙读物》，译自汉语、满语，49页，圣得堡，1779年。见《中国书目》第15022条。

内容概要：

《三字经》；《名相集》；四言、五言、六言、七言诗。

相关评论：

见《彼得堡通报》1780年第6期，第二辑，第369—372页。

267.《天使国》（译自汉语和满语），117页，彼得堡，1781年。见《中国书目》第17666条。

内容概要：

译自由过去传教士译成汉语的基督教教义。

二十四、列昂季耶夫斯基·扎哈尔·费德罗维奇（1799—1874），第十届使团学生，在华时间为1821—1830年。其论著见《中国书目》第1107条。

268.《中国令牌》，载《俄国考古协会东方分会论集》第二辑，1855年，第166—167页。见《中国书目》第1107条。另见《考古协会论丛》1857年第9期，第39—40页。

269.《记新发现的中国钱币徽章》，载《彼得堡古钱币协会论丛》第二辑，1855年，第359—363页。见《中国书目》第1108条。

270.《中国》（地理），为某杂志抽印本，无出版年代，6页，藏科学院东方所图书馆。见《中国书目》第8642条。

271.《黄海》，载《祖国之子》1842年第六辑，第13—18页。见《中国书目》第9258条。

272.《（已婚及未婚的）女人的行为准则》（译自汉文），载《俄国假肢》1839年第5期，第88—90页。见《中国书目》第12291条。

273.《贸易价目表中中国茶叶的品种和类别》，载《商人》1833年第10期，第38—40页。

274.《关于中国军队的简要报导》，载《中国福音报》1912年第5期，第19—21页。见《中国书目》第14648条。

275.《北京的军队》（译自德文），载《亚洲的地理、地形及统计资料》第二十四辑，1886年，第246—250页。见《中国书目》第14688条。

276.《中国人眼中的俄国》（译自《西域闻见录》），载《北方蜜蜂》（日报——译者注）1832年281号，第2页。见《中国书目》第14941条。

277.《评利波夫措夫的满语入门》，载《俄国假肢》的文学附录，1839年第二卷第15期，第291—297页。见《中国书目》第15421条。

278.《满文诗歌散文体译文》（列昂季耶夫斯基翻译，赫沃斯托夫润色），10页，彼得堡。另载《传言》（摘录）1835年第31—34期，第98页。见《中国书目》第17050条。

279.《旅行家》（译自汉文），168页，彼得堡，1835年。见《中国书目》第14648条。

相关评论：

《读书》1836年第二十四辑"文学编年"栏，第10—14页。

280.《大秦景教中国流行碑》（译自汉语），23页，彼得堡，1834年。见《中国书目》第17667条。

相关评论：

《读书》1835年第八辑，第55—57页。

281.《中国地理词汇研究》，载《俄国地理学会1849年总结》，1850年，第37—38页。见《中国书目》第17933条。

内容概要：

建议学会出版地理词典。

二十五、利波夫措夫·斯捷潘·瓦西里耶维奇（1770—1841），第八届使团学生，在华时间为1794—1807年。其论著见《中国书目》第1246、1494、1495、5383、9261、14488、15421、17960条。

282.《明史》，第一卷，434页。见《中国书目》第1246条。

内容概要：

科学院东方所藏书，无出版时间和出版地。

283.《中华帝国大事概览》（利波夫措夫论集），载《亚洲通报》1827年3月，第129—144页；4月，第185—197页；5月，第233—251页；6月，第290—312页。见《中国书目》第1494条。

284.《准噶尔史评》，载《西伯利亚通报》1821年第13期。见《中国书目》第1495、9261条。

285.《土尔扈特人迁往俄国及其离俄重返准噶尔》（译自琦善著汉语资料），载《西伯利亚通报》1820年第12期。见《中国书目》第5833条。

286.《理藩院则例》（译自满文），分上下两卷，第一卷396页，第二卷319页，彼得堡，1828年。见《中国书目》第14488条。

内容提要：

第一卷：理藩院构成，律令；

第二卷：军令，刑法，喇嘛传教，西藏问题，同俄国的关系，和平条约。

287.《满语入门》，21页，1839年。见《中国书目》第15421条。

二十六、亚历山大·卢托维诺夫（？—1905），第十七届使团团长，修士大司祭，在华时间为1884—1897年。其论著见《中国书目》第15320、17669条。

288.《汉语口语语法入门（对比俄语的语法形式）》，71页，彼得堡，1898年。见《中国书目》第15320条。

289.《中国基督教史·第一时期·从基督教在中国的开始到1369年元代的灭亡》，31页，莫斯科，1898年；另载《正教之友》1898年第11—14期。见《中国书目》第17669条。

二十七、莫拉切维奇·韦尼阿明，第十届使团修士司祭，第十一届使团团长，在华时间为1821—1841年。其论著见《中国书目》第4913、5817条。

290.《1870年的阿穆尔东正教使团》，载《关于东正教使团和东正教传教士活动消息论集》第二辑，莫斯科，1872年，第431—472页。见《中国书目》第4913条。

内容概要：

阿穆尔河上游或称满洲教区，第431—472页；在满人中传教。

291.《1870年的阿穆尔东正教使团》，载《朝圣者》1871年9月，第260—285页。见《中国书目》第5187条。

二十八、奥沃多夫·米哈依尔（教名伊拉里翁），第十三届使团修士助祭，1850—1857年在华，殁于北京。其论著见《中国书目》第1442条。

292.《中央政府与西藏关系史》，46页，彼得堡，1853年。另载《俄国东正教驻北京使团成员著作集》第二卷，1853年，第442—491页。见《中国书目》第1442条。

二十九、伊万·奥尔洛夫，第七届使团（1781—1794年在华）的教堂下级服务人员。其论著见《中国书目》第757、1532条。

293.《中华帝国最新史地详志》第一卷，424页，莫斯科，1820年；第二卷，491页，1820年。见《中国书目》第757条。

内容概要：

史地概况，日常生活，国家体制。

294.《中国皇帝的农耕礼仪》（节选自《中华帝国最新史地详志》），载《北方档案》1821年第3期，第254—261页。见《中国书目》第1532条。

三十、帕夫利诺夫·康斯坦丁，第十四届（1858—1864年在华）使团学生。其论著作见《中国书目》第1929、4344、12724、12725条。

295.《北京来信（1862年5月26日）》，载《恰克图报》1862年第11期，第6页。见《中国书目》第1929条。

内容概要：

太平天国运动。

296.《清外务大臣恭亲王关于基督教在中国的报告译文》，载《恰克图报》1862年第4期，第1—2页。见《中国书目》第4344条。

内容概要：

关于废除禁止传播基督教的法令的报告。

297.《张家口海关督办的报告》（译自汉语），载《恰克图报》1862年第3期，第3—4页。见《中国书目》第12724条。

298.《满洲山海关督办1861年的总结》（译自汉语），载《恰克图报》1862年第11期，第1页。见《中国书目》第12725条。

三十一、帕尔莫夫斯基，第九届使团（1807—1821年在华）教堂下级服务人员。其论著见《中国书目》第14687条。

299.《北京阅兵记》,载《祖国之子》1817年第三十五辑,第194—200页。见《中国书目》第14687条。

三十二、德米特里·阿列克谢耶维奇·佩休罗夫(1833—1913),第十四届使团(1858—1864年在华)学生。其论著作见《中国书目》第9424、9960、15333、15334、15335、15505、15506、15507条。

300.《通往阿穆尔河河口的道路》,载《海事文汇》第二十八辑,1857年第4期,第252—290页。见《中国书目》第9424条。

301.《中国明朝的地震》(摘自《明史》),载《俄国地理学会会刊》第二十九辑,1860年第8期第5部分,第41—59页。见《中国书目》第9960条。

302.《彼得堡大学东方语言系大学生汉语课本》(石印),佩休罗夫教授编,128页,彼得堡,1901年。见《中国书目》第15333条。

303.《汉语文选资料》,162页,彼得堡,1897年。见《中国书目》第15334条。

304.《1774年中俄条约》(汉文本,石印,无出版年代),16页,彼得堡。见《中国书目》第15335条。

305.《汉俄词典》,240页,彼得堡,1887年。见《中国书目》第15505条。

306.《汉俄词典》(增补本),52页(第225—276页),彼得堡,1888年。见《中国书目》第15506条。

307.《汉俄词典》(按字形系统编排),276页,彼得堡,1891年。见《中国书目》第15507条。

308.《北京郊区传教之行》,载《宗教对话》1863年第十七辑第15期,第527—536页;第16期,第564—576页。另载《朝圣者》第二卷,1863年4月,第19—36页;《伊尔库茨克教区公报》1864年第2—5期,第25—32、45—53、62—69页。见《中国书目》第5443条。

309.《北京郊区传教之行》,24页,彼得堡,1863年。见《中国书目》第5033条。

310.《简明汉语语法（附度量衡及货币表）》，50页。见《中国书目》第15306条。

再版情况：

第2版，北京，1900年；

第3版，北京，1906年。

311.《俄汉会话辞典（北京方言）》，536页，北京，1867年。见《中国书目》第15480条。

再版情况：第一次增补，天津，1868年。

312.《汉俄辞典增补》（石印），139页，北京，1870年。见《中国书目》第15481条。

三十三、波波夫·阿法纳西·费拉蓬托夫（1828—1870），第十四届使团（1858—1864年在华）学生，1870年殁于北京。其论著见《中国书目》第4368、9438条。

313.《法英公使进驻北京（摘自东正教驻北京使团成员日记）》，载《中国福音报》1913年第9期，第18—26页。见《中国书目》第4368条。

314.《汉口及俄罗斯茶园旅行笔记》，载《俄国皇家地理学会消息统计论丛》1871年第二辑，第537—571页。见《中国书目》第9438条。

内容概要：

汉口；俄罗斯商人区的历史概况及现状；波波夫生平简介（第568—571页）。

三十四、伊拉里翁·罗索欣·加利诺维奇（1707—1761），第二届使团学生，在华时间为1729—1741年。其论著见《中国书目》第1226、1285、5481条。

315.《中国使团1714年赴俄访问伏尔加地区卡尔梅克阿玉奇汗行纪》（译自满文），载《研究文章及消息月刊》1764年6月，第3—48页；8月，第99—150页；9月，第387—413页；补记，第414—440页。（译文摘自Г.Ф.米勒编文集《耶稣会士宋君荣的精准译文》，此集亦收有罗索欣发现的《中国在托波尔斯克接待中国使臣的笔记》）见《中国书目》第

5481条。

316.《明心宝鉴》俄译本，32页，喀山，1837年。另载《喀山大学学报》1837年第二辑，第139—158页；第三辑，第100—110页。见《中国书目》第871条。

317.《中国通史》（译自汉语，《喀山大学学报》1837年第四辑第95—145页、1838年第二辑第132—154页、第三辑第123—154页、第四辑第148—199页的抽印本），第一部分，52页，喀山，1838年；第二部分，114页，1839。见《中国书目》第1226条。

内容概要：

第一部分：三皇；第二部分：五帝，夏、商朝历史。

三十五、米哈伊尔·西帕科夫·德米特里耶维奇，第九届使团（1807—1821年在华）学生。其论著见《中国书目》第1439、1531条。

318.《中国皇帝嘉庆晏驾及其长子旻宁即位记》，载《北方通报》1823年第一部分第一册，第3—16页；第二册，第17—28页。见《中国书目》第1439条。

319.《1813年发生在中国的暴动》（寄自北京），《杂志魂》1819年第三十四部分第10期，第87—114页。见《中国书目》第1531条。

内容概要：

1812年的饥荒，直隶和山西的农民起义。

三十六、斯卡奇科夫·康斯坦丁·安德里奥诺维奇（1821—1883），第十三届使团（1850—1858年在华）学生。其论著见《中国书目》第1577、4069、5524、5525、9539、9770、10132、10824、10825、11771、11919、12053、12054、12055、12737、12857、12858、12859、13066、14755、14956、14969、14970条。

320.《自古至满族入关中国军事组织的历史概述》，载《第三届彼得堡国际东方学者大会文集》第一卷，1879—1880年，第257—290页。见《中国书目》第1577条。

321.《评维纽科夫的〈当代中国概况〉》，载《俄国通报》1875年第

1期，第1—67页；第2期，第450—521页。见《中国书目》第4069条。

322.《论俄中新条约对俄国贸易的意义》，载《俄国通报》1881年第11期，第361—371页。见《中国书目》第5524、13066条。

323.《北京雅克萨俄罗斯人的后代》，载《俄国艺术报》1895年第2期，第5—11页。见《中国书目》第5525条。

内容概要：

东正教使团及雅克萨俄罗斯人的历史概况；斯卡奇科夫收藏的《俄罗斯北馆》图册中的图片。

324.《论威尼斯人马可波罗在传播亚洲的地理知识方面的功绩》，载《俄国皇家地理学会消息》第一辑1865年第11—12期，第207—226页。第10期曾刊发该文的短讯。见《中国书目》第9539条。

325.《乌鲁木齐——摘自一名被流放的中国官员的笔记》，载《俄国皇家地理学会消息》第八辑，1872年第6期，第205—209页。见《中国书目》第9770条。

326.《中国红薯》（附2份表格、图片），载《自由经济学会文集》第三卷第二册，1857年，第31—75页；第91—142页。见《中国书目》第10132条。

327.《北京郊区漫步——北京运河边的郊区茶馆》，载《俄国艺术报》1958年第35期，9页。见《中国书目》第10824条。

328.《中国烹调》（即К.А.斯卡奇科夫《中国人的饮食》的最后一篇文章），载《欧洲通报》1883年7月，第69—94页。见《中国书目》第10825条。

329.《谈中国农业》，97页，彼得堡，1867年。另载《农林杂志》1867年1月，第1—60页；5月，第61—97页。见《中国书目》第11771条。

内容概要：

农业综述，土地丈量，耕地面积，农民，土地租赁，农具，化肥，土壤改良。

330.《论中国的蝗虫灭杀》，载《自由经济学会文集》1865年第三辑第1期，第17—26页，附皇帝诏令。见《中国书目》第11919条。

331.《中国的苜蓿》，载《自由经济学会文集》1863年第一卷第三册，第58—62页。见《中国书目》第12053条。

332.《中国人放养野蚕的树木》，载《农业》1862年第三辑第7期，第3—34页。见《中国书目》第12054条。

333.《论中国桑蚕的品种》，载《国家财务部杂志》1856年7月，第79—84页。见《中国书目》第12055条。

334.《塔城贸易条例》，载《工业》1861年第三册第18期，第615—625页。另载《股东》1861年第33期。见《中国书目》第12737条。

335.《斯卡奇科夫关于俄国在中国的贸易需求的笔记》，34页，莫斯科，1875年。见《中国书目》第12857条。

336.《俄国的在华贸易》（期刊《市场管理》的抽印本），44页，彼得堡，1863年。《中国书目》第12858条。

内容概要：

茶叶贸易危机，俄国驻中国港口的领事馆，《北京条约》签订后中俄关系的转变，海上贸易之于恰克图边贸的优越性。

337.《论俄国人在塔城的贸易》，29页，莫斯科，1860年（摘自《工业通报》1860年第六辑，第217—245页）。见《中国书目》第12859条。

338.《论中国人的海军事务》（译自汉语），载《海事文汇》第三十七辑1858年第10期，第289—315页（摘自《水师纪要》）。见《中国书目》第14755条。

339.《论中国人的地理知识》，载《俄国皇家地理学会》1866年第二辑，第105—120页。另载《格尔斯通斯基文集》，彼得堡，1866年。见《中国书目》第14956条。

340.《论中国天文观测的状况》，载《俄国皇家地理学会通报》1874年第十辑，世界地理读本，第321页。见《中国书目》第14969条。

341.《中国天文学的命运》，载《国民教育部杂志》1874年第5期，第1—31页；另有抽印本，无出版年代，彼得堡，31页。见《中国书目》第14970条。

三十七、费奥多西·斯莫尔热夫斯基，第四届使团（1744—1755年在华）修士司祭。其论著见《中国书目》第4400条。

342.《论在华耶稣会士》（斯莫尔热夫斯基Φ.中国笔记摘录）（由季姆科夫斯基Е．Ф.编辑出版），载《西伯利亚通报》1822年第十九部分，第107—132、181—210页；第二十部分，第227—254、295—310、329—356页。见《中国书目》第4400条。

三十八、А．А．塔塔里诺夫（1817—1876），第十二届使团（1840—1850年在华）医生。其论著见《中国书目》第9572、13074、14865、14866、14867、14868、14869、14870、14871、14872、14873、14874、14875条。

343.《1864年塔尔巴哈台山之行》，载《矿山杂志》1865年第二辑，第422页。见《中国书目》第9572条。

344.《1860年的恰克图贸易》，载《工业》1861年第16期，第310—342页。见《中国书目》第13074条。

345.《中国人的生理解剖概念》，载《俄国医生协会文集》1856年第六辑，第353—421页。见《中国书目》第14865条。

346.《评中国手术及水疗法中应用的止痛药》，载《俄国东正教驻北京使团成员著作集》第三卷，1857年，第131—141页。见《中国书目》第14866条。

347.《中国医学》，载《俄国东正教驻北京使团著作集》第二卷，1853年，第357—441页。见《中国书目》第14867条。

内容概要：
医学的产生，医生的阶层及其教育，医疗条件，解剖概念。

348.《中国的医学和医生》，载《国民教育部杂志》1851年第7期，第28—32、90—94页。见《中国书目》第14868条。

349.《亚历山大·塔塔里诺夫收集并确定的中国及北京的药品目录》，65页，彼得堡，1857年。见《中国书目》第14869条。

350.《中国人的麻醉剂》，载《药品通报》1850年第三卷，第511—512页。见《中国书目》第14870条。

351.《简论中国的药材人参》，载《俄国医生协会文集》1856年第六辑，第345—352页。见《中国书目》第14871条。

352.《论中国医学的血液循环概念》，载《俄国医生协会文集》1853年第五辑，第273—276页。见《中国书目》第14872条。

353.《论中国的医学状况》，载《俄国医生协会文集》1852年第五辑，第159—208页。见《中国书目》第14873条。

354.《评科尔尼耶夫的〈中国的太医院〉》，载《俄国医生协会记录》1862—1863年，第68—71页。见《中国书目》第14874条。

355.《中国人侦察暴力致死原因的方法》，载《祖国纪事》1847年第四辑第一册，第22—41页；第二册，第117—142页（另有抽印本，彼得堡，45页，1847年）。见《中国书目》第14875条。

三十九、季姆科夫斯基·叶戈尔·费多罗维奇，第十届使团（1821—1830年在华）监督官。其论著见《中国书目》第1593、8819、9576、9577、18480、18742条。

356.《宋（中堂）——道光时期的军机大臣行走》，载《西伯利亚通报》1823年第一部分"生平介绍"，第1—6页。见《中国书目》第1593条。

357.《1820年和1821年经蒙古到中国行纪》（附地图及图片），彼得堡，1824年。第一部分："碾转到达北京"，406页，附教堂及使团驻地图片及自恰克图至北京道路地图。第二部分："在北京"，409页，附北京地图。第三部分："返回俄国及蒙古印象"，433页，另附《无休止的喇嘛念经及А.О.就此给Е.Ф.季姆科夫斯基的信》（43页，彼得堡，1824年）。见《中国书目》第8819条。

相关评论：

（1）曾被译为德语、英语、法语等语言出版，法文版附克拉普罗特的更正和评论。

（2）比丘林评论题为《分析克拉普罗特先生对于〈1820—1821经蒙古至中国游记〉法译本的评论和补充》，载《莫斯科电讯》1828年第二十一部分第12期，第467—486页；第二十二部分第13期，第50—65页。见本目录第80条、《中国书目》第17893条。

358.《〈1820年和1821年经过蒙古到中国的旅行〉手稿节选》，载《北方档案》1823年第五部分，第440—452页；第六部分，第514—536页；第七部分，第52—72页；第八部分，第136—150页。见《中国书目》第9577条。

359.《季姆科夫斯基1820年12月1日至1821年5月15日居留北京期间

的日记》，载《西伯利亚通报》1823年第1期，第63—76页；第2期，第89—161页；1824年第3期，第169—194页。见《中国书目》第9576条。

360.《回忆录》，载《基辅旧事》第四十四辑，1894年，第361—381页。见《中国书目》第18480条。

四十、米哈依尔·达尼洛维奇·赫拉波维茨基（1816—1860），第十三届使团（1849—1859年在华）学生。其论著见《中国书目》第1617条。

361.《公元1644年明朝覆灭期间北京大事记（当时的文献摘录）》，载《俄国东正教驻北京使团成员著作集》第三卷，1857年，第1—102页。见《中国书目》第1617条。

四十一、茨维特科夫·彼得（？—1855），教名帕维尔，第十三届使团（1850—1858年在华）修士司祭，1855年殁于北京。其论著见《中国书目》第967、968、1275、1624、10836、11440、14960、17812条。

362.《论道教》，载《俄国东正教驻北京使团成员著作集》第三卷，1857年，第451—459页。见《中国书目》第967条。
内容概要：
老子及其学说。

363.《一名佛教徒反对道教学说的论辩》，载《中国福音报》1911年第10期，第6—20页；第11期，第6—15页。见《中国书目》第968条。

364.《从北京到伊犁》（1855年3月23日译自汉语），45页，北京，1907年。见《中国书目》第1275条。

365.《十二世纪的景教碑》，载《俄国东正教驻北京使团成员著作集》第三卷，1857年，第205—212页。见《中国书目》第1624条。

366.《中国人的日常仪式》，载《俄国东正教驻北京使团成员著作集》第三卷，1857年，第215—380页。见《中国书目》第10836条。

367.《论中国的制盐业》（摘自《户部则例》《两淮盐法志》等中国文献），载《俄国东正教驻北京使团成员著作集》第三卷，1857年，第103—118页。见《中国书目》第11440条。

368.《一位中国人关于长崎的见闻（1764年）》，载《俄国东正教驻北京使团成员著作集》第三卷，1857年，第145—182页。见《中国书目》第14960条。

369.《论中国的基督教》（摘自《海国图志》），载《俄国东正教驻北京使团成员著作集》第三卷，1857年，第183—204页。见《中国书目》第17812条。

四十二、切斯诺依·阿瓦库姆（1801—1866），第十一届使团（1830—1841年在华）修士司祭。其论著见《中国书目》第1011、1012、1013、1182、5594、17961、18744条。

370.《阿穆尔河口岸边的石碑碑文》，载《俄国考古学会东方分会会刊》第二辑，1856年，第78—79页，附插图3页。见《中国书目》第1011条。

371.《曼古特山洞石壁上的题词》，载《内务部杂志》1851年3月，第87—88页，附图1幅。见《中国书目》第1012条。另载《俄国考古学会东方分会》1856年第2期，第87—88页。见《中国书目》第1013条。

372.《东西伯利亚发现的蒙哥汗时代的蒙古文字》（俄国东正教驻北京使团前任团长修士大司祭阿瓦库姆编译，附里舍尔耶夫斯基中学东方语言教授格里戈里耶夫关于蒙古文字的研究成果），26页，附表，彼得堡，1846年（摘自《内务部杂志》1846年第十二卷）。见《中国书目》第1182条。

373.《半世纪前我们的中国使团——切斯诺依·阿瓦库姆从北京寄往阿尔汉格尔斯克的信（1834年）》，载《俄国档案》1884年第5期，第152—160页。见《中国书目》第5594条。

374.《亚洲司图书馆所藏汉、满、蒙、藏及梵语书籍、手稿和地图目录》，102页，彼得堡，1843年。见《中国书目》第17961条。

内容概要：

汉语书籍和手稿部分：第1—65页；满语部分：第65—74页。部分资料表明，该书作者为切斯诺依·阿瓦库姆。1864年所有书籍转往亚洲博物馆。

附录五

使团成员的汉译东正教文献

一、北京东正教堂印字房铅印

官话：
事奉经
主日八调
四部福音
宗徒行适
宗徒公书
信经问答
注解玛特斐乙
日诵经文
祈祷经文
注解创世纪
圣教会要课
晚堂经本
晚堂大课
晚堂小课
时课经
圣咏经
启蒙问答
旧约简要
圣母圣诞赞词
举荣圣架赞词
圣母进堂赞词
主降生赞词
主领洗赞词
主进堂赞词

圣母领报赞词

圣枝主日赞词

主升天赞词

圣三主日赞词

主易容赞词

圣母安息赞词

主复活赞词

旧约提要

文话：

圣经析义

宗徒经

祝文册

圣咏经

祈祷经文

正教本分

日诵经文

教会九戒

实迹圣传

天道指南

圣教会要课

圣史纪略

时课经

主日赞词

教理问答

圣堂仪物名义志

教规略述

早晚经本

二、石印

圣教六戒

创世纪

主复活赞词

注解圣咏经

圣咏经

讲信经

主日八调

圣人行实

玛特斐乙福音经

属福音经赞词

教堂仪物名义志

十二庆贺日赞词

教会实言

东正教鉴

教会史记

东教宗史记

出耶吉撒特记

民数记

申命记

圣安东尼行实

尼适来行实

劝义篇

东正教道理前引

主受难福音经

宗徒行实摘要

主复活道理

主进堂道理

出地堂道理

圣枝主日道理

圣母领报道理

音乐点子读本

代亡人祈

正教略

道学简略

教理问答

圣教理问答

圣经·新约

诵经节目

神功四要

列韦经

附录五　使团成员的汉译东正教文献

附录六

本书涉及的东正教词汇俄汉对照表

акафист 歌颂耶稣、圣母和圣徒的颂歌；歌颂仪式；颂歌集

антиминс 圣餐布

апоспол 使徒；使徒行传

архидиакон 修士大辅祭

архидиаконство 修士大辅祭职务

архиепископ 大主教

архиерей 高级僧侣，主教

архирейская кафедра 主教讲坛

архиерейский дом 高级僧侣学校

архимандрит 修士大司祭

архипастырствовать 当大法师

архипастырь 大法师

архистратиг 大牧首

астырство 大法师称号

белец 白神品修士

белица 白神品修女

благоговейный 虔敬的

благословение 祝福

благочестие 笃信宗教，虔诚

богомол 虔诚祈祷者，好拜神者；朝圣者

богородица 圣母

богородичный 圣母的

богословие 神学

богослужение 祈祷仪式

богоспасаемый 受神保佑的

божественная литургия 侍主圣礼；事奉圣礼，大祭礼仪；圣体血礼仪

братия 同一宗教团体或寺院的僧侣们、教士们

братство 宗教团体

ветхий завет 旧约

вечерня 晚祷，晚课

викарий 助理教务主教

владыка 大主教

водосвятие 圣水式，圣水祭

водосвятный 圣水式的，圣水祭的

воздвижение креста 十字架节

воздух 盖圣餐的布

восследование 圣咏集

всенощная 东正教彻夜祈祷

всенощный 通宵的，彻夜的

говеть 斋戒

двунадесятые праздники 十二大节日

Деяния апостолов （新约中的）使徒行传

догматика 教理

диякон 辅祭

духоборец 18世纪末俄国反正教仪式教派的信徒

духоборчество 反正教仪式教派的宗教运动

духовед 灵魂学家

Духов день 圣灵降临节

духовенство 神父们（指神职人员）

духовный 宗教的，教会的；宗教界的，神职人员的

дьячок 执事（东正教教会中最低的工作人员，做诵经、打钟等事）

евангельский 福音的，福音教派的

евангельские христиане 福音教派

Евангелие 福音书

ектенья 叶克千尼亚祷告

епархиалка 女子神学学校的学生

епархия 主教辖区，教区

епископ 主教

епискапат 主教团；主教统辖

епископия 主教管辖区；主教所在的教堂；主教的称号，主教的权力

епископство 主教职位；主教任期；主教管辖区

епитимья 宗教上的惩罚（如斋戒、长期祈祷等）

епитрахиль 穿法衣时配的长巾

жертвенник 东正教祭坛左侧举行某些仪式时用的桌子

закон 教规

запаведь 戒，戒条，圣训

заупокойный 为死者安魂的，慰灵的

заутреня 晨祷

звонница 教堂钟楼

зерцало исповедания веры Димитрия Ростовского 季米特里·罗斯托夫斯基忏悔文

игумен 男修道院院长

иерей （东正教）神父

иконостас 圣像壁

инок 修士

иподиякон 副辅祭

ирмос 教堂里彻夜祈祷后唱的赞美歌

искус 修士修行，苦修

исповедать 神父听取忏悔

исповедаться 忏悔

исповедь 忏悔，忏悔仪式

кадило （教堂用的）长链手提香炉

казначей 男修道院中管理财务的修士

канон 教会法规；赞美诗

катехизис 教理问答

кафедра 主教职务

кафедральный собор 大教堂

кафизм 赞美诗中的一节

келья 寺院中僧侣的单人房间，修道小室

клирос 唱诗班（席位）

кондак 教堂短赞美歌

конситория 宗教事务所
Кормчая книга 教会法汇编
крестик 领洗的教子
креститься 领洗；圣教徒受洗礼改信基督教；做祈祷时在自己身上画十字
крестная 教母
крестное занмение 画十字
крестное целование 吻十字架宣誓
крестный 十字架的
крестный 教父
крестный ход 举着十字架、圣像、神幡等的宗教游行
крестовый поход 十字军东征
крещение 洗礼；耶稣受洗节、主显节（圣诞节后第12天）
лавра 较大的男修道院
ладан 乳香
лития 才祷
литургия 圣餐式；弥撒，礼拜式；利图尔基亚；大祭礼仪，事奉圣礼，侍主圣礼，圣体血礼仪（正教会中最重要的礼仪）
мантия 法衣，圣服
масленица 谢肉节
минея 日课经文月书
миро 圣油
миропомазание 涂圣油礼
митра（东正教的）主教金冠
митрополит 都主教，总主教
молебен 祷告，祈祷
молебствие 祷告，祈祷
молитва 祈祷
молитва Господня 主祷文
молокане 莫罗勘派教徒
молоканство 莫罗勘教派
молчальник 许愿保持缄默的隐修士

монашество 灵修，修士生活

монашествовать 成为修士

молебен 向……祷告；恳祷仪轨（短暂的宗教仪式）

моща 圣尸，圣骨

набедренник 神父法衣上佩于股侧的长方锦章

наместник 东正教修道院教务长；修道院副院长

наместничество 总督，总督管区

наперсный крест 佩戴在胸前的十字架

напрестольный 用于（正教祭坛的）供桌上的

настоятель 东正教教堂堂长；修道院长

новый завет 新约

обер-прокурор 东正教总院监

Обиход 教会歌咏规程，曲谱集

Облачение 圣衣

октоих 八重唱赞美诗集

омофор 主教法衣的披肩

орарь 辅祭法衣肩带

отпевальный 安魂祈祷的

отпевание 安魂祈祷，安魂弥撒

отпеть 举行教堂葬葬礼仪式，举行安魂祈祷

отслужить 做完某种仪式

палица （法衣上的）四方织锦补子

панагия 主教挂在胸前的圣母小像

паникадило （圣像前的）枝形烛台

панихида 祭祷，追祭

паремия 或 паремья 箴言；箴言诵读

пасох 权杖

паства （某一教区的）教徒，教民

пасха 复活节

пастырство 牧师的职位

пастырь 牧师

патриарший 宗主教的，大牧首的

певчий（教堂）唱诗班的；教堂唱诗班歌手

пелена 罩布

песнопение 赞美歌

песнясловие 颂歌，赞歌

писание священное 圣经，圣书

плащадница 盖圣体的细麻布

повечерие 或 повечерница 晚祷

подворье 教会的会馆

покров 圣母帡幪日（俄历10月1日）

подризник 法衣衬服

полунищница 晚祷告文

пономарь 圣堂工友

поручи 锦锻套袖（神职人员法衣配饰）

послушание （修士）职分；（寺院）杂役勤务

полсушник 见习修道士；寺院杂役

пост 斋期

протоиерей 大司祭

псалтирь 赞美诗集

преображение 易容节

преосвященный 至圣者（对主教的尊称）

преосвященство 主教，主教大人（对主教的尊称）

престол 教堂祭坛上的高桌，供桌；教堂建堂节

придел 侧祭坛，副祭坛

приобщаться 接受圣餐

приход 教区，某一教区的教民

приходские требы 教区圣礼

прихожанин 某一教区的教民

причастие 圣餐，圣餐礼，圣餐仪式

причастить 给……举行圣餐仪式，授圣餐

причаститься 领圣餐

причастник 领圣餐者；参加圣餐礼者

причт 某一教堂的僧侣们、教士们

провидение 上天，上帝，神

пролог 训诫集

промысл 上天，上帝，神

проповедь 布道

пророк 神启者，神意阐释者

пророческий 预言的，神意阐释者的，

пророчество 神启，预言

просвира 圣饼

просвирник 圣饼烤制者

просвирная 圣饼店

просвирный 圣饼的

просфор 圣饼

пустынь 修士隐居的地方；荒凉地方的小修道院

пятидесятница 圣灵降临节；（犹太人的）五旬节

распятие 带有耶稣受难十字架的十字架

регент 教堂合唱指挥

регентовать 指挥（教堂）合唱

регентствовать 当教堂合唱指挥

регентша 教堂合唱指挥者的妻子

риза （举行祈祝祷仪式时神父所穿的）法衣；圣像金属衣饰（遮蔽圣像上除脸和手外的各部的金属片）

ризница 圣器，法衣；圣器间，法衣室

ризничий 法衣圣器室执事，管圣器的人

рождественские святки 圣诞节节期（从圣诞节到主显节）

рукоположить 给……举行按手礼仪式样以授予教职

рясофор 见习修士

святейщество 至圣的

святейший 至圣的

святилище 圣所；教堂

святитель 高级教士的尊称；圣者，圣徒

святительство 圣徒的神职或尊号

святительствовать 任高级教士

святить 祝圣

святиться 受尊为圣者，成为圣徒

святой 神的，神圣的；圣徒的

Святой Дух 圣灵

Святой Евангелие 新约，福音

святокупец 贿买教职的人

святокупство 贿买教职

святотатец 渎神的人

святотатство 侵吞教会财物；亵渎神圣

святотатствовать 亵渎神圣

святочник 圣诞节节期化装的人

святочный 圣诞节节期的

святоша 虔诚的信徒

святощество 假装虔诚

святцы 教堂日历（有宗教节日和圣徒名字）

Святые Тайны 圣礼

святыня 圣地，圣物

свячёный 祀神用过的，经神父念过经的

священник 司祭；神父

священничество 司祭的职位，神父的职位

священнодействие 礼拜，祈祷，宗教仪式

священнодействовать 举行宗教仪式

священнослужение 举行宗教仪式，做礼拜

священнослужитель 神职人员；教士，司祭

священство 司祭职位，神父职位；司祭们，神父们

священствовать 当司祭，当神父

Святые Дары 圣餐

Священное писание《圣经》，圣书（指新旧约全书）

священнослужитель 神职人员；教士，司祭

седмица 星期，礼拜

семинария（中等）宗教学校

сестра 修女

симфония （教堂书籍的）字母顺序索引

скит 隐修院；隐修区

скопчество 阉割教派的学说（俄国18世纪末的一种残酷的宗教派别，认为肉欲是罪恶，应阉割）

скрижаль 题有古代经文的铭牌或碑

служба 做礼拜，祈祷

служебник 祈祷书

соборне 共同地，会同

соборование 涂圣油

собороваться 接受涂圣油仪式

сослужение 跟……一起主持祈祷

Спас 救世主；耶稣圣像；救主寺；救主节

ставник 教堂里的高蜡台

ставропигиальный 直属东正教事务管理局的（指修道院）

ставропигия 直属东正教事务管理局的修道院

стан 东正教辖区

Спаситель 救世主

спевка 合唱排练

сретение 奉献节，献圣婴日，主进堂日

стихарь 辅祭法衣

стихира 颂歌

стихирарь 颂歌集

стиховна 晚祷的赞美诗

стоглавник св. Геннадия 圣格纳季百章决议

страстной 复活节前一周的

Суббота 亡灵祈祷；安息日

таинство 圣礼仪式（如圣礼，圣餐等）

трапезник （修道院中的）管斋的修士；教堂低级教士

треба 祭祀;圣礼

трапеза 修道院里的公共餐桌；进餐

трапезарь 修道院里的管斋修士

трапезная 修道院里的食堂；教堂西侧大厅

трапезник 修道院里的管斋修士；教堂低级教士

трапезница 修道院里的食堂

трапезничать 僧侣们进餐，用斋

трапезовать 僧侣们进餐，用斋

требник 圣礼书，圣礼记

траодион 三重颂歌

троица 圣灵降临节，圣神降临节，三位一体

тропарь 祭祷歌

утварь 教堂器具

утреня 晨祷

утрение молитвы 晨祷文

хвалитна 赞颂

хиротонисать 给……举行按手仪式

хиротония 东正教定职的按手礼，按手仪式

хоругвь 神幡

храм 教堂

христианин 基督教教徒

Христовая Тайна 圣礼

церковная утварь 圣器

церковник 神职人员；教堂里无教职的执事

церковнослужитель 神职人员；教堂里无教职的执事

час 时课，念经，祈祷

часовня 小教堂，礼拜堂

часослов 日课经

четыредесятница 四旬节

экзарх 教区长